Reinhold Messner

Gegenwind

REINHOLD MESSNER

GEGEN WIND

Vom Wachsen an Widerständen

Mit 42 Abbildungen

MALIK

Mehr über unsere Autorinnen, Autoren und Bücher:
www.malik.de

Wenn Ihnen dieses Buch gefallen hat, schreiben Sie uns unter Nennung des Titels »Gegenwind« an *empfehlungen@piper.de*, und wir empfehlen Ihnen gerne vergleichbare Bücher.

Dank an Robert Schneider für die Genehmigung des Abdrucks der Textpassage auf Seite 5 (aus: »Die Luftgängerin«, Blessing 1998).

Die Schreibweise in den Quellen und Originaldokumenten wurde an die heutige Orthografie angepasst. Kapitel, die auf früheren Texten von Reinhold Messner basieren, sind entsprechend gekennzeichnet.

MIX
Papier | Fördert gute Waldnutzung
FSC® C014496

PRODUZIERT MIT VERANTWORTUNG

ISBN 978-3-89029-595-4
6. Auflage 2025

Für einen direkten Kontakt und Fragen zum Produkt wenden Sie sich bitte an:
info@piper.de
Abbildungen: Archiv Reinhold Messner,
Seite 14 und 311: Patrick Hürlimann; Seite 20, 126 und 327: Diane Messner;
Seite 173: Reini Buchacher, www.buhaha.com; Seite 215: Georg Tappeiner;
Seite 263: Peppi Tischler; Seite 264: Staschitz; Seite 329: 3 Zinnen AG
Satz: Eberl & Koesel Studio, Kempten
Gesetzt aus der Bembo und der Futura
Litho: Lorenz & Zeller, Inning am Ammersee
Druck und Bindung: GGP Media GmbH, Pößneck
Printed in Germany

»Ein Luftgänger ist ein Mensch, der nur auf sein Herz hört. Er gehorcht niemandem auf der Welt. Der Luftgänger tut, was er will. Der Luftgänger hat vor nichts und niemandem Angst. Vor allem nicht vor sich selbst. Und weil er keine Angst hat und immer auf sein Herz hört, kann er durch die Lüfte gehen.«

ROBERT SCHNEIDER

Die dreizehn Winde

Rückenwind
Sturmwind
Gipfelwind
Talwind
Wirbelwind
Fallwind
Windstille
Gletscherwind
Eiswind
Seitenwind
Aufwind
Abwind
Windhose

Reinhold Messner

Inhaltsverzeichnis

»Du zwingst viele, über Dich umzulernen;
das rechnen sie Dir hart an.
Du kamst ihnen nahe und gingst doch vorüber,
das verzeihen sie Dir niemals.
Du gehst über sie hinaus; aber je höher Du steigst,
umso kleiner sieht Dich das Auge des Neides.«

FRIEDRICH NIETZSCHE

Gegenwind

> *»Es ist meine Erziehung, die zum Rebellentum führte: Mich gegen Schranken aufzulehnen, diese zu überwinden, förderte meine Entwicklung. Jede von mir als ungerecht, störend oder sinnlos empfundene Grenze wurde zuerst infrage gestellt und dann überwunden.«*
>
> REINHOLD MESSNER

Eine, wenn nicht *die* Konstante in meinem Leben bleibt der Gegenwind. Arved Fuchs und ich begegneten ihm auf dem Weg zum Südpol. Oft zum Sturm gesteigert, blies er uns vom Pol her entgegen. Tag für Tag. Wir hatten Segel dabei, versuchten zu kreuzen, vergeblich. Wir fuhren auf unseren Skiern zwar schnell, aber nicht in Richtung Pol, gewannen keinen Meter Boden. Also zogen wir die Schlitten über den stumpfen Schnee, quälten uns durch Sastrugi-Felder und hofften auf Rückenwind. Bis zum Südpol vergebens. Auf der anderen Seite, beim Abstieg von der Polkappe nach McMurdo, endlich der richtige Wind! Das Schlittengewicht, das uns über tausend und mehr Kilometer gebremst hatte, war jetzt reduziert, Proviant und Brennstoff verbraucht, der Wind fiel uns vom Pol her in den Rücken, so machten wir Boden gut.

Jahre später, in Grönland, ich war mit meinem Bruder Hubert unterwegs, schaffen wir es, die schweren Schlitten von Osten kommend über den Rücken der Eisinsel zu schleppen, um auf der Westseite mit Seitenwind und Segelunterstützung nordwärts zu fahren.

1986 mit Hans Kammerlander, in der Eisrinne am Lhotse-Normalweg, fuhr uns der Jetstream von hinten an und trieb uns nach oben, eine willkommene Steighilfe. Ansonsten war der Wind meist gegen mein Vorankommen gestanden – an schmalen Graten, beim Zeltaufbau, in der Gipfelwand. Vor allem dann – zurück in der Zivilisation –, wenn es galt, Kritik auszuhalten.

Mein Bergsteigen ist mehr Kunst als Sport: Die Linien meiner Wege, das Erzählen darüber, die Auseinandersetzung mit der Gefahr, das viele, das bleibt.

Wir Bergsteiger wachsen an Widerständen. Oder scheitern an solchen und bleiben im Tal. Ob Felswand oder Gebirge, wer hinauf- oder darüber hinwegwill, muss Widerstände überwinden.

Mehr noch als Kraft und Geschicklichkeit braucht es Ausdauer dafür. Paul Preuß, der 1911 – allein, ohne Seil, in schnurgerader Linie – durch die senkrechte Ostwand der Guglia di Brenta in den Dolomiten turnte, setzte ein Zeichen. Gleichzeitig hinterließ er mit dieser Tat ein Kunstwerk, das weder sichtbar noch hörbar ist, nichtdestotrotz aber existiert. Für immer! Ähnliches gilt für Hermann Buhl, der 1953 am Nanga Parbat über den Silbersattel hinweg zum Gipfel stieg. Er zeigte damit nicht nur, zu welcher Ausdauerleistung der Mensch fähig ist. Er hinterließ uns ein bleibendes Zeichen seiner Kreativität, Willenskraft und Leidensfähigkeit. Als Alexander Huber 2007 einen frei kletterbaren Weg durch das Riesendach der Westlichen Zinne in den Dolomiten zuerst erfand, war das eine schöpferische Tat; als er dieser Linie spinnengleich folgte, war das eine unverwechselbare Aktion, die der Kunst näher steht als dem Sport. Auch er hat Zeichen gesetzt. Mit seinem Geist. Alle diese Lebensäußerungen sind nicht nur beklatscht worden, viele unserer Taten und noch mehr unsere Haltung dazu wurden kritisiert, infrage gestellt, ja, verteufelt. Damit erst wurden sie Teil der großen Legende. Bergsteiger haben selten die Fähigkeit, sich mit Pinsel, Meißel, Worten oder Noten auszudrücken. Sie tun es mit ihren Mitteln: an den gewaltigsten Flächen, in den größten Arenen und zwischen den Runzeln dieser Erde. Ihre Kunst entsteht im Spannungsfeld zwischen der Bergnatur und der Natur des Menschen, zwischen dem Vertrauten und dem Fremden, zwischen Selbstverschwendung und möglicher Selbstzerstörung, die es Schritt für Schritt, Griff für Griff zu verhindern gilt. In einem ähnlichen Spannungsfeld agiert auch der Künstler. Beseelt vom selben Geist wie der Grenzgänger, wenn er seine Zeichen ins unberührte Gebirge setzt, ist auch der Künstler ganz Hingabe. Auch er steigt auf Berge und hinterlässt Spuren – sogar sichtbare: in Baumstämme gefasst; hörbare: wenn der Wind mit den Seilen spielt, die seine Skulpturen sichern; greifbare: wo seine Farben in die Natur hineingewoben sind. Vielleicht ist sein Blick dem, der von oben kommt, ähnlich, ein Überblick übers Ganze.

Wir alle kehren in unser eigenes Leben zurück, wenn wir vom Berg herunterkommen – das Echo, die Stille, die Weite des Himmels und die Entschleunigung der Höhe in uns – als Überblick nach innen. Als wäre es mein Schicksal, mich mit mir als Skeptiker auseinanderzusetzen.

Warum ist dieses merkwürdige Spiel, das uns nutzlos und sinnvoll zugleich erscheint, zwischen Kunst und Sport angesiedelt? Weil traditionelle Bergsteiger in einer archaischen Welt nach anarchischen Mustern spielen? Da kämpfen Menschen nicht gegeneinander, sondern miteinander, es geht um die eigene Existenz – nicht um Regeln –, ums Durchkommen oder Umkommen und wie das scheinbar Absurde von Außenstehenden wahrgenommen wird.

Es gilt heute den letzten Rest Wildnis vor der Zivilisation zu schützen, die Tat vor den Konsum zu stellen und zivilisatorischen Widerstand zu ertragen.

Ich selbst habe viel Gegenwind ausgehalten, bin oft – wieder und wieder – gescheitert, ließ mich trotzdem nicht beirren. Die Kritiker kamen und verschwanden wieder, andere stellten mir ein Leben lang nach, und so manche wollen immer noch nicht einsehen, dass es auch ihr Verdienst ist, wenn ich überlebt habe. Gegenwind lässt Flügel wachsen.

Ich habe von meinen Wunden und Schicksalsschlägen erzählt, habe Vorwürfe der schlimmsten Art ausgehalten, Prüfungen, die

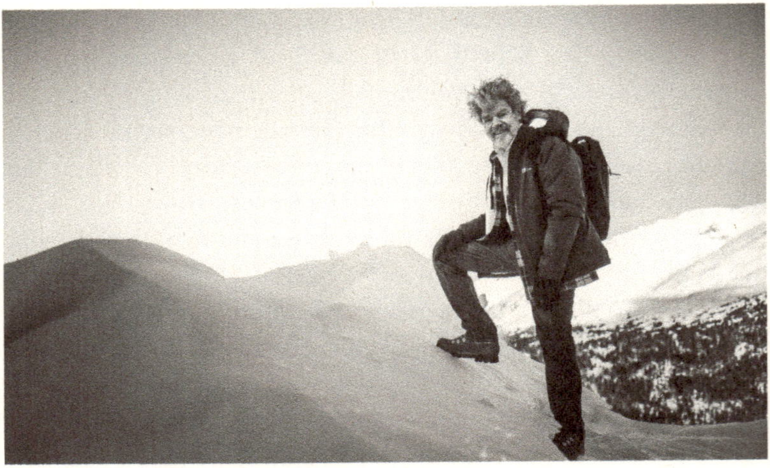

Hoch über Sulden am Ortler

weit über meine Kräfte – nicht selten war es Rufmord – hinausgingen. Aus alldem ist jene Legende gewoben worden, die ich nie sein wollte. Es ist nicht allein mein Verdienst, Teil der großen Story des Alpinismus geworden zu sein. Meine vielen Gegner haben wesentlichen Anteil daran.

Das Narrativ zum traditionellen Bergsteigen ist Erzählung, damit auch Fantasie, Legende. Es ist die Erzählkunst der Pioniere, die Kraft der Bilder der Neuerer aus 200 Jahren Tat, die uns ausfüllen. Meine Generation hat die alten Geschichten übernommen, mit neuen Erlebnissen ergänzt, und so erzählen wir die Legende fort. Mit meinem Start-up MMH – zusammen mit meiner Frau Diane zu meinem 75. Geburtstag gegründet – wollen wir all das am Leben erhalten und verteidigen, was Millionen von Bergenthusiasten rund um den Globus begeistert. Wir sind eine stille Gemeinschaft, der Vereinsstatuten nichts und die Berge alles bedeuten. Wir sind Teil der großen Erzählung, pfeifen aber auf alle Formen von Sekten.

Mein Erbe – MMH für »Messner Mountain Heritage« – ist nicht materieller Art. Es ist der Geist, der den traditionellen Alpinismus beseelt, seine Respektshaltung.

1 Eigenverantwortung

»Menschennatur und die Bergnatur sind nur so zu verstehen, wenn sie sich begegnen.«

WERNER HEISENBERG

Als Dorfkinder aufgewachsen, lernten wir früh, Verantwortung zu tragen. Für die jüngeren Geschwister, für die Arbeit, die wir zu Hause zu tun hatten – im Hühnerstall, beim Holzholen, beim wöchentlichen Säubern des Gartens. Ich denke nicht an Idylle, wenn ich die Bilder aus der Kindheit in mein Gedächtnis zurückhole: keine Kirchtürme auf grünen Hügeln, keine Schafherden auf den Wiesen, nur Begeisterung für die Berge: Wald und die fernen Felstürme darüber. Was inzwischen Zeitgeist geworden ist – das Leben auf dem Land, die Bewunderung für das Erhabene und dass dort jeder jeden kennt und grüßt –, für uns war es alltäglich.

Wir hatten ein pragmatisches Verhältnis zum Dorf und der nächsten Umgebung. Der Wald war Abenteuerspielplatz, die Scheunen der Bauernhöfe Versteck, die Schotterstraße Treffpunkt einer Horde von Kindern, Mädchen und Buben zwischen vier und zwölf Jahren.

Ich wollte nie leben wie die Stadtkinder, nur dabei sein im Dorf, den Zusammenhalt spüren, keine gemeinsamen Spiele versäumen.

Das Draußensein war mit Eigenverantwortung verknüpft und deshalb so aufregend. Wenn ich krank war, allein im Zimmer unter der Decke, und von draußen die Vögel und spielende Kinder zu hören waren, tat das weh. Die Zeit lief rückwärts; ich hatte Angst: Angst, den Anschluss zu verlieren.

Als wir größeren Kinder im Sommer für ein paar Wochen auf die Gschnagenhardt-Alm durften, wurde alles anders. Da war kein Pfarrer, kein Lehrer, kein Bürgermeister, die uns Kindern wie im Dorf vorschreiben wollten, was wir zu tun und zu lassen hatten. Sogar die Eltern überließen uns dort oben nach einigen Testwochen uns selbst. Die Erkundung der weiteren Umgebung, das Beobachten der Wildtiere und die ersten leichten Klettertouren waren – weil selbst verantwortet – unser Stolz. Fels und Kar wurden ertastet, nicht verklärt. Gefahren lernten wir auszuweichen und Schwierigkeiten zu überwinden.

Widerstände zu überwinden ist uns Menschen in die Gene geschrieben. In der unberührten Natur galt und gilt es ständig, das Überleben zu sichern. Die dabei entwickelten Instinkte zwingen uns, auf Gefahren zu reagieren, unter allen Umständen, auch dort, wo Menschen – mit bösen Absichten – anderen Übles wollen. Meine Erfahrung dazu sagt mir, dass menschengemachter Widerstand zerstörerischer sein kann als natürlicher. Die Natur ist ohne Absicht, und dort, wo sie Wildnis geblieben ist, bleibt sie eine weise Lehrmeisterin.

Mein Zugang zur Natur entsprang nicht einer romantischen Idee, er sollte anfangs auch nicht ein Gegenentwurf zur Industrialisierung sein, noch weniger Naturschutz. Ich war mittendrin, ausgesetzt und dabei meinen Ängsten und Zweifeln ausgeliefert.

Damals ahnte ich nicht, dass dieses frühe In-die-Wildnis-geworfen-Sein zur Überlebenskunst werden sollte – in den höchsten Höhen sowie in den größten Wüsten dieser Erde. Mehr noch in einer Zivilisation, die inzwischen Verschwörungstheorien, Hass und professioneller Desinformation ausgeliefert ist. Mein Problem ist, dass ich mich im Cyberspace verliere.

2 Widerstand

»Meine Erziehung sollte nicht durch Schulbildung beeinträchtigt werden.«

GRANT ALLEN

Berge trotzen jedem Gegenwind, sie sind absoluter Widerstand. Wir lernten es in den Geislerspitzen in den Dolomiten, die zwischen dem Villnöß- und dem Gröden-Tal senkrecht aufragen. Mein älterer Bruder Helmut erzählt davon, wenn er über eine gemeinsame Klettertour im Rahmen unserer Sommerferien auf Gschnagenhardt berichtet:

»Als Kinder und Jugendliche verbrachten wir viele Sommer auf Gschnagenhardt. Nachdem die Almwiesen Mitte August abgemäht waren, mieteten unsere Eltern vom alten Ranuier-Bauern Almhütte und Heuschupfe, wo wir im beißenden Heu schliefen. Auf der benachbarten Profanter-Alm kauften wir Milch und Butter. Dort oben erlebten wir eine unbeschwerte Zeit, genossen viel Freiraum. Und von der Alm aus erkundeten wir die nähere und weitere Umgebung der Geisler-Gruppe. Wir bauten ein Floß für den Teich im Sumpfboden, spielten Verstecken, sammelten Pfifferlinge sowie Himbeeren und ›Granten‹ (Preiselbeeren). Wir waren rund um die ›Prese‹ mit der Schleuder unterwegs und versuchten, Eichhörnchen und ›Gratschen‹ (Zirbenhäher) zu treffen, was uns nie gelang. Als wir etwas älter waren, zog es uns regelmäßig über die Panascharte auf die Seceda, blumenreiche Almwiesen auf der Südseite der Geisler, wo sich der Horizont öffnete und den Blick freigab auf das Gröden-Tal mit dem Sella-Stock und der imposanten Langkofel-Gruppe. Wir fühlten uns dabei wie die Entdecker einer neuen Welt. Auf den dortigen Almböden gab es mehrere Bergseen, in denen sich winzige Fische tummelten. Wir wandten viel Zeit und

Tricks auf, solche Fischchen einzufangen und in Wasserflaschen lebend über die Mittagsscharte heimzutragen und im Teich auf Gschnagenhardt auszusetzen. Selten haben einige die Aktion überlebt.

Während dieser Sommerferien gingen wir oft zum Klettern. Ein Abenteuer ist mir in besonders lebhafter Erinnerung geblieben: Reinhold hatte die Idee, einen kürzeren, direkteren Übergang zur Südseite der Geislerspitzen zu finden, wobei er die enge Scharte zwischen Großer und Kleiner Fermeda ins Auge fasste. Diese Erkundungstour wollte Reinhold nur mit mir, ohne die jüngeren Geschwister, durchführen. Wir waren damals etwa dreizehn und fünfzehn Jahre alt. Wir nahmen das Bergseil des Vaters und einige Schlingen mit, um uns sichern oder abseilen zu können. Über brüchiges, nicht schwieriges Schrofengelände gelangten wir über die Nordseite auf die angepeilte Scharte und stiegen dann auf der Südseite in Richtung Seceda ab. Unvermittelt standen wir vor einem hohen Abgrund, für den das Seil nicht ausreichte, um uns abseilen zu können. An ein Abklettern war wegen des Überhangs unter uns nicht zu denken. Ich als der Ältere drängte darauf, umzukehren und über die Aufstiegsroute wieder abzusteigen. An der Nordseite!

Reinhold sah jedoch eine Möglichkeit, über eine schräge Felspartie auf die Südostkante der Kleinen Fermeda auszuweichen, von der uns Vater eindrucksvoll erzählt hatte. Wir beide hatten die Kleine Fermeda schon öfter bestiegen, mit dem Vater über die leichtere Normalroute. Reinhold zögerte nun nicht lange, querte über die exponierte Rampe zum Südostgrat und forderte mich auf nachzukommen. Er sicherte, wie wir es bei Vater gesehen hatten, indem er das Seil um einen Felszacken legte und weiter über die rechte Schulter führte. Eine effektivere Selbstsicherung beherrschten wir damals nicht. Ich hatte große Angst, fühlte mich unsicher. In ausgesetzter Kletterei gelangten wir auf den Südostgrat und nach mehreren Seillängen auf den Südgipfel der Kleinen

Fermeda. Ich wagte kaum einen Blick in die Tiefe, weil unsere Route über die Abgründe oberhalb einer nicht einsehbaren überhängenden Wand in die Höhe führte. Von dort aus erreichten wir den Hauptgipfel und stiegen schließlich über die Normalroute ab, die wir von früheren Begehungen mit dem Vater gut kannten.

Diese spontane und eigenständige Klettertour über den Südostgrat der Kleinen Fermeda wurde für mich zum Schlüsselerlebnis. Reinhold war - obwohl der Jüngere - in dieser Situation eindeutig der Stärkere, sowohl mental als auch technisch. Er traute sich die Führung zu, behielt die Übersicht und setzte seinen eigenen Willen durch. Er stieg voraus, ich folgte ihm - zwar freiwillig, aber gehemmt. Diese seine Charakterzüge haben sich bis heute erhalten und auch in anderen Lebensbereichen durchgesetzt, wie seine Biografie belegt. Von diesem Tag an trennten sich unsere alpinistischen Ambitionen und Wege. Ich beschränkte mich auf einfachere Herausforderungen und bekannte Bergtouren, er suchte zunehmend schwierigere und unbekannte Wege in der Geisler-Gruppe, in den Dolomitenwänden benachbarter Täler, für welche er häufig den jüngeren Bruder Günther oder erfahrene Kletterpartner mitnahm. Von diesem Zeitpunkt an haben wir unterschiedlichste Lebenswege beschritten, sind aber beide mit dem Erreichten zufrieden.«

Die Erfahrung und Erlebnisse in den Sommerferien auf Gschnagenhardt haben zweifellos unsere persönliche Entwicklung geprägt. Weil die Eltern uns den Freiraum boten, unsere Fähigkeiten zu erproben und die räumlichen wie sozialen Grenzen auszuloten, zu erweitern. Jede nächste Lebensphase eröffnete neue Möglichkeiten und zeigte gleichzeitig Grenzen auf, die es zu akzeptieren galt. Bis heute.

Helmut hat studiert und ist Pädagoge geworden. Er war der Erste, der von zu Hause auszog und oft umgezogen ist: von Villnöß ins Schülerheim nach Meran, nach Innsbruck, Konstanz, in

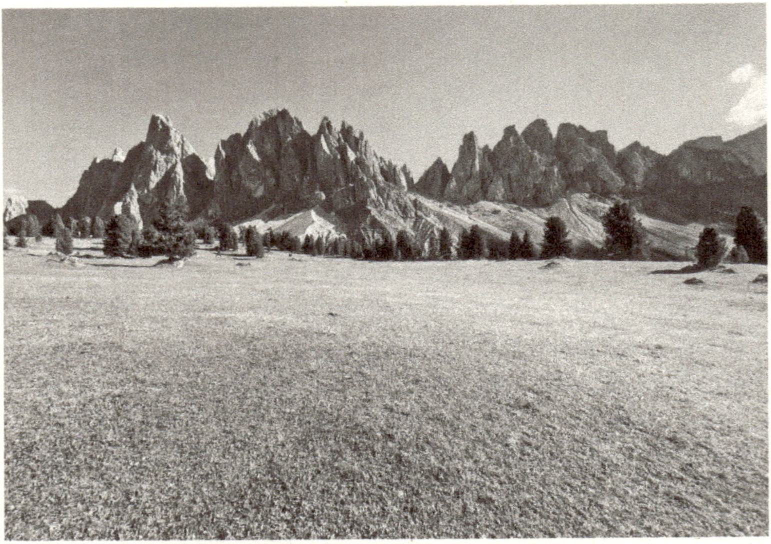

Gschnagenhardt mit Geislerspitzen

die Schweiz. Ich empfand sein Weggehen damals als Verlust, ja als Schmerz, weinte der gemeinsamen Kinderzeit lange nach. Helmut zog seine Kompetenz aus Studium, Lehre und viel Einsatz, ich meine Selbstmächtigkeit aus all den Widerständen, die man mir entgegenstellte – ein Leben lang.

3 Lebensweisheiten meiner Mutter

»Die wissen alle, dass sie etwas wert sind.«
MARIA MESSNER-TROI ÜBER IHRE NEUN KINDER

1993, zum achtzigsten Geburtstag meiner Mutter, erschien im *ff-Wochenmagazin* in Südtirol ein Essay von Florian Kronbichler, der im Folgenden, um einige Informationen ergänzt, wiedergegeben wird. Inzwischen bin ich selbst achtzig Jahre alt, und die Bewunderung für meine Mutter ist weiter gewachsen. Ohne ihre Weitsicht wäre ich an vielen Widerständen zerbrochen. Sie hat mich verstanden, immer wieder getröstet und ermutigt, meinen Weg zu gehen.

Das Magazin schickte eine Episode voraus, als Entschuldigung für das, was folgte:

»Als Reinhold Messner im Kulturhaus seines Heimatortes Villnöß einen Vortrag über seine Südtirol-Umrundung hielt, ließ er sich – wie das bei ihm zuweilen vorkommt – in eine Polemik mit dem Publikum verwickeln. Es half nicht, dass in der ersten Reihe die Mutter saß und ihm zudeutete: ›Halts Maul!‹ Einmal herausgefordert, hörte ›der Laggl‹ nicht mehr auf. Das Problem, sagt die Messner-Mutter stellvertretend für die ganze Familie, ist: ›Wir hören uns gern reden.‹

Wer solcherart imstand ist, sich nicht zu ernst zu nehmen, dem ist angenehm zuzuhören. Am Montag, 30. August, wird Maria Troi-Messner, Witwe und Mutter von acht Buben und einem Mädchen, achtzig Jahre alt. Gefeiert wird am Sonntag, dem 29. Mutter Messner ist noch so rüstig, dass sie das Fest selbst in die Hand nimmt. Beim ›Kabis‹, dem ersten Gasthaus am Platz, hat sie die Stube bestellt. Alle Kinder sind geladen (samt Anhang und sonst niemandem), und mit den Wirtsleuten hat sie das Nötige abgesprochen. Das Einzige, was ihr nicht nach Plan ging, ist, dass diesmal die Kinder das Mahl zahlen wollen. ›Dafür‹, sagt die Mutter, ›haben sie mir versprochen, keine Geschenke zu machen.‹

Es muss nicht alles stimmen. Sie erzählt es halt so, dass man ihr glaubt. Die ›Gerber-Miedl‹, Tochter des Gerbermeisters Franz Troi aus Buchenstein und einer Wiedenhofer vom Ritten, hat 1942 den Schullehrer Josef Messner geheiratet, einen der vielen Messner (›viel zu vielen‹), die es in Villnöß gibt. Mit knapp 30 Jahren. ›Leicht früh genug!‹, möchte sie allen gesagt haben, die das Heiraten noch vor sich haben. ›Heiratet ja nicht zu früh!‹, habe sie jedenfalls ihren Kindern immer eingebläut. Der eine hat es beherzigt, der andere weniger, einige haben es hinterher eingesehen.

Zu ihrem Mann hatte die Miedl ein Verhältnis, das man als landesüblich traditionell, als biblisch erbaulich, als klug bis listig oder gar als raffiniert frauenrechtlerisch bezeichnen könnte. Es kommt auf die Sichtweise an. ›Der Vater ist das Haupt der Familie‹, erläutert Frau Messner die ihrige, ›und die Mutter ist der Hals. Der muss das Haupt drehen.‹

Eine solche Definition bedarf keiner weiteren Erklärung. Er war der Gestrenge, sie die Gütige. Wenn (oder weil) er alles ernst nahm (von der Erziehung der Kinder bis zum Gasthausgeschwätz der Dörfler), konnte (musste) die Mutter alles abwiegeln. Wer letztlich das Sagen hatte und wer kuschte, wird eindeutig nie geklärt sein. ›Die Strenge des Vaters‹, versucht Sohn Reinhold eine Zuteilung der Elternrollen, ›mag verhindert haben, dass aus uns Sandler geworden sind, aber ausschlaggebend für das, was wir dann geworden sind, war die Persönlichkeit der Mutter.‹

Zwischen ihrem 30. und 44. Lebensjahr gebar Frau Messner neun Kinder. Acht Buben und ein Mädchen. ›Vier helle und vier dunkle, und die Waltraud ist mittelt.‹ Der Haarfarbe und dem Alter nach mittelt. Alle hat die Mutter gleich gerngehabt, natürlich. Werner, ihr Jüngster, der heute Mathematiker und Computerfachmann ist, aber früher sich ein bisschen mit Psychologie befasst hat, habe der Mutter einmal weismachen wollen, ›mehr als ein Kind kann man nicht wirklich gernhaben‹. Auf so viel Unerfahrenheit hat die Mutter dann geantwortet: ›Aber, Werner, hast du eine Ahnung!‹

Sie lässt sie gerne Revue passieren – ihre acht plus eine. Der Helmut, geboren 1943, ›war der bravste‹. Damals war er Direktor des Pädagogischen Instituts in Bozen. ›Für ein Lehrerkind ist so etwas wohl die Erfüllung.‹ Schwer zu sagen, ob die Mutter das im Ernst sagt oder mit Ironie. Jedenfalls ist Helmut, ihr Ältester, der einzige von den Kindern, dem sie einmal entfernt zugetraut hätte, dass er Geistlicher würde. Bei keinem der anderen wäre Ähnliches auch nur ›denkbar‹ gewesen. Dass dann auch Helmut weltlich blieb – Mama will nicht gerade sagen, dass sie froh darüber ist ...

Das Jahr darauf, 1944, kam Reinhold zur Welt. ›Auch kein schlechter Bub, nur ein wilder.‹ Seine stehende Wendung war, schon als er sieben, acht Jahre alt war: ›Das tu ich nicht!‹ Wenn es hieß, den Hennenstall auszumisten (die Lehrerfamilie Messner betrieb nebenbei eine bescheidene Hühnerzucht), dann war vom Knirps Reinhold stets zu hören: ›Das tu ich nicht!‹ Trotzdem soll es vom gestrengen Vater dafür verhältnismäßig wenig Watschen gesetzt haben, denn Reinholds zweiter Wahlspruch habe gelautet: ›Dann bin i weg!‹

Auf den Wilden folgte wieder ein Musterkind: Günther. Er verschmähte die Nachhilfestunden in Italienisch, die ihm die fürsorgliche Mutter vermitteln wollte (›brauch i net‹), machte die Handelsoberschule und wurde – lineare Vollendung einer Ragioniere-Karriere – Bankangestellter. Glücklich war er dabei nicht. Wirklich glücklich hat ihn die Mutter erst gesehen, als er 1970 die Erlaubnis erhielt, mit Reinhold die Nanga-Parbat-Expedition mitzumachen. ›Da war er glücklich.‹ Und da starb er auch.

1947 – das vierte Kind war Erich. Wieder ›a win a Wilder‹. Er war der Fleißigste im Hennenstall, hat früh eingesehen, dass er Bauer nicht werden kann (mangels Hof), und studierte deswegen auf Tierarzt. Sein Verhältnis zu Tieren war immer ein enges. Beim Militärdienst in Innichen lernte er die Muli lieben (›die Muli wären die feinsten Viecher, wenn die störrischen Soldaten nicht wären‹) und später die Pferde. Erich ist heute selbst ein hohes Vieh in der Südtiroler Rossgesellschaft. Seinem Bruder Reinhold, der es auch einmal mit Pferden und Reiten probieren wollte, spricht er jede Eignung dazu ab. ›Er hat das Ross nicht gern!‹, sagt die Mutter, dass der Erich das vom Reinhold sagt.

Endlich, 1949, kommt das Mädchen. Waltraud. ›Die wird's aber fein haben!‹, war der Kommentar der Nachbarschaft. Die Angekommene hat es anders in Erinnerung. Der Vater pries zwar immer den ›einen Rosenstock unter acht Misthäufen‹, aber wies sie im Übrigen in die bekannten engen Grenzen des Mädchens vom Land: nicht die Zöpfe schneiden, nicht Hosen und keinen Minirock tragen, abends nicht ausgehen, den Brüdern dienen und der Ma im Haushalt helfen. Wenn sich die junge Waltraud einmal aufgelehnt hat gegen die offensichtlich ungerechte Verteilung von Freiheiten und Pflichten, pflegte die Mutter zu sagen: ›Gescheiter als streiten, Waltraud, tu's frisch, dann ist's vorbei!‹ Gemeint war: Tun muss sie es ohnehin.

Solidarität unter Frauen war das nicht. Und Ermutigung zur Emanzipation auch nicht. Die Mutter hielt es eben für angebracht, der Tochter beizubringen, wie man die Verhältnisse am besten nimmt. Sie zu verändern hielt sie für unmöglich und Zeitverlust.

Als Waltraud sechzehn oder siebzehn Jahre alt war, auf jeden Fall schon die Kindergärtnerinnenschule in Bozen besuchte, setzte sie zum ersten Mal beim Vater durch, an einem Abend tanzen gehen zu dürfen. Reinhold wurde als ihr Begleiter bestellt. Die ›Lehrer-Waltraud‹ hatte sich zum Anlass sorgfältig hergerichtet, schön angezogen, aber als die beiden die lange Stiege des Lehrerhauses hinuntergingen, da

sagte Kavalier Reinhold ihr plötzlich ins Gesicht: ›Ich mag nicht, kannst selber weitergehen!‹, und haute ab. Schwesterchen Waltraud blieb nichts anderes übrig, als ins Haus zurückzugehen und heulend der Mutter die Demütigung zu klagen. ›Lass ihn, den Laggl!‹ hieß es dann. Trost war das damals keiner.
Waltraud ging es, wie es einer Schwester unter vielen Brüdern meistens geht: Sie ›gilt‹ alles, also tut alles, und zuletzt trifft sie noch die testamentarische Pflicht, auf die alte Mutter zu schauen.
Der nächste Bub, Siegfried, hatte dem Rhythmus von der familiären Alternanz nach wieder ›ein feiner‹ zu sein. War es auch. Bereitete als Kind überhaupt keinen Verdruss. Einmal, erzählt die Mutter, habe sie geträumt, sie hätte vergessen, dem Kind die Flasche zu geben (so ein feines Kind war es). Da sei sie aufgesprungen und zum vermeintlich halb verhungerten Kind gelaufen, und was war da? ›Der kleine Siegfried lachte zufrieden aus der Wiege.‹ Siegfried wurde Landschaftsschützer und Chef der Südtiroler Bergführer.
Nächster Bub: Hubert. ›Net bös, aber wild.‹ Der heutige Kinderarzt muss in seiner Jugend für den Geschmack der Mutter die richtige Mischung zwischen wild und strebsam verkörpert haben. Das muss der Grund sein, dass ihr zu ihm ›nichts Besonderes‹ einfällt. Als der Regens vom Vinzentinum in Brixen den Buben aus dem Heim geschmissen hat und der Frau Mama prophezeite, sie werde für den wilden Buben nirgendwo einen Platz mehr finden, da habe diese geantwortet: ›Das, Herr Doktor, lassen Sie nur unsere Sorge sein. Der Bub kriegt schon wieder a Platzl.‹ Heute ist er Sanitätslandesrat in Südtirol.
Allmählich wird's eintönig. Bub Nummer sieben, Hansjörg, war ›net a wilder, aber a bissl ein schwieriger‹. Schulabbrecher, Aussteiger, vom Vater aus dem Haus gejagt, von der Mutter heimlich finanziert, auf der Hippiewelle nach Indien verschlagen, ein Dreivierteljahr verschollen, von Reinholds

damaliger Lebensgefährtin Uschi zufällig in Kathmandu aufgegabelt, heimgekehrt, wieder ausgerissen, sich arbeitend nach Amerika durchgeschlagen, Happy End: Schulen nachgeholt, Psychotherapeut geworden mit Praxis in London. Sein fachliches Urteil über die Mutter: ›So gut möchte ich auch alt werden.‹
1957 kommt der jüngste Messner zur Welt: Werner. Probiert's anfänglich als Mechaniker, aber er mag nicht sein Leben lang ›unter einem Auto liegen‹, wird Bankangestellter, aber ›die ewige Geldzählerei‹ geht ihm auch auf die Nerven. Also studiert er Mathematik, gründet eine Computerfirma.
So, und jetzt die Geburtstagsfrage an Mutter Messner: Ob sie stolz ist auf ihre Kinder? ›Stolz? Ja, stolz darauf, dass sie, was sie machen, ordentlich machen.‹
Das erfordert schon einmal ein gerüttelt Maß Toleranz. Frau Messner wird geradezu feierlich, wenn sie beteuert, dass sie ihren Kindern nie dreingeredet hat, was sie zu tun hätten. ›Lasst die Kinder etwas lernen! Was sie im Kopf haben, bleibt.‹ Das sei einer der wenigen Erziehungsgrundsätze gewesen, in dem sie mit ihrem Mann einer Meinung gewesen sei.
Über das Wie und Was hätte ein Leben lang gestritten werden können, wenn Mutter Messner zum Streiten grad aufgelegt gewesen wäre. ›Du gibst immer nach!‹, war der regelmäßig wiederkehrende Vorwurf des Vaters an die Mutter. ›Ich hab mir immer gedacht, lass ihn!‹, sagt die Mutter im Nachhinein. Vater Messner ist schon sechs Jahre tot. 1985 an Lungenkrebs gestorben. Wer von den Kindern rauchte, hat das Rauchen gelassen, als sie die Röntgenbilder von Vaters Lunge sahen. Dem Vater selber hat die Mutter das Laster zeitlebens nicht abzugewöhnen vermocht. Wie phantasiereich sie ihm auch die Zigaretten rationierte. Der Schullehrer bestand fest auf der These, Filterzigaretten schaden nicht.
›Lass ihn!‹ und ›Lass sie!‹ ist auf sehr vielfältige Weise zum Lebensprinzip der Messner-Mutter geworden. Der Satz ist

einmal Ausdruck von Toleranz, einmal von Wurschtigkeit und manchmal von weiser Resignation. Tochter Waltraud ist ihm oft zum Opfer gefallen. Reinhold, der Rebell, sieht in ihm das Geheimnis mütterlicher Macht und verklärt Mutters ›Lass sie!‹. Helmut, der Brave, sieht es heute pädagogisch und kritisch: ›Ein bisschen mehr Konfliktstärke hätte nicht geschadet.‹

Sei's drum. Die Mutter dachte, wie die meisten Mütter, arbeitsteilig. Maulen und schlagen tut der Vater, sie macht ihm darin nicht Konkurrenz, sondern verlegt sich aufs Nachher. Die Lehrerkinder Reinhold und Erich waren noch nicht ausgeschult, da standen sie einmal mitten in der Predigt in der Kirche auf und staksten mit ihren genagelten Schuhen von vorne durch das ganze Kirchenschiff nach hinten und bei der Kirchentür hinaus. Aus Protest gegen die Predigt. ›Was der daherlügt, auf der Kanzel!‹, begründeten die Lehrerbuben ihre erste Demonstration. Der Vater war entsetzt und schämte sich, die Mutter ›war froh, als die Buben endlich bei der Kirchtür hinaus waren‹.

Dorthin sind die Messnerischen später nicht mehr viel zurückgekehrt. Die Mutter ist tiefreligiös. Sie sagt das mit der gleichen Selbstverständlichkeit, mit der sie sagt, dass sie Südtirolerin oder Großmutter ist. Sie will nicht leugnen, dass es sie gefreut hätte, wenn zum Geburtstag ... Aber eines der Kinder habe ihr gleich gesagt: ›Mama, lass uns bitte mit den Kirchen in Ruh!‹

Daraufhin und überhaupt war es der Mutter auch ohne recht. Denn als sie nachzählt, wie viele der Kinder ihr zuliebe zu einer Geburtstagsmesse kommen würden, kommt keine Mehrheit zusammen. Zum Jahrtag vom Vater und von den Brüdern, freut sie sich, ›kommen sie schon – auch wenn es auch dabei mit den Jahren ein bisschen lockerer geworden ist‹.

Der Mutter macht das nichts aus. Sie hat eine Religiosität, der jedes Missionieren fremd ist. Sie könnte sich nicht entsinnen, jemals traurig gewesen zu sein darüber, dass die Kinder nicht in die Kirche gehen. ›Der Herrgott findet sie alle‹, befindet Maria Messner. Und hält er auch nichts von den Sakramenten, ›dass es einen Herrgott gibt, glaubt sogar der Reinhold‹.

Mehr zu glauben mutet die Mutter ihrem Sohn gar nicht zu. Sie betet täglich für ihre Kinder, sagt sie, ›das ist ja logisch‹, aber dass sie je für ihre ›Bekehrung‹ gebeten hätte, ›das wär mir nie eingefallen‹. Den Heiligen Vater, den Sohn Reinhold neulich zu sich auf Schloss Juval zitieren wollte (zwecks Erörterung über die Nähe der Berge zu Gott), mag Mutter Messner selber nicht recht. ›Schon vom Äußeren her‹, sagt sie. Papst Johannes XXIII. sei da ein ganz anderer Kerl gewesen. Wen sie heute auf der Stelle heiligsprechen würde, das ist Mutter Teresa. Den Tipp muss ihr Reinhold gegeben haben.

Der Reinhold, so wenig sie es wahrhaben will, beflügelt den Verteidigungseifer der Mutter ganz besonders. ›Du gehst so lang, bis du irgendwann oben anstößt‹, sage sie ihm immer wieder. Vergebens, natürlich. Dass sie auf ihn stolz ist, versucht sie nach Kräften zu verbergen. Reinhold ein Egoist? ›Nein, ja, schon a bissl.‹ Reinhold ein Exzentriker? ›Jaja, a bissl.‹ Ergebnis der Befragung: Reinhold ist ›a guter Bub‹.

Dem Reinhold geschehe viel Unrecht. Das, was an Reinhold Messner viele entweder als Neurose oder als geschäftsfördernde Taktik betrachten, nämlich dass er ständig angefeindet werde, ist für die Mutter die pure Wahrheit. ›Sie mögen ihn nicht.‹

Wer mag den Reinhold nicht? Die Mutter fängt gar nicht an zu zählen. Umgekehrt ist leichter. ›Also wirklich mögen tun ihn, außer den Kindern: die Muater, die Frau, a paar im Vinschgau ...‹ Weiter kommt die Mutter nicht. In der eigenen Familie sind die Ausritte des berühmten Sohnes auch nicht immer auf ungeteilte Zustimmung gestoßen. Es gab im besten Fall Spott, häufig offene Lästerei, und da hat die Mutter immer für den Angegriffenen Partei ergriffen: ›Lasst ihn!‹

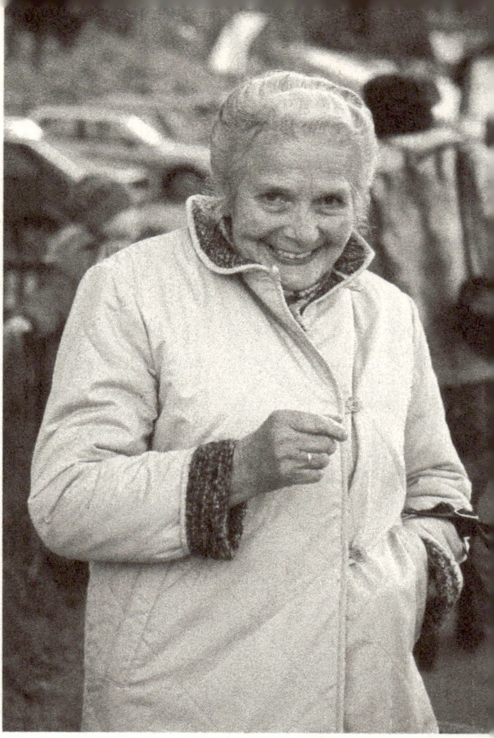

Der Vater hat unter dem extraalpinistischen Engagement des berühmten Sohnes besonders gelitten. Wann immer dieser etwas Despektierliches über Herrschende und Zustände im Land verlauten ließ, traute sich der alte Dorflehrer nicht mehr ins Gasthaus. Als er seine Nichthochachtung vor den Optanten zum Ausdruck brachte, kam Vater Messner vollends in Konflikt mit sich selber. Er war Optant und HJ-Ortsgruppenleiter außerdem. Und da sprach der eigene Sohn von ›Heimatverrätern‹. In diesem Fall nahm die Mutter den Vater in Schutz: ›Stimmt schon‹, relativiert sie die Geschichte. ›Damals hieß es H-Jott, und heute heißt es halt K-Jott.‹ Den unbeschwerten Umgang mit Vergleichen muss der Sohn von der Mutter haben.

Was zwischen Vater und Kindern an Aggressionen sich aufstaute, wurde von der Mutter systematisch abgetragen. Als Reinhold 1970 von der tragischen Nanga-Parbat-Expedition zurückkehrte, bei welcher der um zwei Jahre jüngere Bruder Günther verloren ging, und er in der Universitätsklinik Innsbruck sich seine erfrorenen Glieder heilen ließ, machte ihm der Vater beim ersten Krankenbesuch gleich Vorhaltungen.

Reinhold hätte auf den Bruder besser achtgeben müssen. In solchen extremen Situationen machte die Mutter eine Ausnahme von ihrem ›Lass sie!‹ und ›Lass ihn!‹. Er solle gefälligst aufhören mit der Moral, hat sie den Vater energisch aus dem Krankenzimmer gezogen. Der Günther sei freiwillig mitgegangen. Wäre er nicht mitgegangen, ›wäre er vielleicht seinen Lebtag lang unglücklich gewesen‹. Ähnlich energisch sei die Mutter dem Vater nur noch einmal in den Weg getreten, und das war, als dieser einen der jüngeren Buben aus dem Haus warf. ›Außiwerfen darf man ein Kind nicht‹, hat sie damals gesagt. ›Oder haben die Kinder vielleicht gefragt, ob sie auf die Welt kommen wollen?‹

Die Messner-Mutter hat eine sehr abgeklärte Sicht vom Bergtod ihrer beiden Söhne Günther und Siegfried. Erstens ist ihr ein Tod am Berg oder auf der Straße lieber ›als, sagen wir, ein Selbstmord. Denn da machst du dir Vorwürfe, dass du etwas falsch gemacht hast.‹ Und zweitens sagt sie: ›Wenigstens die zwei weiß ich, wo ich sie hab. Die sind aufgehoben.‹

Bei den anderen Kindern hat die Mutter lang nicht immer gewusst, wo sie sie hat. Von Hansjörg hatte sie, bevor er in Kathmandu aufgefunden wurde, einmal ein Dreivierteljahr kein Lebenszeichen, und da hatte sie sich das einzige Mal gedacht, ›es kann sein, dass er zugrunde gegangen ist‹. Sonst verließ sie das Vertrauen nie. ›Wenn sie ein bisschen Troisches haben‹, scherzt Maria Troi-Messner (womit sie den Arbeitseifer meint), ›und ein bisschen Messnerisches‹ (was dann wohl das Hirnschmalz sein müsste), ›kommt keiner so leicht um.‹

Wo immer sie die Kraft dazu hernimmt, sie sagt, aus der Religion, das Vertrauen der Messner-Mutter in ihre Buben ist grenzenlos. Und selbstverständlich. Als sie erfuhr, dass ihr Sohn Hubert mit Reinhold zur Grönland-Expedition aufbrechen würde, wollte sie das eine Weile lang nicht glauben. ›Der geht nicht. Hat ja keine Zeit‹, redete sie sich ein. Als es dann trotzdem ernst wurde, war ihr plötzlich auch das recht: ›Soll er nur. Arbeitet sonst viel zu viel.‹

Das Leben nehmen, wie es kommt, heißt man so was. ›Vertrauen, dass es sich schon richtet‹, sagt Werner. ›Die Kinder kommen, wenn man sie gehen lässt‹, erinnert sich Waltraud an einen Lieblingsspruch der Mutter. ›Ein bisschen auswei-

chen, ein bisschen dazu stehen, ein bisschen Glück haben‹, sagt Helmut. Und Reinhold sagt nur: ›die starke Frau‹.
Über die Frauen hätte die Messner-Mama schon auch etwas zu sagen. ›Ich habe alle gewarnt vor meinen Buben.‹ Und wenn es eine nicht aushält, mit einem Messner, dann ist die Schwiegermutter nicht nachtragend: ›Wenn es nicht geht, dann ist besser, sie gehen auseinander.‹ Es gab schon Fälle, in denen es so weit kam. Die Mutter verargte es keiner Schwiegertochter.
Reinhold Messner riet der *ff*, sie sollte die Mutter zum Geburtstag einmal fragen, warum aus ihren Kindern ›keine Sandler geworden‹ seien. Die Mutter versteht die Frage gar nicht. ›Sandler? Daran habe ich nie gedacht.‹ Und sofort kapiert sie, dass einer, der so fragt, nur gelobt werden will. ›Meine Laggl wissen alle, dass sie etwas wert sind.‹«

Das Selbstverständnis und Selbstvertrauen, die mir meine Mutter mitgegeben hat, ließen mich auch im schlimmsten Gegenwind nicht verzagen. Als ich 1970 halb tot durchs obere Diamir-Tal torkelte, die Orientierung verloren – betete ich nicht zu Gott, ich dachte an meine Mutter. Das Erinnern an sie hielt mich am Leben. Musste ich doch heimkommen, um ihr von unserer Odyssee zu erzählen.

Ja, das Vertrauen, das uns unsere Eltern in Kinderjahren schenken, hält ein Leben lang an und wächst, wenn wir unseren Weg früh in Eigenverantwortung gehen dürfen. Nur in einem sicheren Nest werden Vögel flügge. Sie steigen dann im Aufwind, lieben den Gegenwind, schweben zuletzt ohne Mühe durch alle Winde. Wie wir Menschen, wenn wir mit Hingabe tun, was wir tun müssen.

»Die Freiheit aufzubrechen, wohin ich will«: Den Buchtitel meiner ersten Autobiografie verdanke ich meiner Mutter. Sie hat mir das Selbstvertrauen geschenkt, das mich achtzig Jahre lang überleben ließ.

4 »Knödel essen«

»Es kommt im Leben nicht darauf an, wie viel du austeilst, sondern darauf, wie viel du einstecken kannst.«
Sylvester Stallone als Rocky Balboa in »Rocky«

Luis Vonmetz aus Bozen in Südtirol, wenige Jahre älter als ich, war ein begeisterter Bergsteiger. Er wurde später zum Ersten Vorsitzenden des Südtiroler Alpenvereins gewählt und füllte dieses Amt mit viel Hingabe aus. Wir hatten Verständnis füreinander und blieben bis zu seinem Tod befreundet.

Ich publizierte schon als Oberschüler meine ersten Artikel, hatte in Josef Rampold einen Förderer und ausgezeichneten Lektor, also immer einen Platz auf seiner Bergsteigerseite der Tageszeitung *Dolomiten*.

Als ich es aber später wagte, den viel gepriesenen Idealismus des Bergsteigertums zu hinterfragen, die kolonialistischen Gebärden beim Fahnenschwingen auf den höchsten Gipfeln der Welt zu kritisieren und den Optanten, die 1939 im Rahmen eines Hitler-Mussolini-Abkommens bereit gewesen waren, ihre Heimat für großdeutsche Verlockungen zu verlassen – es waren 86 Prozent! –, Heimatverrat unterstellte, war es mit dem Frieden vorbei. Mir war es um die jüngere Geschichte unseres Landes Südtirol gegangen, um Aufarbeitung und Aufklärung, nicht um Vorwürfe.

Der Gegenwind, der mir damals entgegenschlug, war erbarmungslos. Waren meine Aussagen auch richtig, sie waren unverzeihlich. Ich lernte damit zu leben, aber nicht, den Mund zu halten, wie mir meine Mutter empfohlen hatte.

Zu meinem 75. Geburtstag erinnerte Luis in *Berge erleben* an unsere gemeinsame Zeit im AVS (Alpenverein Südtirol) und die späteren Verwerfungen:

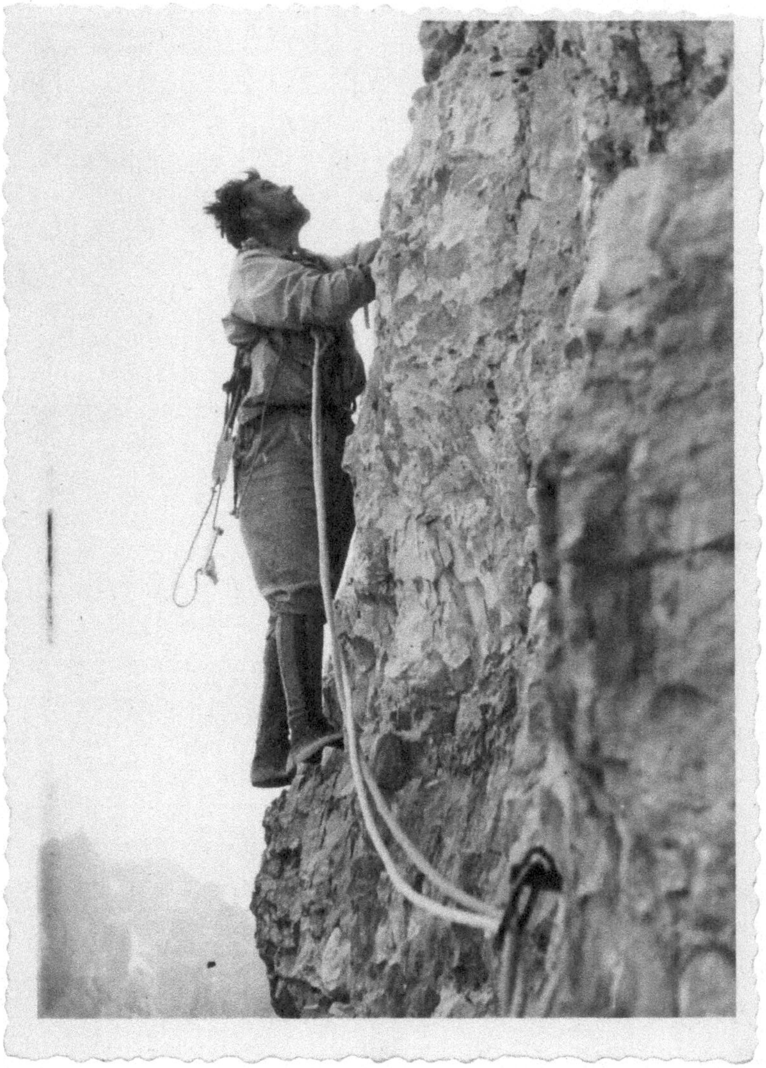

»Ungefähr zeitgleich zu meinen ersten Felsfahrten war auch Reinhold mit seinem Bruder Günther unterwegs. Ihre Touren wurden immer schwieriger, und ihr Bekanntheitsgrad wuchs. Etwa Mitte der 1960er-Jahre wollte sich Reinhold bei der

AVS-Hauptleitung für einen Bergführerkurs anmelden. Emil Schorn, der schon etwas ältere AVS-Sekretär, schaute den Reinhold an und gab ihm den Rat: ›Biabl, du tuasch no zwoa Johr Knödl essen, nor kimmsch wieder!‹ Das ließ sich Reinhold natürlich nicht gefallen, ging zur CAI-Zentrale (des italienischen Alpenvereins) und wurde dort sofort zum Kurs gemeldet. Bald danach gründete Reinhold eine Bergrettungsstelle, die deshalb bis heute an den CAI gebunden ist. Wie man sieht, trägt der AVS an diesem Umstand selbst sein Maß an Schuld.

1969 waren die Leistungen der Messner-Brüder nicht mehr zu übersehen. Reinhold gelangen die beiden damals schwierigsten Bergfahrten in den West- und Ostalpen im Alleingang: die Nordwand der Droites und die Philipp-Flamm-Route an der Civetta-Wand. In diesem Jahr stieß er zu unserer Hochtourengruppe (HG) in Bozen und wurde Mitglied. Reinhold nahm sofort eine bestimmende Rolle ein und wurde für einige Jahre HG-Referent in der AVS-Hauptleitung. 1970 wurden er und sein Bruder Günther zur Nanga-Parbat-Expedition von Karl Maria Herrligkoffer eingeladen. Ziel war die höchste Wand der Welt, die 4500 Meter hohe Rupal-Flanke. Der Alpenverein startete für die Aktion der Brüder eine Spendenaktion. Wir verabschiedeten Reinhold am 2. April 1970 im Hotel Mondschein mit den Worten des Hausherrn und AVS-Sektionsvorstandes Heinz Mayr: ›Lieber Reinhold, du bist nicht der Erste, der von hier aus in die Berge der Welt zieht. Vor 16 Jahren haben wir in diesem Raum Erich Abram zum K2 verabschiedet. Unsere Freundschaft soll dich begleiten. Komm gut wieder!‹

Reinhold und Günther durchstiegen die Rupal-Flanke als Erste bis zum Gipfel, nachdem sie jedes Höhenlager selbst eingerichtet hatten. Es wurde die erste vollständige Überschreitung eines Achttausenders, aber Günther kam nicht mehr zurück. In seinem Gedenken hat der AVS 1972 eine Biwakschachtel unter der Hochferner-Nordwand errichtet, sie trägt den Namen

Günther Messner und steht heute als Schaustück beim Mountain Museum am Kronplatz.
1971 gelingt Reinhold in Neuguinea allein die erste Durchsteigung der Nordmauer am Puntiak Djaja, vergleichbar mit der Solleder-Route in der Civetta-Nordwestwand.
1972 heiratet Reinhold Uschi Demeter, und ich weiß noch, wie wir in Villnöß mit lustigen Plakaten und Südtiroler Sekt feierten. Im selben Jahr folgt die Südwand des Manaslu mit dem bedauernswerten Bergtod zweier Kameraden.
Mit der direkten Durchsteigung der Großen-Zinne-Nordwand hatte in den Dolomiten 1958 der Direttissima-Stil Einzug gehalten. Reinhold erkannte es als Fehlentwicklung. Er war der Linie von Paul Preuss verpflichtet, und es gelang ihm, ein Umdenken in der alpinen Szene herbeizuführen. In den Dolomiten wurde über Jahre keine der klassischen Routen mit Bohrhaken »saniert«. Später hat Reinhold das Himalaja-Bergsteigen revolutioniert: Inspiriert durch seine Vorbilder Hermann Buhl und Walter Bonatti gelang es ihm, den Alpenstil in den hohen Bergen der Welt zu etablieren: kein zusätzlicher Sauerstoff, kaum Fixseile und Träger am Berg. Durch minimierte Gewichtlast wurden so die Bergbesteigungen schneller und der Aufenthalt in der Todeszone minimiert.
Im Sommer 1973 lud mich Reinhold zu einer Erstbegehung an der Marmolada ein. Unsere Freunde aus der HG – Jörgl Mayr und Jochen Gruber – gesellten sich dazu. Reinhold führte fast alles, er schlug nur Normalhaken, von Bohrhaken wollte er nichts wissen. Knapp unterm Ausstieg übernahm Jörgl die Führung und meisterte die schwierigste Stelle, die Reinhold als siebten Grad bezeichnete. Den gab's aber damals noch nicht. Am Gipfel bemerkte Reinhold, er wüsste eine Neutour in der Pelmo-Nordwestwand. Wir verabredeten uns für das nächste Wochenende. Das Wetter war nicht gut, die Wand, etwa hundert Meter oberhalb des Einstiegs von einem mächtigen Band durchschnitten, war so eine große Herausforderung. Jochen und Jörgl erkletterten den unteren Teil,

Reinhold und ich umgingen ihn und stiegen ab dem Band in die eigentliche Route ein. Reinhold bewegte sich in seiner meisterhaften Art. Seillänge um Seillänge sicherte ich ihn. Für die Nachkommenden ließen wir Haken und Seilschlingen zurück. In Wandmitte, etwa 400 Meter unterm Gipfel, schlug das Wetter endgültig um. Reinhold und ich standen ausgesetzt im Regen, dichter Nebel! Wir beschlossen den Rückzug. Vorerst bis zu einem darunterliegenden Biwakplatz. Inzwischen waren auch Jörgl und Jochen nachgekommen. Der Platz war von einem Überhang überdacht und sicher vor Steinschlag. Mit Singen und Erzählen verbrachten wir die Nacht, bis ein eisiger, heller Morgen aufzog. Reinhold und ich machten uns an die Arbeit. Wir hatten am Vortag das Rückzugsseil hängen lassen, sodass wir die erste Seillänge schnell und gesichert aufsteigen konnten. Das Gelände wurde leichter, es ging zügig voran. Gegen Mittag waren wir am Gipfel: Freude, Umarmungen. Reinhold lernte ich so am Berg als rücksichtsvollen, frohen und besorgten, stets hilfsbereiten Seilkameraden kennen. Ich hätte mir keinen besseren wünschen können ...
Später, 1981, zerstritten sich Reinhold und Josef Rampold, damals Chefredakteur der auflagenstarken Tageszeitung *Dolomiten*. Rampold hatte die Messner-Buben immer unterstützt und gehörte zu ihren Bewunderern. Dies hörte endgültig auf, als Reinhold den oft vorgetäuschten Wert ›Bergkameradschaft‹ in Zweifel zog, den Optanten vorwarf, sie hätten 1939 ihre Heimat für Hitlerdeutschland verraten, und feststellte, nur sein Taschentuch sei seine Fahne. Bis zu den Gipfeln der Welt! Es kam zu Auseinandersetzungen, die bis in viele Südtiroler Optanten-Familien hineinreichten.«

Ich wurde zur Persona non grata im Land, Luis aber blieb ein Freund.

»1977 feierte die HG ihr 25-jähriges Bestehen, und Reinhold Messner trat aus unserer Klettergemeinschaft aus. Auch aus dem AVS. Wie er später erwähnte, sei der Alpenverein völkisch ausgerichtet und vertrete zu wenig die Bergsteigerinteressen. In der HG würde zwar viel von Kameradschaft gesprochen, ihm gegenüber aber herrschten Neid und Missgunst. Schade!

Im Himalaja erzielte er indes seinen herausragendsten Erfolg: die erste Alleinbegehung eines Achttausenders. Reinhold bestieg 1978 innerhalb von drei Tagen allein den Nanga Parbat auf einer neuen Route in der Diamir-Flanke. Mit Peter Habeler gelang ihm die Besteigung des Everest ohne Flaschensauerstoff. Von fast allen Ärzten zuerst kritisiert, deshalb eine sensationelle Tat. Zu seinen späteren Himalaja-Expeditionen lud Reinhold die besten jungen Südtiroler Bergsteiger ein. Er wollte ihnen den Weg zu den Achttausendern ebnen. Die bis heute nicht wiederholte Doppelüberschreitung zweier Achttausender 1984 – Hidden Peak und Gasherbrum II – im Alpinstil mit Hans Kammerlander ist ein Beweis dafür.

Nach den Achttausendern verlagerte Reinhold seine Kreativität auf neue Ziele, Abenteuer in der Horizontalen. Ihm gelang 1989–90 die 2500 Kilometer lange Durchquerung der Antarktis mit Arved Fuchs, 1993 die Durchquerung Grönlands, und 2004 durchquerte er zu Fuß die Wüste Gobi: 2000 Kilometer Fußmarsch durch die Einsamkeit. Mit bis zu 40 Liter Wasser am Rücken. Inzwischen war er sechzig Jahre alt.

Als ich 1991 zum ersten Vorsitzenden des AVS gewählt wurde, fragten mich Reporter über meine Ziele, und ich bemängelte, Südtirol habe kein alpines Museum. Der AVS würde sich darum kümmern. Reinhold versprach mir spontan zu helfen. Wir vom Alpenverein aber schafften es nicht. Reinhold bemühte sich weiter darum und beantragte beim Landeshauptmann, für diesen Zweck solle das Land Schloss Sigmundskron sanieren.

Es hagelte Proteste von vielen Seiten. Wir vom AVS wollten keinen Streit, waren immer für ein alpines Museum gewesen – warum sollte es nicht im leeren, vergammelten Schloss Sigmundskron entstehen? Ich stellte mich als AVS-Chef an Reinholds Seite. Südtirol ist ein Land mit reicher Bergsteigertradition, ein Bergmuseum sollte dies unterstreichen. Wie am Berg stand Reinhold wieder im Gegenwind. Er hielt zum Glück alle Kritik aus. Bis zuletzt. Heute gestehen alle, dass Schloss Sigmundskron ein Schmuckstück geworden ist, restauriert, ein Magnet für Einheimische und Gäste. Später hat Reinhold weitere Bergmuseen geschaffen, die die alpine Geschichte - vor allem die der Bergvölker - mithilfe von Kultur und Kunstsammlungen erzählen. Die fünf Häuser tragen sich selbst, kommen also ohne Zuschüsse aus.

Reinhold widmet sich heute dem Bergfilm. Er kennt so viele Geschichten. Seine Filme sind authentisch, wahrheitsgetreu und äußerst spannend. Eine Annäherung zum Alpenverein hat stattgefunden.«

Damals, in meiner Zeit als Felskletterer, bin ich beim Versuch gescheitert, alle Geislerspitzen – vom Kampiller Turm bis zur Kleinen Fermeda – an einem Tag zu klettern. Von Ost nach West, allein. Am Villnößer Turm, der Gipfel mit den zwei Hörnchen, gab ich auf, obwohl es erst später Nachmittag war; ich musste zu einem Termin ins Tal. Zwischen Kleiner Odla und dem Vorbau des Villnößer Turms stieg ich über leichtes Schrofengelände ab. Unten, im Kar, gab ich mich ganz dem feinen, fließenden Sand hin, der in den Rinnen zwischen grobem Geröll lag. Während ich die Schuhe in den weichen Hang stieß, immer die Ferse voraus, fühlte ich Schwerelosigkeit, wusste, dass niemand je wieder dieselben Rinnen, dieselbe Linie heruntergesprungen kommen würde, die Wasser und Winterschnee im Kar geformt hatten. In wenigen Minuten sank ich springend zu Tal. Auf dem Steig rechts daneben hätte ich steife Knie und zehnmal so viel Mühe für den Abstieg gehabt. Es war diese Hingabe an die Natur – Aufmerksamkeit, sich fallen lassen, selbst Schotter sein –, die sich mir immerzu neu gestaltet. Nicht der vorgegebene Weg, das kontinuierlich umgewandelte Kar, die

Natur also, hat meine Tritte aufgefangen und mich gelehrt, ihr ganz zu vertrauen. Obwohl sie immerzu eine andere wird.

Menschen mit all ihren Absichten ist oft nicht zu trauen. Was tun sie nicht alles für ihren eigenen Vorteil: aus Selbstsucht, Eitelkeit, Heuchelei. Ich habe mich oft selbst exponiert, in den Wind gestellt und viel Kritik, auch Ausgrenzung dafür erfahren. Gerechterweise. Lieber aber habe ich den Wind immer noch von vorn als ein Schulterklopfen von hinten.

5 Eine Hütte am Waldrand

»Wir Abenteurer haben die Welt als geistige Landschaft, als Möglichkeitsraum im Kopf. Wir bewegen uns darin nach eigenen Regeln und Vorstellungen. Wer diesen Raum aber mit neuen Ideen erweitert, muss mit Widerstand aus den eigenen Reihen rechnen.«

Reinhold Messner

Mit der Volljährigkeit – damals in Italien mit 21 Jahren – wurden meine Tagträume erstmals torpediert. Ich spürte Gegenwind aus allerlei Richtungen: Mein Vater hatte, ohne mich zu fragen, mein Tourenbuch eingesehen und mir eine moralische Verpflichtung hineingeschrieben: Ich solle zuallererst eine bürgerliche Existenz aufbauen, das Bergsteigen komme als Freizeitvergnügen zuletzt dazu.

Dann kam ich, nach einem winterlichen Versuch, die Bonatti-Route an der Matterhorn-Nordwand zu durchsteigen, zu spät in die Schule zurück – ich war fünf Tage weggeblieben. Obwohl ich vom Direktor für mein Ausbleiben entschuldigt worden war, wurde ich gedemütigt. Die Reaktion meines Deutschlehrers, bei dem ich zuvor immer gute Noten geschrieben hatte, empfand ich als Mobbing. Zuletzt fiel ich durchs Abitur – nur weil ich nicht bereit gewesen war, mich Lehrern unterzuordnen.

Zum Glück gab es damals die Möglichkeit, im Herbst zu einer Nachprüfung anzutreten, bei der ich mein Versagen korrigieren wollte. Ich kam vom Walkerpfeiler an den Grandes Jorasses im Mont-Blanc-Gebiet – braun gebrannt, mit zerschundenen Fingern, selbstbewusst –, als mich mein Lehrer anrempelte: »Sie waren schon wieder beim Klettern?«

»Warum nicht?«, fragte ich zurück und fiel durch die Nachprüfung.

Als einer meiner Mitschüler die Nachricht von meinem Versagen zu uns nach Villnößß brachte, arbeitete ich gerade mit einem meiner Brüder im Hennenstall. Mein Vater war damit also der Erste, der es erfuhr. Er kam, schrie mich an und endete mit seinem Verdikt: »Du kannst tun, was du willst, von mir kriegst du keinen Cent mehr, um die Schule abzuschließen.«

Ich stand auf, legte den Hammer zur Seite und ging fort. Ich kam nie mehr in unseren Hühnerhof zurück.

Ein selbstbestimmtes Leben, Tagträumen folgend, meinem Einsatz verpflichtet – immer auf Freiwilligkeit aufgebaut –, blieb meine Vorstellung von Zukunft.

Tage später kletterte ich eine Route an der Südwand des Piz Ciavazes »free solo«, wie man diesen Stil heute nennt, und erlebte einen Freiraum, der keine Zeugnisse braucht. Ich wollte keine Paläste, mir würde eine Hütte reichen, um von dort aufzubrechen und zurückzukommen – dazwischen Wildnis, die es allerdings schon damals kaum noch gab.

Am Gipfelplateau des mächtigen Sella-Stocks in den Grödner Dolomiten angekommen, sah ich den Dohlen zu, die unmittelbar über dem Abgrund im Aufwind zu spielen schienen.

Ich war damals unschlüssig – was sollte ich ohne Abitur tun? Beschämt dachte ich nach. Auf einem Stein sitzend schweifte mein Blick über das Gipfelmeer der Dolomiten. Die Dohlen machten vor, was ich erträumte: fliegen! Zeigten sie damit nicht ihre Lust, frei zu sein: Sie ließen sich fallen, kamen aus der Tiefe zurück, standen im Aufwind, nahmen sich Zeit: Die gelben Schnäbel wie helle Punkte im Sommerlicht. Nicht ihr Flattern, das Schweben war ihre Kunst. Während kurzer Pausen waren sie im Gegenwind wie aufgehoben, schwerelos.

Ein Leben gegen den Wind, gegen Verbote und böse Stimmen war meine erste Reaktion auf die Versuche, mir meine Freiräume zu nehmen. Als hätte ich diese Kunst von der Natur abgeschaut.

Wie sehr ich die bürgerliche Moral damals verabscheute! Auch den Herrschaftsanspruch des Staates über das Individuum.

Nein, ich wollte nicht aussteigen, den Einstieg in mein eigenes Leben aber wollte ich mir nicht verbieten lassen. Von niemandem! Konsum bedeutete mir nichts, das Tun nur machte mich glücklich. Hat mir der Walkerpfeiler, eine der drei großen Wände der Alpen, doch mehr Selbstmächtigkeit geschenkt als das bestandene Abitur ein Jahr später.

Vorerst war alles nur Provisorium. Einen Plan hatte ich nicht. Eine Hütte wollte ich mir bauen, nicht ein Haus für Generationen, eine Hütte als Nest und Ausdruck jener Lebensform, die nur für Halbnomaden taugt.

Damals war ich begeisterter, ja besessener Felskletterer, empfand den Alpinismus als forterzählten Versuch, mit der schrumpfenden Wildnis so umzugehen, auf dass das Bergabenteuer weiterhin möglich blieb.

Ich erkannte die Entwicklung des Alpinismus als einen kontinuierlichen Prozess, als eine stets weiterlaufende Anpassung unseres Denkens und Tun an die Realität. Wachsendes Knowhow sowie schrumpfende Wildnis, die ihrerseits keinen endgültigen Abschluss zuließen, bedrohten den traditionellen Alpinismus. Es war die Methode der Anpassung selbst, die mich beschäftigte.

Bei einer schwierigen Felskletterei kommt es darauf an, die nächsten Meter zu überwinden. Wenn mir dies wieder und wieder gelingt, wird schließlich der Gipfel erreicht. Sich aber im Vorausvollzug die ganze Kletterroute – mit allen Schwierigkeiten – vorzustellen, schenkt Übersicht. Man erkennt, wie im Leben, die wirklichen Schwierigkeiten erst, wenn man an die jeweiligen Schlüsselstellen kommt. Eine ganze Kletterroute einzuschätzen ist wie den richtigen Weg zu entdecken. Einzelne Schwierigkeiten zu meistern und das Ganze zu überblicken gehört zur Kunst, seinen Lebensweg zu finden. Was sonst ist die Kunst des Lebens? Immer nach dem Prinzip »Das Können ist des Dürfens Maß«. Ist die Bergwelt so gemacht, dass zuletzt überall hinaufgeklettert werden kann? Sind die zu kletternde

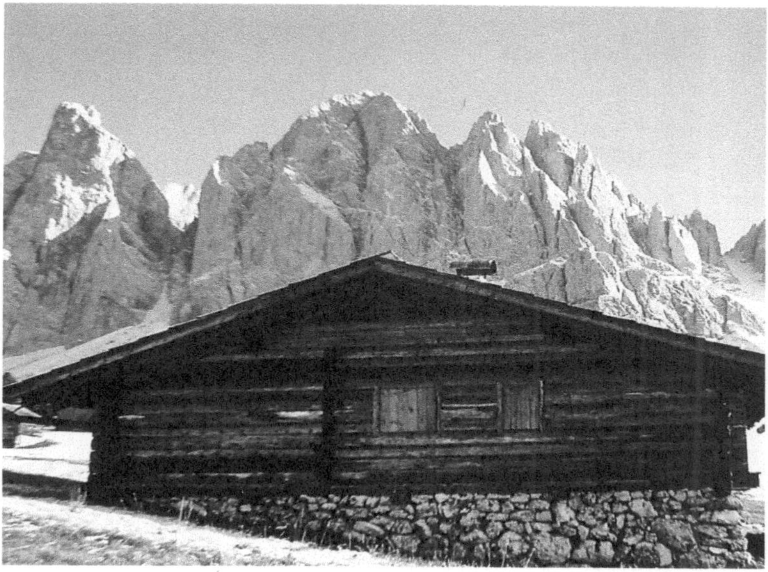

Linie und unser Denken kompatibel, also so gemacht, als ob wir die Natur lesen könnten? Die Ungewissheit ist es, die das Abenteuer nährt.

Meine Hütte stand wenige Jahre später am Waldrand von Gschnagenhardt, dort, wo ich als Kind mit meinen Geschwistern erstmals Freiräume erlebt hatte.

6 Die rote Rakete

»Günther Messner war für den Gipfelgang nicht vorgesehen, er wusste aber, dass Reinhold Messner, der in die Rupal-Flanke lediglich rekognizieren wollte, dass er das nicht tut, sondern dass er zum Gipfel vorstößt. Und so ließ er Gert Baur zurück und sagte: ›Nein, ich gehe meinem Bruder nach, denn der geht doch zum Gipfel.‹«

Karl M. Herrligkoffer

Unter der Überschrift »Ein neuer Anlauf« lautet der Bericht im Netz zur »Siegi-Löw-Gedächtnis-Expedition zur Rupal-Flanke des Nanga Parbat 1970«:

»Von seiner Erfolgschance überzeugt, startete Herrligkoffer im Mai 1970 mit einem schlagkräftigen Aufgebot von Bergsteigern aus Deutschland, Österreich und Südtirol einen weiteren Versuch an der Rupal-Wand. Die Expeditionsmannschaft setzte sich zusammen aus den deutschen Bergsteigern Michel Anderl (stellvertretender Expeditionsleiter), Gerhard Baur, Günther Kroh, Hermann Kühn, Gerd Mändel, Hans Seler, Peter Scholz, Peter Vogler, dem Profifotografen Jürgen Winkler sowie den österreichischen Bergführern Werner Haim und Felix Kuen und den bekannten Südtiroler Alpinisten Günther und Reinhold Messner. Der Berchtesgadener Wolf-Dietrich Bitterling war für den Gepäcktransport von Deutschland nach Rawalpindi zuständig; dabei unterstützte ihn der Deutsche Elmar Raab, der dann auch in die Expeditionsmannschaft aufgenommen wurde. Die Apothekerin Alice von Hobe zeichnete verantwortlich für medizinische-wissenschaftliche Aufgaben, Max Engelhardt von Kienlin nahm als Gast an der Expedition teil.

Am 3. Juni arbeiteten sich die Brüder Günther und Reinhold Messner zusammen mit Felix Kuen und Peter Scholz bei schlechtem Wetter bis zum Merkl-Eisfeld empor. Dabei versahen sie die bis zu fünfzig Grad steile Eiswand mit Fixseilen und legten ein Materialdepot an. Am 14. Juni zwang ein heftiger Schlechtwettereinbruch die gesamte Mannschaft zum Abstieg ins Basislager. Als die Wettervorhersage eine stabile Schönwetterphase ankündigt, steigt die Mannschaft wieder in die Rupal-Wand ein. Am 25. Juni erreichen die Messner-Brüder den Beginn der Merkl-Rinne, wo Scholz und Kuen am folgenden Tag ein Zelt aufstellen.«

In einem Funkspruch mache ich von dort tags darauf dem Expeditionsleiter einen Vorschlag.

»Gerhard Baur gibt ihn folgendermaßen wieder: ›Ich habe gehört, dass Reinhold Messner gesagt hat, er werde bei drohendem Schlechtwetter, das durch eine rote Rakete angekündigt werden soll, den Alleinversuch zum Gipfel unternehmen, das heißt, so weit gehen wie möglich.‹ Falls die Wetterprognose günstig sei, werde Herrligkoffer dies mit dem Abschießen einer blauen Rakete signalisieren. Dann werde das Spitzenteam die Merkl-Rinne mit Fixseilen versehen, um beim Gipfelgang höchstmögliche Sicherheit zu gewährleisten.

Am Abend des 26. Juni erreichen Gerhard Baur und die Brüder Messner das winzige Lager 5. Um 20 Uhr steigt trotz günstiger Wettervorhersage eine rote Rakete in den Himmel. Versehentlich: Eine blaue Banderole hat die Mannschaft im Basislager einen kleinen Aufdruck übersehen lassen, der darauf hinweist, dass die Rakete eine rote Leuchtkugel enthält. Reinhold Messner trifft seine Vorbereitungen. Seinen Bruder und Gerd Baur bittet er ausdrücklich, so lange auf ihn zu warten, bis er wieder im Lager ist. Am 27. Juni steht Reinhold Messner um 2 Uhr früh auf und rüstet sich für den Aufstieg. Im Schein der Stirnlampe legt er seine Spur durch die zwischen 50 und 60 Grad steile Merkl-Rinne, in die Felspassagen bis

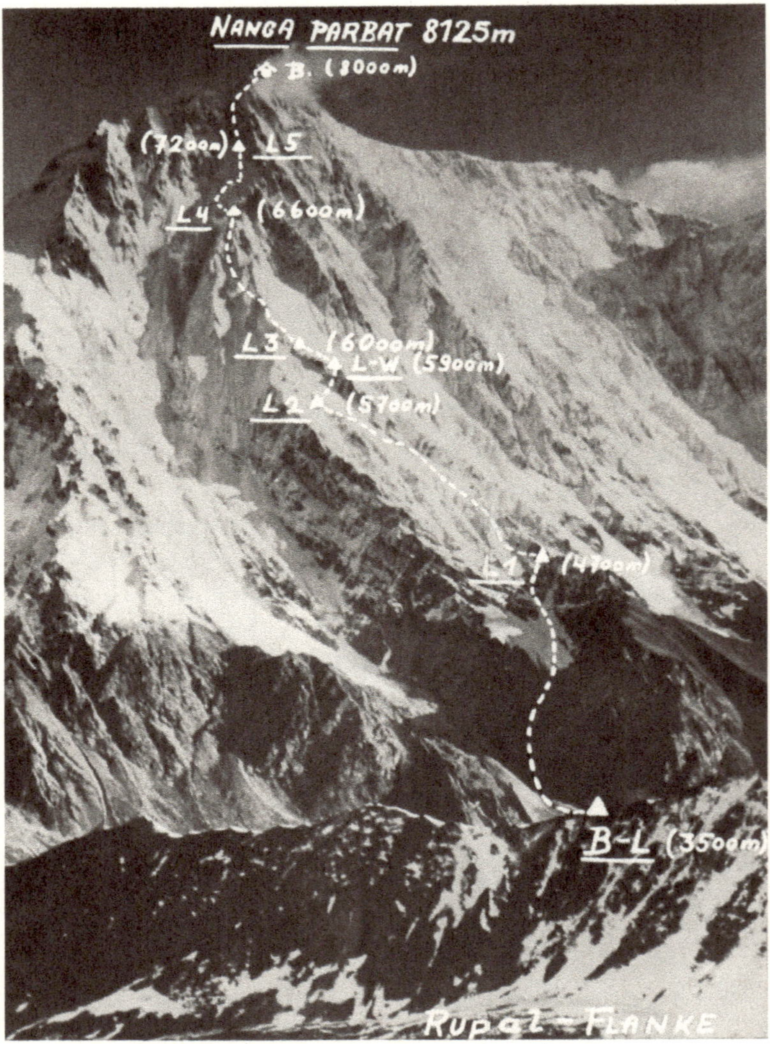

zum dritten Schwierigkeitsgrad eingelagert sind. 350 Höhenmeter unter dem Gipfel leitet eine Rampe nach rechts hinaus zur Südschulter.

Messner schaut nach unten und sieht eine Gestalt, welche durch die Rinne emporsteigt. Es ist sein Bruder Günther. Beim

Absichern des Couloirs hat er sich so über die verhedderte Reepschnur geärgert, dass er sie wutentbrannt in den Schnee geworfen und sich spontan zum Gipfelversuch entschlossen hat. In weniger als vier Stunden hat er einen Großteil der Merkl-Rinne durchstiegen, rund 400 Höhenmeter.
Vormittags gegen 9 Uhr beginnen die Brüder ihren gemeinsamen Anstieg zum Gipfel, den sie etwa um 17 Uhr erreichen. Nach einer Stunde auf dem Gipfel beginnen sie mit dem Abstieg. Gemäß Reinhold Messners Angaben war sein Bruder damals so erschöpft, dass er sich ohne Seilsicherung den Rückweg durch die Merkl-Rinne nicht zutraute. Nach kurzer Abwägung hätten sich die beiden entschlossen, den Abstieg nach Westen über die Diamir-Flanke zu versuchen. In rund 8000 Meter Höhe hätten sie ein Notbiwak bezogen. Günther sei in der Nacht schwer höhenkrank geworden. Am Morgen des 28. Juni erreichte Reinhold die oberhalb der Merkl-Rinne liegende Scharte im Westgrat. Von dieser Merkl-Scharte aus konnte er die Rinne einsehen, durch die zwei Gestalten langsam emporstiegen. Es waren Peter Scholz und Felix Kuen. Sie gingen am Seil. Als die beiden endlich in Rufweite waren, erkundigte sich der vorausgehende Felix Kuen bei Reinhold, ob die Brüder auf dem Gipfel waren und ob alles in Ordnung sei. Reinhold beantwortete beide Fragen mit Ja, und es sei alles in Ordnung.
Reinhold berichtet, ihm sei klar gewesen, dass er seinen höhenkranken Bruder so schnell wie möglich aus der Todeszone in Sicherheit bringen musste. Am besten über die Diamir-Flanke. Er sei vorgegangen und habe nach dem günstigsten Weg gesucht und einen Durchschlupf zwischen den beiden großen Serakzonen. Über Blankeis absteigend, hätten die Brüder die Mummery-Felsrippen erreicht. Messner schildert, was dann geschah:
›Ab und zu hatte ich den Eindruck, dass wir zu dritt sind, wusste aber, dass dies eine Täuschung war. Um Mitternacht erst begannen wir mit dem Biwak, mitten an der obersten

Mummery-Rippe. Um 3 Uhr kam der Mond. Günther hatte sich einigermaßen erholt. Wir stiegen weiter ab und erreichten bei Tagesanbruch leichte Firnhänge links der beiden unteren Rippen.
Zwischen zwei Gletschern wollten wir unten durchgehen, um ins Grüne zu kommen. An der ersten Quelle im Grünen wollten wir aufeinander warten. Wir liefen einen harten Firnhang hinunter, einer hinter dem anderen. Ich war schneller, wartete ab und zu. Schwierigkeiten waren keine mehr da.‹
Reinhold Messner berichtete weiter, dass er seinem Bruder circa eineinhalb Stunden voraus war und ihn aus seinen Augen verloren hatte, lange auf ihn wartete und wieder in das Gletscherbecken hinaufstieg, wo er Günther das letzte Mal gesehen hatte. Die Trümmer einer kurz zuvor niedergegangenen Eislawine hätten ihn ahnen lassen, was geschehen war. Alles Rufen und Suchen sei vergeblich gewesen. Die ganze Nacht hindurch habe er den Bruder zwischen den Eistrümmern gesucht und nach ihm gerufen. Auch am nächsten Tag habe er die Suche fortgesetzt. Am Abend dieses 30. Juni sei er dann unter einen auf dem Gletscher liegenden Block gekrochen und habe versucht zu schlafen.
Tags darauf, am 1. Juli also, schleppte er sich hinunter ins Diamir-Tal. Hier nahmen sich Einheimische des vollkommen Entkräfteten an, der wegen seiner schweren Erfrierungen an den Füßen teilweise getragen werden musste, und brachten Reinhold Messner ins Indus-Tal zur Bunar-Brücke. Ein pakistanischer Offizier nahm ihn in seinem Jeep mit bis nahe Gilgit ...
Keiner wusste, wo Günther und Reinhold abgestiegen waren. Sowohl die Rakhiot- als auch die Diamir- und die Rupal-Seite kamen infrage ... Ein Suchtrupp stieg weiter ins Rupal-Tal hinauf, um zu schauen, ob die Brüder über den Westgrat abgestiegen waren ...«

Mehr als fünfzig Jahre nach der Tragödie steht dieser Bericht im Netz. Obwohl er viele Fehler enthält, ich hätte mich damals und heute nicht dazu geäußert. Auch die erste Notiz von Herrligkoffer, die Erstdurchsteigung der Rupal-Wand betreffend, war im Groben richtig. Bald aber verbreitete unser Expeditionsleiter Lügen – ob als Ausreden oder Rechtfertigungen getarnt, lasse ich dahingestellt. Ich konnte sie nicht unwidersprochen lassen. Auch die anklägerische Aussage von Felix Kuen, ich hätte an der Merkl-Scharte etwas Schweres aufgenommen, war erfunden. Herrligkoffer in seinem ersten Bericht dazu:

»Auf Wunsch von Reinhold Messner hatte ich am 26. Juni über Teleport mit ihm ausgemacht, am Abend 20 Uhr per Leuchtrakete das Wetter für Lager 5 durchzugeben, denn Lager 5 hatte keine Funksprechverbindung mit den anderen Lagern.
Blaue Rakete sollte ›schönes‹ Gipfelwetter bedeuten, blaue und rote Rakete ›zweifelhaftes‹ Wetter und rote Rakete sollte ›schlechtes‹ Wetter anzeigen. Reinhold erklärte mir, dass sie bei schönem Wetter die Rinne gemeinsam versichern wollten, um anderntags mit der Gipfelseilschaft Kuen/Scholz zum Gipfel aufzusteigen; weiterhin, dass sie bei zweifelhaftem Wetter einen Gipfelangriff versuchen wollten, dass jedoch bei roter Rakete <u>kein</u> Gipfelvorstoß gewagt werden sollte. Den Abschuss der Rakete hatten wir auf 20 Uhr vereinbart.
Wir hatten nun 2 Raketen mit blauer und mit roter Banderole und waren der Meinung, dass es sich um 2 blaue und 2 rote Leuchtraketen handle – in Wirklichkeit enthielten alle 4 Leuchtraketen rotes Feuer.
Nachdem wir das Wetter um 18:00 Uhr bereits an alle mit Teleport erreichbaren Lager als ›schön‹ durchgegeben hatten, schoss Michl Anderl um 20 Uhr die vermeintliche blaue Rakete, und wir waren schockiert, als eine rote Leuchtkugel herauskam. Wir wollten sofort eine blaue Rakete nachschießen, aber wir hatten keine, und irgendeine Verständigung über die anderen Lager war nicht mehr möglich, da wir erst wieder am nächsten Morgen Sprechfunkverbindung verein-

bart hatten. So hofften wir, dass die Belegschaft von Lager 5 aufgrund ihrer Wettererfahrung als Bergsteiger – trotz roter Rakete – am nächsten Morgen eine Entscheidung treffen werde, die da heißt: ›Versicherung der Rinne o d e r Vorstoß zum Gipfel‹. Wieso die rote Rakete für Reinhold Messner allein ›Aufstieg zum Gipfel‹ bedeuten sollte, wäre mir völlig unerklärlich, da genau das Gegenteil vereinbart war! An der Sache selbst hat sich aber nichts geändert, denn schließlich entschied sich gegen 3 Uhr morgens Reinhold Messner für einen Aufstieg.

Während die Brüder Messner zwischen 6 und 9 Uhr des 28. Juni noch um Hilfe schrien, stand 1 Stunde später, also um 10 Uhr, Reinhold Messner nur noch allein am Grat, und von Günther war nichts zu sehen und zu hören. Es ist bekannt, dass der menschliche Organismus in der Todeszone nur noch abbaut und selbst bei völliger körperlicher Ruhe und ausreichender Nahrung verfällt; zur Erhaltung normaler Lebensfunktionen ist allein die Zuatmung reinen Sauerstoffs aus der Flasche lebensrettend.«

Herrligkoffers Aussagen waren bald ein einziger Widerspruch, aber erst die Behauptung wenig später, Günther sei in der Merkl-Scharte gestorben und dort verblieben, sollte mir endgültig meine Glaubwürdigkeit nehmen. »Den Bruder dem Ehrgeiz geopfert zu haben« wurde ab jetzt in Herrligkoffers Erzählung jene Waffe, mit der ich endgültig diskreditiert sein sollte. Deshalb mein Brief vom 26. August 1970 an unseren Expeditionsleiter Karl Maria Herrligkoffer:

»Lieber Karl!

Deine Darstellungen in Deinem Brief vom 13.VIII.70 entsprechen nicht der Wahrheit.

Zudem muss ich Dich bitten, den Vorwurf auf fahrlässige Tötung (Seite 3/Absatz 2) zurückzunehmen. Ich erwarte das bis in spätestens zehn Tagen. Auch hoffe ich, dass Du die vielen Verleumdungen, die Du in der Presse und mittels Rundschreiben über Günther und mich verbreitet hast, dementieren wirst.

Ich hatte in keiner Weise vor, über die Geschehnisse am Nanga Parbat in Zeitschriften und Zeitungen zu berichten. Aufgrund Deiner fehlerhaften und tendenziösen Berichterstattung bin ich gezwungen, Stellung zu nehmen. Ich bin das meinem Bruder Günther schuldig. Auch werde ich mich dafür einsetzen, dass endlich die volle Wahrheit vom Nanga Parbat an die Öffentlichkeit kommt.

Du hast die Tatsachen vom Nanga Parbat falsch dargestellt oder verdreht, und deshalb kann mich auch der Vertrag nicht daran hindern, mich zu verteidigen. Wir sind zum Glück nicht mehr im Mittelalter. Dein Brief vom 13.VIII. hat mich gekränkt. Nach den vielen fehlerhaften Darstellungen Deinerseits hätte ich mir eine Entschuldigung erwartet und nicht ein ›Ultimatum‹. Ich habe jetzt den Eindruck, dass Du meine ›Lähmung‹ durch den Tod von Günther und meinen Aufenthalt im Krankenhaus ausnützt und unser Handeln einfach als Unsinn hinstellst. Ich liege noch im Bett und kann mich nicht rechtfertigen. Nach unserem Zusammentreffen vor Gilgit hätte ich mir das von Dir nicht erwartet. Ich bin sehr traurig, dass alles so enden muss. Du wirst aber verstehen, dass ich auch eine Persönlichkeit bin und nicht einfach jede Verleumdung hinnehmen kann. Was Du über Günther Falsches schreibst, kann ich Dir nie mehr verzeihen. Du nützt seinen Tod dabei aus.

Gruß Reinhold«

Es folgt ein Rundschreiben (Nr. 5 vom 5.9.1970) Herrligkoffers, das den Zweck hatte, uns Bergsteiger einzuschüchtern:

An alle Teilnehmer der Sigi-Löw-Gedächtnisexpedition zum Nanga Parbat 1970

»Es wird keinem verborgen geblieben sein, dass sich seit unserer Rückkehr von unserer erfolgreichen Expedition einige sehr bedauerliche Dinge ereignet haben. Statt dass etwaige interne Meinungsverschiedenheiten innerhalb unserer Gemein-

schaft geklärt wurden, haben sich einzelne Teilnehmer an Presseorgane gewandt, die darüber, teilweise in unverständlicher Breite, berichtet haben.
Jetzt wird bekannt, dass der Redaktion der Zeitschrift *Alpinismus* interner Briefwechsel zwischen den Expeditionsteilnehmern einschließlich meiner Person vorliegt, der im Oktoberheft 1970 veröffentlicht werden soll. Ich vermute, dass es sich um Stellungnahmen zu der Angelegenheit ›Rote Rakete‹ handelt. Die Briefe sollen von 8 Expeditionsteilnehmern stammen. Niemand hat etwas dagegen einzuwenden, wenn wir untereinander unsere Ansichten und Meinungen über Expeditionsereignisse austauschen. Ich halte es jedoch für unkameradschaftlich, wenn solcher Briefwechsel Außenstehenden zugänglich gemacht wird, besonders zu dem Zweck der Veröffentlichung. Ich nehme an, dass keiner der Briefverfasser seine Zustimmung zur Veröffentlichung seiner Briefe gegeben hat. Daher erwarte ich, dass jeder, sofern er Briefe der genannten Art geschrieben hat, vorsorglich der Redaktion des *Alpinismus* erklärt, dass er einer Veröffentlichung seiner Briefschaften widerspricht. Ich bitte daher, entsprechend Einschreibebriefe sofort an folgende Adresse zu senden und mir eine Abschrift zuzuleiten:
Einschreiben!
Redaktion *Alpinismus* im Herring-Verlag
8 München 25
Ortlerstraße 8
Für diesen Brief genügt folgender Text:
Sofern Ihnen Briefe von mir oder Abschriften davon vorliegen, widerspreche ich ausdrücklich einer Veröffentlichung. Ich habe meine Einwilligung zur Veröffentlichung nicht erteilt.
Für alle Fälle muss ich jeden bitten, den mit dem Deutschen Institut für Auslandsforschung abgeschlossenen Teilnehmervertrag noch einmal zu lesen. In § 4 Absatz 2 heißt es:
Angesichts der Tatsache, dass das Expeditionsziel nur durch Gemeinschaftsleistung aller Teilnehmer erreicht werden kann,

unterlässt es der Teilnehmer, eigenmächtig Nachrichten über die Expedition in die Öffentlichkeit gelangen zu lassen; er hat auch dafür zu sorgen, dass seine Briefe und sonstigen Berichte sowie Bilder usw. von anderen nicht veröffentlicht werden. Weiterhin wird der Teilnehmer über innere Angelegenheiten der Expedition Stillschweigen bewahren, soweit nicht die Stiftung den Teilnehmer hiervon ausdrücklich befreit.
Wer sich an die Bestimmungen des Teilnehmervertrages nicht hält, muss damit rechnen, dass ihm das Schiedsgericht des Instituts eine möglicherweise hohe Vertragsstrafe auferlegt. Bitte lest hierzu auch die §§7 und 8 des Teilnehmervertrages und die ›Schiedsabrede‹.
Ich erwähne das alles nur vorsorglich, weil ich nach wie vor davon ausgehe, dass niemand ernstlich daran interessiert ist, den Erfolg unserer Expedition in der Öffentlichkeit herabzusetzen.
Mit kameradschaftlichem Gruß
Dr. Karl Herrligkoffer (Sigi-Löw-Gedächtnisexpedition)«

»Die Sache mit den Raketen« erschien im Heft 10 des Magazins *Alpinismus.* »NANGA PARBAT 70« war mein Text:

»Wir waren eine gute Mannschaft, auch wenn wir uns vorher kaum gekannt hatten – wir sind Freunde geworden. Nur das Verhältnis von der Mannschaft zum Führungsteam ließ zu wünschen übrig. Am stärksten war die Sache mit der roten Rakete. Am Mittwoch des 26. Juni hatte ich im Lager IV mit Dr. Herrligkoffer im Basislager ein Funkgespräch. Abends zwischen 17.30 und 18 Uhr wolle er den Spezialwetterdienst für unsere Expedition hören. Mein Angebot, im Falle eines schlechten Berichts den Gipfel allein zu versuchen, löste in ihm nicht Bedenken aus, obwohl er über die technischen Schwierigkeiten keine Ahnung hatte, sondern er sagte: ›Du sprichst mir aus der Seele!‹
An jenem Mittag des 26. Juni wurde also folgende Abmachung getroffen: Wenn zwischen 17.30 und 18 Uhr der Wet-

terbericht schlecht ist, wird er mir das nach Lager V, wo es keine Sprechfunkverbindung mehr gab, mit dem Abschuss einer roten Rakete anzeigen – dann würde ich am nächsten Tag den Gipfelsturm allein versuchen, um das ganze Unternehmen schnell zum Abschluss zu bringen. Sollte der Wetterbericht gut sein, wird das mit einer blauen Rakete bekannt gegeben. Bevor wir uns auf die Farbe Blau einigten, ließ Dr. Herrligkoffer das Funkgerät liegen, ging ins Zelt, um sich zu vergewissern, dass blaue Raketen auch wirklich noch vorhanden waren, und sagte: ›Wir haben nur rote und blaue.‹ Gut. Ich stieg mit meinem Bruder Günther und Gerhard Baur hinauf nach Lager V (7200 Meter). Um 18 Uhr hörten die Kameraden in den unteren Lagern von Dr. Herrligkoffer im Basislager einen guten Wetterbericht. Zwei Stunden später (20 Uhr) stieg eine rote Rakete auf. Ich selber wusste über den guten Wetterbericht natürlich nichts, sondern war überzeugt, dass Schlechtwetter im Anzug sei und nur noch ein Alleingang Erfolg bringen könne. Denn bei einer blauen Rakete wäre ich niemals allein losgezogen, ohne Seil und richtige Biwakausrüstung; bei einer blauen Rakete hätten wir die Merkl-Rinne abgesichert und wären dann zu viert auf den Gipfel gestiegen. Die Kameraden in den unteren Lagern hatten sich über die rote Rakete – angesichts des guten Wetterberichts – gewundert. Am nächsten Morgen fragten sie per Sprechfunk Michl Anderl, 56, den bergsteigerischen Leiter, wie es denn zu der roten Rakete gekommen sei. Michl Anderl sagte, Dr. Herrligkoffer werde mittags eine Erklärung dafür abgeben. Dr. Herrligkoffers Erklärung sah dann so aus: Er habe versehentlich eine rote Rakete erwischt. Auf die Frage, warum er nicht gleich einige blaue Raketen nachgeschossen habe, hieß es, er habe keine mehr gehabt.

Diese Raketengeschichte erfuhr ich natürlich erst später in Gilgit, nach den tragischen und schrecklichen Tagen, die praktisch durch die rote Rakete ausgelöst worden waren. Und ich verstehe nicht, dass Dr. Herrligkoffer den entschiedensten

Moment der ganzen Expedition in seinem *Bunte*-Bericht einfach verschweigt. Am Morgen des 27. Juni, 2.30 Uhr, brach ich von Lager V auf, um die letzten 1000 Höhenmeter zum Gipfel allein zu versuchen. Bewusst hatte ich kein Seil mitgenommen, um Gewicht zu sparen, um schnell zu sein. Zwei Astronautendecken für den Notfall, zwei Mützen, vier Paar Handschuhe, sechs Kleiderschichten, etwas Dörrobst. Das Gelände war teilweise mit der Matterhorn-Nordwand zu vergleichen. Um etwa 8 Uhr erreichte ich eine Rampe, die nach rechts zur Südschulter hinausleitet. Plötzlich entdeckte ich unten in der Merkl-Rinne meinen Bruder nachkommen. Ich wartete. Dann stiegen wir gemeinsam zur Südschulter weiter. Die Schwierigkeiten wurden geringer. Um etwa 17 Uhr standen wir auf dem Gipfel. Umarmung, unendliche Freude. Es war mein schönster Tag überhaupt, weil auch Günther dabei sein konnte. Etwa eine Stunde blieben wir auf dem Gipfel, fotografierten [Kamera und Filme wurden später mit Günther verschüttet, Red.]. Günther fühlte sich nicht in der Lage, die bewältigten Schwierigkeiten - etwa IV - auch im Abstieg zu meistern (ohne Seilsicherung). Also stiegen wir gegen die Diamir-Flanke ab, in der Hoffnung, weiter unten leichter in die Merkl-Rinne zu gelangen.

Bei Einbruch der Dunkelheit erreichten wir ohne große Schwierigkeiten die Scharte am oberen Ende der Merkl-Rinne. Hier biwakierten wir (etwa 8000 m). Die Nacht war sehr kalt, Günthers Zustand verschlechterte sich. Am Morgen des 28. Juni sah ich, dass man von hier durch den obersten Teil der Merkl-Rinne ohne Seilsicherung nicht absteigen konnte. Ab 6 Uhr rief ich in die Merkl-Rinne um ein Seil. Gegen 10 Uhr sah ich Felix Kuen und Peter Scholz auf der Rampe zur Südschulter. Wir waren etwa 80 bis 100 Meter auseinander. Aber Kuen konnte uns nicht helfen, wir verstanden uns nicht. Kuen rief noch, ob alles in Ordnung sei - ja, sagte ich. Was sollte ich sonst sagen? Er konnte uns nicht helfen. Mit Günther musste ich so schnell wie möglich in tiefere Regionen. Das war unsere einzige Chance. Wir begannen mit dem Abstieg über die Diamir-Flanke. Gegen 24 Uhr waren wir bereits auf etwa 6300 Meter der Mummery-Rippe. Drei Stunden später (29.6., 3 Uhr) stiegen wir weiter ab. Alles verlief ohne Zwischenfall. Dann erreichten wir leichtes Gelände und liefen über die Firnhänge hinab. Wir tranken in Gletscherbächen. Ich ging voraus. Unten bei der Wiese wollten wir uns treffen. Ich rief ihm noch zurück, wo ich absteigen wolle. Günthers Abstieg vollzog sich näher am Berg – eine Eislawine verschüttete ihn.

Mein Leidensweg, bis ich wieder zu Menschen und meinen Kameraden kam, ist eine Geschichte für sich.«

Nachsatz der Redaktion: Nach den ersten Meldungen hätte man vermuten können, die Überschreitung des Berges sei von Reinhold und Günther Messner von vornherein geplant gewesen. Das trifft aber nicht zu (wir sprachen mit Reinhold Messner, Felix Kuen, Werner Haim und Wolf-Jürgen Winkler). Dass Herrligkoffer es nicht für notwendig fand, den Eltern des verunglückten Günther Messner einige tröstende Worte zu schreiben oder gar persönlich auszusprechen, hat zwar mit der Raketen-Sache nichts zu tun, sagt aber zur Person Dr.Herrligkoffer einiges aus.

Eine Gegendarstellung Herrligkoffers folgte:

»*Alpinismus* Nr.10/70 setzte unter der Überschrift ›Nanga Parbat 70‹ die Berichterstattung über unsere diesjährige Rupal-Expedition fort.

1. In der Unterzeile wird behauptet, ›die Aussage von 7 Teilnehmern‹ stehe gegen meine.

   Demgegenüber ist festzustellen, dass jedenfalls Günther Kroh und Peter Vogler im Zeitpunkt des Teleportgesprächs vom 26.Juni sich in einem Lager aufhielten, zu welchem keine Teleport-Verbindung bestand. Deren ›Aussage‹ kann somit nicht herangezogen werden. Elmar Raab hatte mir früher durch seine Unterschrift bestätigt, dass meine Erinnerung an die Sache mit der roten Rakete zutreffe. Erst später hat er seine Erklärung eingeschränkt. Damit vertreten lediglich 4 Teilnehmer die Messner'sche Version. Die gesamte Expeditionsmannschaft bestand aus 18 Teilnehmern.

2. Im redaktionellen Vorspann wird behauptet, der Aufsatz von Reinhold Messner in *Alpinismus* 9/70 sei ein ›authentischer Bericht‹ gewesen. Auch das ist unrichtig. Reinhold Messner hat lediglich seine eigene Auffassung mitgeteilt, die zu der Erinnerung anderer Expeditionsteilnehmer und zu meiner eigenen Erinnerung in Widerspruch steht.
3. Weiter wird in dem redaktionellen Vorspann behauptet, mein Brief vom 13.8.70 an Reinhold Messner sei eine ›Drohung‹ gewesen. Der Hinweis auf einen freiwillig unterzeichneten Vertrag ist keine Drohung. Ebenso wenig kann man die Aufforderung, im fairen, kameradschaftlichen Geist an der Auswertung unserer Expedition mitzuwirken, als solche bezeichnen.
4. In der ›Stellungnahme zur Gegendarstellung‹ behauptet Max v. Kienlin, in späteren Gesprächen seien sich ›die Mitglieder der Expedition stets einig darüber‹ gewesen, dass die rote Rakete ›absprachegemäß‹ den Aufbruch Reinholds zum Gipfel veranlasst hatte. Ich selbst hätte bis zum Ende der Expedition in München ›nie eine andere Version behauptet‹ und hätte mich ›auch nie erstaunt über Reinholds Aufbruch gezeigt‹.

   Seit das Thema ›rote Rakete‹ in dem Bericht von Reinhold Messner erstmalig herausgestellt wurde, ergab sich, dass die Expeditionsmitglieder über diese Version geteilter Meinung waren. Sie waren sich also keinesfalls ›stets einig‹ über die von Messner behauptete ›Absprache‹.

   Falsch ist die Behauptung, ich hätte demgegenüber nie eine andere Version behauptet, sei also auch mit der Messner'schen Version einig gewesen. Tatsächlich habe ich immer wieder nur erklärt, dass wir nach der Panne mit der roten Rakete sofort blau nachschießen wollten, damit die Besatzung im Lager V nicht untätig das gute Wetter verstreichen lässt. Als ich am 27. 6., morgens 6.10 Uhr, Bewegung in der Merkl-Rinne sah und annehmen konnte, dass Reinhold Messner, Baur und eventuell auch Günther Messner im Aufstieg waren, schien die Raketenpanne überwunden und unwichtig geworden. Deshalb habe ich sie auch in meinem ersten Artikel nicht erwähnt. Außerdem habe ich erst am Abend des 27. 6. durch Baur von Reinhold und Günther Messners Aufstieg erfahren. Ich war darüber nicht ›erstaunt‹, sondern bestürzt, weil eine solche Art des Gipfelangriffs nicht mit der Expeditionsleitung abgesprochen war. Außerdem hatte ich von Baur von der Äußerung Reinholds gehört, er wolle nur so weit hochsteigen, dass er ohne Biwak am gleichen Tag wieder ins Lager V zurückkehren könne.

5. Wenn die Redaktion des *Alpinismus* behauptet, die Sache mit der roten Rakete sei ›zu einem Fall geworden‹, so verschweigt sie, dass sie sich erst nach Einschaltung eines Anwalts zum Ausdruck meiner Gegendarstellung vom 18. 8. 70 bereit erklärte. Hieraus ist zu entnehmen, dass die Redaktion dieser Zeitschrift nicht freiwillig auch die andere Meinung zu Wort kommen lässt.

München, den 9. Oktober 1970
Dr. Karl M. Herrligkoffer«

Gegendarstellung folgte nun auf Gegendarstellung, bis alle Tatsachen wie im Whiteout verschwammen.

4. 10. 1970

»Zum Bericht Dr. Herrligkoffers über die Nanga-Parbat-Expedition 1970 in den Mitteilungen des DAV (Nr. 5, 1970) sehe ich [Messner] mich gezwungen, einige Punkte richtigzustellen.

1. Günther und ich dürften den Gipfel gegen 17 Uhr des 27. Juni erreicht haben. Gegen 18 Uhr stiegen wir wieder ab.

2. Der anrückende Monsun (Wolkenbänke im Süden und Westen) veranlasste uns am 26. Juni zu einem Alternativplan für den Fall eines schlechten Wetterberichts. Der Wetterbericht war gut. Trotzdem signalisierte Dr. Herrligkoffer mittels roter Rakete einen schlechten Wetterbericht, der für mich das Signal zu einem Blitzangriff im Alleingang war. Ich wollte, wenn es die Schwierigkeiten in der Merkl-Rinne zuließen, den Gipfel noch vor einem Schlechtwettereinbruch erreichen. Neues Schlechtwetter hätte das Ende der Expedition bedeutet, und nur ein Alleingang hätte einen Erfolg sichern können. Dr. Herrligkoffer zeigte sich sehr erfreut über meinen Vorschlag.
3. Dr. Herrligkoffer berichtet auch dort falsch, wo er Felix Kuen berichten lässt. Felix und ich sprachen uns nicht an einem Sporn des Südgipfels, sondern am oberen Ende der Merkl-Rinne. Auch hatten Felix Kuen und Peter Scholz ein Seil, als sie mich sahen. Felix Kuen berichtete hier anders, und ich verstehe nicht, dass er sich nicht dagegen wehrt, wenn ihn Dr. Herrligkoffer zitiert und unter seinem (Kuens) Namen Unwahrheiten verbreitet.
4. Die Merkl-Rinne war nicht in ihrer ganzen Länge versichert. Felix Kuen sagte selbst, dass allein die ersten beiden Absätze versichert waren. Umso höher ist die Leistung von Kuen und Scholz, die über die schwierige Merkl-Rinne abgeklettert oder abgeseilt haben, einzuschätzen.
   Auch wenn die Rinne bis zur Querung nach rechts versichert gewesen wäre, hätte das an der Tatsache, dass wir am 28. Juni über die Diamir-Flanke absteigen mussten, nichts geändert, weil wir nach dem Gespräch mit Felix Kuen k e i n e n anderen Ausweg mehr hatten.
   Die Tatsache, dass sich mein Bruder aufgrund eines Schwächeanfalles den Abstieg über die Rupal-Wand nicht mehr zutraute, und das Wissen um einen schlechten Wetterbericht aufgrund der roten Rakete haben eine Kettenreaktion ausgelöst, die in die Diamir-Seite führte.

5. Nachdem es für Dr. Herrligkoffer klar war, dass wir über die Diamir-Seite abgestiegen waren, hat er es unterlassen, einen Rettungstrupp ins Diamir-Tal zu entsenden. Wenn man bedenkt, dass Mummery (1895!) in zwanzig Stunden vom Rupal-Tal (Basislager 1970) ins Diamir-Tal gegangen ist, kann man über die »Hilfsmaßnahmen« Dr. Herrligkoffers nur den Kopf schütteln. (Er kennt den Berg von allen Seiten!)
6. Die Tatsache, dass Günther und ich am Fuße der Wand nicht zusammen waren, kann vielleicht nur der verstehen, der selbst in ähnlichen Lagen war. Auch Felix Kuen war 1 ½ Stunden vor seinem Kameraden am Gipfel. Sigi Löw blieb 1962 unter dem Gipfel zurück und stürzte ab. Allein die Beschaffenheit des Gletschers hat dazu beigetragen, dass wir so weit auseinander waren. Oft und oft habe ich am Berg solche Situationen erlebt und mir nichts dabei gedacht, weil es gut ging. Zurückblickend sehe ich nun selbst, dass es falsch war, hintereinander hinunterzugehen.
7. Nachdem Günther nicht kam, stieg ich zurück. Wie spät es war, weiß ich nicht, weil ich gar nicht auf die Uhr sah. Zudem war sie am 29. Juni stehen geblieben, wie ich später feststellte.

   Nicht ›am nächsten Tag‹, wie Dr. Herrligkoffer schreibt, sondern am übernächsten Tag, nachdem ich Günther zu suchen begonnen hatte, ging ich talwärts. Dabei erwartete ich Stunde für Stunde, drei Tage lang, jemanden, der mir entgegenkam, um mir zu helfen. Meine Sorge und die Verzweiflung wurden noch gesteigert durch die Tatsache, dass die Kameraden im Basislager noch nichts wussten, als dass wir über die andere Seite des Berges abgestiegen waren. Ich hatte aber keine Möglichkeiten, sie zu verständigen. Ich war allein und konnte kaum noch gehen.«

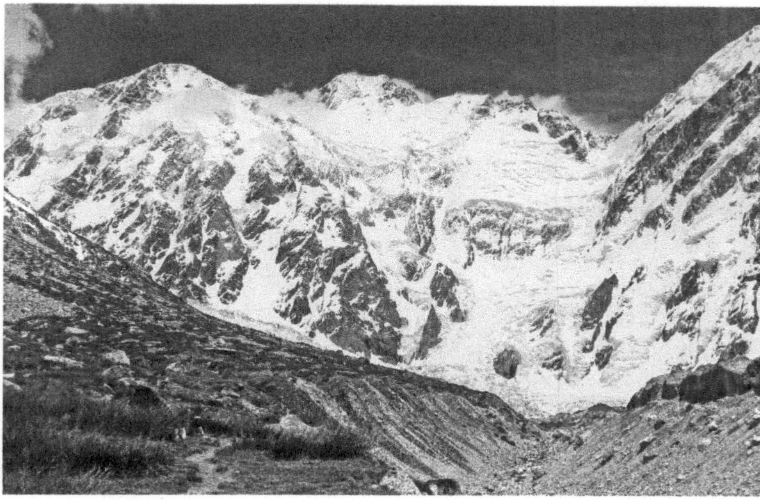

Es kam zu Aussprachen – in Bad Boll 1971, später, nach Herrligkoffers Tod, in München –, aber zu keiner Einigung. Obwohl ich wie am 29.12.70 Fairness zeigte:

»Eine Stellungnahme: Ich will festhalten, dass ich persönlich unserem Expeditionsleiter Dr. Herrligkoffer nie den Vorwurf gemacht habe, dass er die Schuld am Unglück meines Bruders trägt. Sollte durch falsche Pressestimmen dieser Eindruck entstanden sein, so will ich das entschieden zurückweisen.

Nach wie vor aber steht fest, dass ein falsches Raketenzeichen eine unnötige verfrühte Gipfelbesteigung ausgelöst hat. Bei unserer Abstiegsroute handelt es sich nicht um eine falsche Abstiegsroute, sondern um die für uns einzig mögliche. Da mein Bruder Günther höhenkrank war, war der Abstieg durch die viel schwierigere Merkl-Rinne unmöglich geworden.

Den Vorwurf, ich hätte angeboten, alle Angriffe auf Dr. Herrligkoffer einzustellen, wenn ich Geld bekäme, weise ich entschieden zurück. Diese Verleumdung lässt mich neuerdings zutiefst enttäuscht sein. Allein aufgrund der falschen und einseitigen Berichterstattung Dr. Herrligkoffers sehe ich mich gezwungen, Stellung zu nehmen, und ich muss das tun, auch wenn

Dr. Herrligkoffer diese Stellungnahmen mit allen Mitteln unterbinden will.«

Es sollte Jahre dauern, ehe ich meine Freiräume zurückholen konnte. Je mehr ich mich gegen Vorwürfe wehrte, umso mehr davon wurden laut.

Herrligkoffer gelang es, die weitere Verbreitung meines Buches zur Expedition – »Die rote Rakete am Nanga Parbat« – zu untersagen, die Honorare für eine erste Auflage zu pfänden und die Versicherungssumme wegen meiner Erfrierungen einzubehalten. Der Vertrag, eine Art Maulkorbvertrag, den wir Bergsteiger mit Herrligkoffers Institut unterschrieben hatten, verbot uns schier alles. Jahrelang habe ich Honorare für Vorträge abgeführt. Wie im Vertrag vorgesehen.

Ich war zuversichtlich und leistungsfähig zur Rupal-Wand-Expedition aufgebrochen. Erstmals zu einem Achttausender. Vor Ort waren Günther und ich als Brüderpaar fürsorglicher füreinander als für die anderen Expeditionskameraden. Das Ungute ist, dass Pseudobergsteiger unser Tun weder verstehen noch nachempfinden können, sie stiften nur Unfrieden. Die alpine Geschichte ist voll von solchen Fällen.

Nach der Tragödie und dem jahrelangen Streit fehlte mir die wirtschaftliche Basis, um mit meinen Tagträumen weiterzumachen. Wie sollte ich eigene Expeditionen finanzieren? Mir fehlte es an Mitteln, an Glaubwürdigkeit, an Hilfe.

Wer war damals schon bereit, mich zu fördern, zu ermutigen, mir Vertrauen zu schenken? Nur an Selbstmächtigkeit fehlte es mir nicht.

Günther und ich hatten in den vielen Sturmtagen in den Hochlagern oft darüber gesprochen, anschließend an unsere erste Himalajaexpedition ein Buch zu schreiben, Vorträge zu halten und damit eine nächste Reise zu finanzieren. Vielleicht sollten wir eine Bergsteigerschule gründen und aufbauen? Wir waren voller Tagträume gewesen.

Jetzt war ich allein und aus allen Luftschlössern verbannt. Ich kehrte an die Mittelschule in Eppan, an der ich schon vor der Expedition als Supplent unterrichtet hatte – Mathematik, Naturlehre und Sport –, zurück, ging an den Wochenenden zum Klettern in die Dolomiten und oft in den Wald. Nicht die Welt war ungerecht, es waren die Menschen, die jede Empathie vermissen ließen. Weil meine Leidenschaft für extremes Felsklettern schrumpfte – wegen meiner Amputationen konnte ich nicht mehr so schwierig klettern wie zuvor –, suchte ich nach Grenzgängen anderer Art. Ich durfte mir mein Leben von selbstherrlichen Expeditionsleitern, ehrgeizigen Seilschaftsführern oder Moralisten nicht stehlen lassen. Ich war ausbeutbar geworden, aber die Selbstbestimmung blieb mir wichtiger als alles sonst. Damit waren meine Freiräume erkauft, eine Falle, in die ich getappt war.

7 Kein guter Schreiber

»Es gibt kein Lehrbuch für die Bewältigung großer Krisen. Die Natur ist dabei so unkontrollierbar wie das Verhalten jener Gegenspieler, die eine solche Krise befeuern, um sie für sich zu nutzen.«

REINHOLD MESSNER

1968 erhält der Lektor Jürgen Kemmler vom BLV-Verlag diese interne Mitteilung:

München, den 29. 11. 1968:

Überschrift: **Junger Sport-Autor**

»Bei einem Besuch in Bozen wurden wir von mehreren Seiten auf einen Sportstudenten, etwa 21 Jahre alt, aufmerksam gemacht, der dafür ›berühmt‹ sei, freihändig Klettertouren zu machen. Regelmäßig erscheinen von ihm Berg- und Ski-Artikel in gekonnter Form in der Südtiroler Tageszeitung *Dolomiten* sowie in österreichischen Blättern und in Zeitschriften und Illustrierten. Letzteres konnte jedoch nicht ganz verlässlich bestätigt werden.

Bei dem jungen Mann handelt es sich um einen gewissen

Reinhold Messner

Villnöß b. Brixen.

Nach Meinung unserer Südtiroler Gewährsleute genügt die Adresse. Falls Sie mit Herrn Messner einmal unverbindlich Verbindung aufnehmen wollen, können Sie auf eine Empfehlung von Herrn Landesassessor Dr. Steger und Senator Dr. Brugger Bezug nehmen. Das sind zwei in Südtirol sehr klangvolle Namen, die gegenüber Herrn Messner zweifelsohne eine Qualitätsgarantie darstellen.«

Steht dieses Lob zweier Südtiroler Politiker am Anfang meiner Erzählung über die Berge? Das ist es ja, was ich neben meinem Bergsteigen machen wollte: darüber erzählen. Und ausgerechnet der damals erfolgreichste deutsche Bergschriftsteller Walter Pause machte mir 1970 einen Vorschlag:

Walter Pause
10.9.1970

Vertraulich!
Herrn Direktor Dr. Egger, BLV-Verlag, München 13
Herrn Reinhold Messner, Villnöß (und Vater)
Herrn Dr. Herrligkoffer, München 25
Herrn Albert Bitterling, Berchtesgaden

BETRIFFT: NANGA PARBAT 1970
»Sehr geehrte Herren!
Am 18.8.1970 wurde ich von einer Münchner Zeitschrift aufgefordert, eine öffentliche Mahnung auszusprechen, um der gefährlich ausartenden Polemik in der Fach- und Tagespresse entgegenzuwirken bezüglich der letzten Nanga-Parbat-Expedition. Ich sah selber sofort ein: Eine weitere öffentliche Diskussion unter den betroffenen Expeditionsmitgliedern würde nur zu einem peinlichen DA CAPO der Affäre von 1953 führen und damit das Ansehen des Alpinismus weltweit schädigen. Der Organisation weiterer außereuropäischer Expeditionen würde dadurch die wichtigste Grundlage entzogen – das Vertrauen der Öffentlichkeit, der alpinen Verbände, der Industrie.
Als Presseleiter der ersten Nanga-Parbat-Expedition von 1953 unter Dr. Herrligkoffer, bei der Hermann Buhl jener einzigartige Alleingang zum Gipfel gelang (der heute, gereinigt von aller bösen Polemik, längst zum Bestand der klassischen alpinen Geschichte zählt), weiß ich vom Vorher und vom Nachher der Himalaja-Expeditionen nur allzu viel. Ich weiß auch vieles, was nicht in die große Öffentlichkeit drang. Ich

weiß aber als 63-jähriger aktiver Bergsteiger und Schriftsteller und als Kenner der Literatur sehr viel von den besonderen Gefahren jener extremsten körperlichen und seelischen Ausgesetztheit der Bergsteiger in zivilisationsfernen Bereichen der höchsten Weltgebirge, die letztlich immer wieder dazu geführt haben, dass die Expeditionsteilnehmer, siegreich oder nicht, zerstritten nach Europa heimkehrten. Nicht als alpine Helden.

Jedenfalls möchte ich einer Neuauflage jener Tragikomödien unter qualifizierten Hochalpinisten nach meinen besten Kräften vorbeugen. Ich habe keine Zeit und kaum Lust zu dieser Aufgabe, aber ich sehe die Notwendigkeit meines Einsatzes als Koordinator ein, nachdem ich alle Beteiligten gehört und zu einem FIXEN PLAN gefunden habe, der alle Schwierigkeiten dieser letzten Wochen mit einem Schlage – akzeptierbar für jeden denkenden Menschen – aufhebt. Ich habe Herrn Lehrer Messner, Reinholds Vater in Villnöß, am 1.9. in Villnöß versprochen, ihm die Quintessenz meiner Gespräche sofort mitzuteilen. Hier ist diese Mitteilung.

Gestern habe ich mit der Direktion des BLV-Verlages in München ein zweites Gespräch gehabt. Herr Direktor Dr. Egger steht vollkommen hinter dem Plan, den ich hiermit den unmittelbar Beteiligten bekannt gebe. Ich muss freilich sofort feststellen: ich steh als Koordinator und Redakteur zu diesem folgenden Vorschlage NUR, wenn er bis zur Unterschrift gegenseitiger Verträge in den Geschäftsräumen des BLV-Verlages STRENG VERTRAULICH behandelt wird.

Die Presse, für die der bisherige Streit ja nur eine hochwillkommene Chance bedeutet, um viel Rauch zu machen und sich über die ›Bergsteiger‹ zu mokieren, wird NACH der Einigung auf meinen Vorschlag in einer gemeinsamen, von mir redigierten Erklärung das Nötige erfahren.

Mein Vorschlag:

1. Die in diesem Briefe angesprochenen Herren, soweit sie der Expedition angehört haben, stellen mit sofortiger Wir-

kung alle gegenseitigen Beschuldigungen ein, unterlassen vorläufig jede Verbreitung von Nachrichten, auch das Betreiben gerichtlicher Auseinandersetzungen.

2. Im Einvernehmen mit der Leitung des BLV-Verlages in München wird die schnellstmögliche Herstellung ZWEIER Nanga-Parbat-Bücher vorbereitet, die möglichst gleichzeitig im FRÜHJAHR 1971 erscheinen sollen:
   a) Ein großformatiger Bildband (25,5 x 21,5 cm, wie Pausebücher) der ›Stiftung‹, ausgestattet mit dem besten Farb- und Schwarz-Weiß-Bildmaterial der Expedition 1970. Mit einem zusätzlichen Zwanzig-Seiten-Text von Dr. Herrligkoffer, der eine knappe Darstellung des Gesamtablaufes bringt. Dazu kommen besonders sorgfältige und ausführliche Bildkommentare. Die Redaktion besorgt Walter Pause, der im Buchtitel nicht aufscheint.
   b) Ein kleinformatiges Lesebuch, das heißt, ein moderner kleiner Textband von Reinhold Messner, der den nüchtern und diszipliniert geschriebenen reinen ›Erlebnisbericht‹ bringt, die ›Dokumentation‹ der Vorgänge der Besteigung mit allen ihren unmittelbaren Folgen, geschrieben im einfachen Ich-Stil. Aus Verkaufsgründen werden 8, 12 oder 16 einseitige Schwarz-Weiß-Fotos eingeschaltet, die möglichst unmittelbar eine Illustration von Messners Bericht bedeuten sollten. Wegen des verloren gegangenen Materials wird dies evtl. schwierig sein. Die Redaktion übernimmt auch hier Walter Pause, der nicht als Autor oder Mitautor genannt wird.
3. Der Sinn meiner persönlichen Einschaltung ist kein anderer als der, dem Wunsch des Verlages zu entsprechen, dass mittels Koordination ein sofortiges Ende des Streites erreicht wird, und die Durchführung beider Buchpläne in einem Stil, der endlich einmal das normale (bisherige) Himalajabuch-Image ablöst. Ich möchte nicht nur für die Redaktion beider Buchtexte sorgen (die im engsten Einvernehmen mit beiden Autoren vorgenommen wird), sondern vor allem

auch für die richtige Bildauswahl, für die Ausstattung der Bücher, die moderne Typografie usw. ...

4. Mit der Durchführung des 2-Buch-Vorschlages (zur gleichen Zeit und im gleichen Verlag) würde die ›Stiftung‹ dem in jedem Sinne am schwersten betroffenen Teilnehmer der Expedition eine verdiente Ausnahmestellung einräumen und ihm ein Ausnahmerecht gewähren, was den Paragraf 5 des Teilnehmervertrages betrifft.
   Die Einzelheiten der gegenseitigen finanziellen Abrechnung sollten freundschaftlich im Sinne des von jedem Teilnehmer unterschriebenen Vertrages geregelt werden.
5. Die ›Streitpunkte‹ über den Verlauf der Expedition, wie sie in meist nicht zu verantwortender Weise in der Presse gebracht wurden, sollten aus Vernunftgründen NICHT MEHR diskutiert werden. Erstens: um die gierige Presse nicht zu neuen Eskalationen der gegenseitigen Anschwärzung zu treiben, und zweitens: um sich selbst die so UNERSETZLICHE Zeit ruhiger Besinnung zu gönnen.
6. Wenn sich alle Beteiligten – zunächst mir bzw. dem BLV-Verlag gegenüber – prinzipiell mit meinem Vorschlag einverstanden erklärt haben, dann werde ich am darauffolgenden Tage eine Presseerklärung abgeben, von der JEDER beteiligte Herr eine Abschrift bekommt. Ich bin gegebenenfalls bereit, diese Presseerklärung (die ganz und gar auf vernünftige und einleuchtende Beruhigung abzielt und keines der Streitthemen berühren wird) in einer kurzen Gesprächsrunde im Verlag oder bei mir im Hause zu diskutieren, also zu warten, bis die Beteiligten hier in München zur Verfügung stehen.

Meine sehr geehrten Herren! Ich halte diesen meinen Vorschlag für die einzige Lösung. Es gibt keine Alternative dazu (außer der peinlichen Fortsetzung des Streites, der NIEMANDEM einen Vorteil bringt). Ich bitte Sie, meinen Vorschlag nicht vorschnell abzulehnen. Wenn Sie ihn ablehnen, werde ich zu keiner Zeit und in keiner Form mehr zu den Ereignissen Stellung nehmen. Ich habe mehr Aufgaben am Halse, als mir lieb und meiner Gesundheit bekömmlich ist. Dass ich den BLV-Verlag für die Übernahme beider Bücher gewinnen konnte, ist keine Taktik, eher eine Fügung. Wir alle hätten die Chance, erstmals zwei nicht hausbackene, sondern moderne, lesbare Himalaja-Bücher mit zweifelsfrei sehr guten Verkaufschancen zu bekommen. Vergessen Sie nicht: Mit 2 - 3 Ausnahmen waren die (bisher mindestens vierzig) Himalaja-Bücher KEIN Geschäft. Nicht für den Verlag, nicht für die Autoren.«

Sollte ich der Sache trauen? War Walter Pause nicht der Pressesprecher Herrligkoffers bei der umstrittenen Expedition 1953 zum Nanga Parbat gewesen, bei der Hermann Buhl in einem unvergleichlichen Alleingang den Gipfel erstmals erreicht hatte?

Schon Ende August 1970 hatte Pause an Verlage geschrieben und offen über seine Interessen in der Sache gesprochen: »Dr.H. (Herrligkoffer) ist kein guter Schreiber!!«, war sein persönliches Urteil gewesen.

Walter Pause
30.8.70

An BLV Verlag München, Herrn Dir. Dr. Egger
Betr. Buchplan Dr. Herrligkoffer Nanga Parbat
»... Zur Hauptsache: Ich sprach gestern mit Dr. Herrligkoffer, dessen Pressereferent ich im Jahre 1953 war, als Hermann Buhl erstmals im Alleingang den Nanga Parbat bestieg. Ich wollte, vielmehr ich wurde aufgefordert, einen Kommentar, ein Streiflicht für den *Bergsteiger* (Bruckmann) über die neue, dramatisch verlaufene Nanga-Parbat-Expedition zu schreiben. Bei meiner Unterhaltung mit Dr. Herrligkoffer kamen wir auf das geplante Buch über diese Expedition zu sprechen, und ich bat ihn, dieses Buch doch beim BLV herauszubringen, wo

ich für die Redaktion sorgen könnte als genauer Kenner der Literatur und der Situation von bzw. seit 1953. Dr. Herrligkoffer hat zwei Angebote, eines ist vom Südd. Verlag, das andere mutmaßlich von seinem alten Verleger Lehmann. Das erste Nanga-Parbat-Buch, das bei Lehmann/München herauskam, habe ich völlig umgeschrieben. Ich sagte Dr. Herrligkoffer, er müsse endlich anfangen, Himalaja-Bücher modern zu machen. Textlich wie grafisch. Alle bisherigen Bücher – mit Ausnahme des französischen Annapurna-Buches – waren unzeitgemäß geschrieben, aufgemacht, bebildert. Es war immer ein Spiegelbild der bisherigen ›alpinen Literatur‹, die – von zwar brillanten Kletterern und Bergsteigern, aber doch von Analphabeten gemacht – ewig im Pseudostil verharren wird. Es fehlt an weltläufigen, wirklich gut schreibenden Fachleuten in dieser alpinen Literatur. Ich sagte Dr. Herrligkoffer zu, die Redaktion des Buches zu übernehmen, wenn er es beim BLV herausbringe. Ich mache die Sache nur, um ein Beispiel zu schaffen, dass man doch ein GUTES Himalaja-Buch machen kann. Und ein erfolgreiches. Bisher waren nur das ANNAPURNA-Buch der Franzosen ›Premier Huit-Millier‹ und das Hermann-Buhl-Buch (Nymphenburger/120 000 Ex. Auflage schon 1968) Bestseller ...

Jedenfalls will ICH am 9. oder 10. September bei Dr. Herrligkoffer ein PROTOKOLL aller Aussagen aufnehmen und in eine verbindliche Form bringen. Es soll als Unterlage für den ›Dokumentarbericht‹ dienen, den das Buch insgesamt darstellen soll ...

Jürgen Winkler war a u c h am Nanga Parbat, von Dr. Herrligkoffer als Fotograf verpflichtet. Er hat mir zwei Abende lang Einzelheiten erzählt.

Jürgen Winkler soll Dr. Herrligkoffer auch auf dessen bereits genehmigte Expedition zum MOUNT EVEREST 1972 begleiten, bei der auch andere Mitarbeiter vom Extremen Fels dabei sind: Manfred Sturm usw. ...«

Ich hatte inzwischen meine Erlebnisse am Nanga Parbat 1970 niedergeschrieben. In Form eines Drehbuchs, um nicht immer und immer wieder »Ich« sagen zu müssen. Titel: »Die rote Rakete am Nanga Parbat«.

Weitere Briefe von Walter Pause folgten; seine Bemühungen um eine Streitbeilegung zu gemeinsamen Expeditionen waren glaubwürdig, seine Interessen, die Nanga-Story im Sinne Herrligkoffers zu befrieden, leider auch. Zuallererst ging es ihm wohl darum, mein Manuskript in seinem Sinne umzuschreiben. Hat er sich meiner ersten Fassung bedient? Ja!

»Der Verlag hat mir Ihr Manuskript für ein NANGA PARBAT-Buch gegeben, vielmehr die Kopien eines Teilmanuskriptes, sichtbar erster Fassung, nicht druckreif. Immerhin habe ich es zum größten Teil gelesen und glaube es richtig beurteilen zu können. Auch Herr Kemmler vom BLV hat es gelesen. Wir sind beide einer Meinung: Als BUCH ist es so nicht möglich. Man würde dem Ruf des Autors und dem des Verlages schaden, wenn man es etwa so drucken würde, wie es jetzt vorliegt. Dagegen spricht – innerhalb der sogenannten alpinen Literatur – nicht, dass es vielleicht ein anderer Verlag sofort zu drucken bereit ist. Was das bedeutet, wissen Sie, sehen Sie aus dem, was man in den letzten Jahren als Schnellschüsse produziert hat: Es ist keine Literatur. Schreiben ist nun mal schwer. Wer sich schämt, schreiben erst einmal lernen zu müssen, darf nie schreiben. Schreiben ist immer eine Qual, eine Sache des stillen, geduldigen Dabeibleibens, vor allem aber der geistigen Disziplin. Wer SCHREIBEN kann, ist bereits ein Mann. Missverstehen Sie diesen mit großem Bedacht hingeschriebenen Satz nicht.

Sie, lieber Reinhold Messner, haben einen so guten Ruf, dass ich Sie, ein vielerfahrener, in diesem besonderen Fall sehr verantwortlich denkender Teilhaber an der sogenannten alpinen Literatur, schützen möchte, bewahren möchte vor einer Art Jugendstreich. Denn ein BUCH ist eine Tat, es steht im literarischen Raum und ist, auch wenn's einen noch so reut, nicht mehr aus der Welt zu schaffen. Es bestimmt das BILD, das man sich von Ihnen macht, von Ihrer körperlichen Leistung, mehr noch: von dem Geist, der Sie zur körperlichen Hochleistung befähigt hat. Kurz und gut: Das vorliegende Manuskript, auch wenn man den Versuch der ersten zwanzig Seiten einmal ganz weglässt, ergibt so KEIN Buch. Das ist mir, lieber Reinhold Messner, auch schon mal geschrieben worden. Mehrmals, früher ...

Ich sage Ihnen nun als Berg- und Schreibkamerad ganz offen und mit freundschaftlichen Empfindungen, was geht, was nicht geht, und wie Sie zu einem GUTEN Buch kämen – das Ihren Namen für dauernd, ja für immer, in einen Rang erhebt, der in der alpinen Literatur selten ist. Leider. Ich bin völlig offen, wie gesagt, ich erspare Ihnen keine Enttäuschung, ich rechne mit Ihrer bewiesenen Intelligenz, NICHT mit Ihren augenblicklichen Gefühlen.

1. Es gibt für ein gutes, für ein Erfolgs-Buch viele Formen. Im gegebenen Falle ist nur die reine Erzählung möglich, die knappeste Form einer Nach-Erzählung. Also im Ich-Stil! Ihr Versuch, diese beinahe klassische Möglichkeit einer spannenden Icherzählung, eines über jedes vorstellbare Maß dramatischen Abenteuers in Form eines Drehbuches zu schreiben, ist nicht originell. Im Gegenteil: Er verdirbt Ihnen alles, was diesen Bericht zu einem glänzenden Lesebuch, zu einem guten BUCHE machen könnte.
2. Darf ich Ihnen nochmals sagen (ich sagte es schon mündlich): Was Sie erlebt haben, bedarf nicht der Verbrämung, bedarf keiner üppigen oder ›originellen‹ Fassung bzw. Aufmachung. Was Sie erlebt haben, KANN NUR mit letzter Knappheit, mit letzter Disziplinierung, und VÖLLIG OHNE psychologische oder sagen wir philosophische Zwischenbemerkungen erzählt werden. Das ist schwer für Sie! Ich weiß das. Aber emotionelle Zwischenrufe machen das ganze Buch kaputt und Ihren guten Namen dazu. Nochmals: Klar, knapp, und mit – bitte! – größerem Ge-

brauch des doch ungeheuren deutschen Wortschatzes müssen Sie schreiben. Was IST gewesen, was sah ich, was tat ich, was taten wir, wie sah es um uns aus. Was Sie alles gedacht haben, kommt bei Ihnen in so starrer, verkrampfter und damit unglaubwürdiger Form, dass ich Sie innigst bitte: Lassen Sie das alles weg. WEGLASSEN – das ist die Kunst des Schreibens.

3. Das Weglassen verlangt auch, dass Sie die ganzen bösen Attacken gegen Herrligkoffer einfach und nobel unterschlagen. Sie sind kein kleiner Auchschreiber, sind kein Hiebeler, dem seine faulen Ressentiments noch jedes Buch verdorben haben. Sie müssen sich als Akademiker der NORMALEN GEISTIGEN DISZIPLIN fügen, die BEIM SCHREIBEN EINES B U C H E S SELBSTVERSTÄNDLICH sein muss.

   In zehn, in zwanzig oder fünfzig oder hundert Jahren wird Ihr Buch zur klassischen Literatur zählen, aber n u r – wenn es so knapp und gut geschrieben ist, wie ich es von Ihnen verlange! In zehn, zwanzig oder fünfzig Jahren will KEIN Leser den Schmarren um das – in so ausgesetzten Positionen immer fällige – menschliche Verhalten, das Versagen von dem und jenem usw. wissen. Dann interessiert allein das gute Buch, das glänzend (weil knapp) geschriebene Erlebnisbuch. Haben Sie die GRÖSSE, den Namen Herrligkoffer zu vergessen und nur, nur, nur Ihre Nanga-Parbat-Tragödie haargenau zu beschreiben. Knapp, klar,

4. ... und mit größerem Wortschatz. Ganz EINFACH in den Sätzen (Sie schreiben mehrfach ausgezeichnete Sätze, weil sie KURZ und nicht verwirrend lang sind). Aber dann müssen Sie sich auch PLAGEN, das, was man SIEHT, mit mehr und genaueren Worten zu beschreiben. Die Rupal-Wand und so weiter, sind etwas anderes als Droites und Jorasses und Civetta, ich möchte das als Leser GENAU vor mir sehen, Herrlich ... das ist kein Wort für Sie, das darf nur EINMAL im ganzen Buche vorkommen.

5. Der BLV kann dieses Buch nur bringen, und er würde es SOFORT bringen, wenn es so geschrieben ist, wie ich es oben dargestellt habe – und wenn die Verständigung mit der Stiftung bezüglich des Erscheinungstermins stattgefunden hat. Wenn Sie das Buch nicht in der einzig möglichen Erzählerform schreiben können, muss es umgeschrieben werden. Auch Buhl schrieb NUR ein so gutes Buch, weil es ein SCHREIBER bearbeitet hat. Wer soll es umschreiben? Ich habe es Ihnen und Herrligkoffer angeboten, obwohl ich es nur aus der Not tat, um zu helfen. Ich bekam keine Antwort. Ich werde deshalb auch nichts umschreiben. Leider kann ich auch Ihr Buch nicht umschreiben, obwohl mir dies auf Anhieb gelänge. Dazu haben mich viele der REIN ERZÄHLENDEN Passagen in Ihrem Manuskript doch zu stark beeindruckt. Aber ich muss den Rest meines Lebens für Besseres als alpine Literatur retten und ich bin in größter Zeitnot. Ich kann es nicht ...«

Kopie an BLV, Herrn Kemmler

Etwa zur gleichen Zeit erreichte mich die Kopie eines Einschreibens von Diplom-Volkswirt Dr. jur. Ludwig Delp, Rechtsanwalt, an die Nymphenburger Verlagshandlung GmbH, z.Hd.v. Herrn Berthold Spangenberg, 8 München 19, Romanstraße 16, am 16.12.70, mit der Androhung, mein Buch zu blockieren.

Betr.: Ihr Verlagsvorhaben Reinhold Messner »Die rote Rakete am Nanga Parbat«
»Sehr geehrter Herr Spangenberg,
ich bedauere, mich in meiner Eigenschaft als langjähriger Justiziar des Deutschen Instituts für Auslandsforschung, 8 München 25, Plinganserstraße 120a, in vorgenannter Angelegenheit an Sie wenden zu müssen.
Beigeschlossen übersende ich Ihnen ein Rundschreiben, das offenbar von Herrn Reinhold Messner, einem der Teilnehmer

der diesjährigen Nanga-Parbat-Expedition des Deutschen Instituts für Auslandsforschung, verfasst wurde und verbreitet wurde. Darin wird die Behauptung aufgestellt, im Frühjahr 1971 (voraussichtlich März) würde das vorgenannte Buch in Ihrem Verlag erscheinen.

Die äußere Form des Rundschreibens lässt die Vermutung zu, dass es weder von Ihrem Verlag verfasst und herausgegeben noch von Ihnen autorisiert ist. Dies dürfte auch für den Inhalt dieses Rundschreibens gelten, der die Werbung für das Buch mit verleumderischen Behauptungen über Dritte verbindet.

Um eine Ausweitung der durch Herrn Messner ausgelösten und nun durch das Deutsche Institut für Auslandsforschung mit den rechtlich gebotenen Mitteln begegneten Auseinandersetzung auf die Sphäre Ihres Verlagshauses zu vermeiden, muss ich Sie darum bitten, sofort alles in Ihrer Macht Stehende zu unternehmen, um dieses Rundschreiben aus dem Verkehr zu ziehen und eine Wiederholung der verleumderischen Behauptungen im Zusammenhang mit der Nennung Ihres Verlags zu unterbinden.

Weiter darf ich Sie auf Folgendes aufmerksam machen:

Herr Messner hat, wie üblich, über seine Mitwirkung an der Nanga-Parbat-Expedition 1970 einen Teilnehmervertrag abgeschlossen, und zwar am 19.10.1969. Ich füge Ihnen eine von mir beglaubigte Ablichtung des Vertrages bei. Insbesondere beziehe ich mich auf § 5 Abs. 4 des Vertrages, in welchem bestimmte Regeln für eine Buchveröffentlichung zugunsten eines der Gipfelsieger verbindlich getroffen sind. Insbesondere verweise ich auf die einzuhaltende Karenzzeit und das Verhältnis des Besteigungsberichts zu dem gesamten Buch.

Auf diese Vertragsbestimmungen wurden Sie bereits durch Rundschreiben des Deutschen Instituts für Auslandsforschung vom 5.9.1970 aufmerksam gemacht.

Der authentische Expeditionsbericht des Deutschen Instituts für Auslandsforschung ist noch nicht erschienen. Ein genauer

Erscheinungstermin kann derzeit noch nicht angegeben werden. Folglich ist die vertraglich vereinbarte Karenzzeit noch nicht in Gang gesetzt. Sie ist mit Sicherheit im Frühjahr 1971 noch nicht abgelaufen. Ihr Verlag kann demgemäß das Buch des Herrn Messner – sollte die Ankündigung in dem Rundschreiben zutreffen – derzeit noch nicht für Frühjahr 1971 ankündigen.

Da Herr Messner gemäß § 5 Abs. 1 des Teilnehmervertrags das Urheberrecht an sämtlichen Formen der Mitteilungen, die Ereignisse der Expedition zum Gegenstand haben, gleichviel, welches das technische Wiedergabemittel ist, zeitlich und örtlich unbeschränkt und mit der Maßgabe der ausschließlichen Verwertung auf das Deutsche Institut für Auslandsforschung übertragen hat, diese Rechtsübertragung sich demgemäß auch auf das angekündigte Buch erstreckt, ist Herr Messner ohne ausdrückliche Einwilligung des Deutschen Instituts für Auslandsforschung nicht berechtigt, Verfügungen über das Manuskript zu treffen und Ihnen rechtswirksam das Verlagsrecht an dem Manuskript einzuräumen. Wurden gleichwohl Versuche dieser Art unternommen, wäre dies als Eingriff in die ausschließlichen Rechte des Deutschen Instituts für Auslandsforschung anzusehen mit der Folge entsprechender Unterlassungs- und Schadenersatzansprüche.

Da nach der gleichen Vertragsbestimmung auch das Eigentum am Manuskript dem Deutschen Institut für Auslandsforschung zusteht und es im Übrigen wegen der besonderen Klausel in § 5 Abs. 4 ein Auskunftsrecht über das Verhältnis des Besteigungsberichtes zum Gesamtumfang des Buches hat, kann das Institut die Herausgabe des Manuskriptes und die Einsichtnahme zum Zwecke der vorgesehenen Prüfung fordern.

In der Ankündigung des Buches des Herrn Messner wird auch von ›vielen Zeichnungen und Abbildungen‹ gesprochen. Auch hierfür sind die Bestimmungen des § 5 des Teilnehmervertrages zwischen dem Deutschen Institut für Auslandsforschung und Herrn Messner einschlägig.

Nach den bisherigen Feststellungen hat Herr Messner Verschiedenes im ausschließlichen Verfügungsrecht des Deutschen Instituts für Auslandsforschung stehendes Bildmaterial vorenthalten. Dies hindert nicht die Feststellung, dass er auch über dieses Material nicht rechtswirksam verfügen kann. Auch insoweit steht dem Deutschen Institut für Auslandsforschung der Anspruch auf Unterlassung, Schadenersatz und Herausgabe zu.
Für diese Ansprüche ist – sollte die Ankündigung in dem vervielfältigten Rundschreiben zutreffen – auch Ihr Verlag passiv legitimiert, unbeschadet der Tatsache, dass eine entsprechende Klage gegen Herrn Messner vor dem Landgericht München I bereits anhängig ist.
Erst vor wenigen Tagen erhielt das Deutsche Institut für Auslandsforschung Kenntnis eines Schreibens des Herrn Walter Pause an Herrn Messner, in welchem dieser sich für den BLV-Verlag eingehend offenbar mit dem gleichen Manuskript des Herrn Messner beschäftigt und in welchem er die lektoratsmäßigen und sonstigen Bedingungen anführt, unter denen der BLV das Buch bringen würde. U. a. macht Herr Pause die Übernahme des Buches davon abhängig, dass ›die Verständigung mit der Stiftung (d. h. dem Deutschen Institut für Auslandsforschung) bezüglich des Erscheinungstermins stattgefunden hat‹.
Diese Mitteilung bestärkt mich in der Auffassung, dass ein Vertragsverhältnis zwischen Ihrem Verlagshaus und Herrn Messner überhaupt noch nicht besteht und das hier wiederholt erwähnte Rundschreiben ohne Ihr Wissen und gegen Ihren Willen verbreitet worden ist. Ich kann mir auch nicht vorstellen, dass sich ein so angesehener Verlag wie der Ihre auf eine derartige Angelegenheit, gar noch in der Form, einlassen würde.
Gleichwohl ist das Faktum gesetzt, dass im Namen Ihres Verlages die Behauptung verbreitet wird, Sie würden im Frühjahr 1971 unter Verletzung anderweitiger Rechte das Buch ver-

öffentlichen, wobei die Behauptung mit zahlreichen ehrabschneiderischen und verleumderischen Äußerungen verbunden ist. Dass hiergegen das Deutsche Institut für Auslandsforschung mit allen rechtlich zu Gebote stehenden Mitteln unverzüglich einschreiten muss, wird Ihnen sicher verständlich erscheinen.

Daher bitte ich Sie um Ihre eilige Stellungnahme zu dem Gesamtkomplex und zu den dem Deutschen Institut für Auslandsforschung zustehenden Ansprüchen

bis spätestens 23.12.1970

bei mir eingehend.

Ich bedauere es aufrichtig, Sie in den letzten Wochen des zu Ende gehenden Jahres mit dieser Angelegenheit pflichtgemäß behelligen zu müssen.

Mit verbindlichen Empfehlungen
Dr. Ludwig Delp
Rechtsanwalt«

Das Buch erschien, seine Weiterverbreitung wurde mit einer einstweiligen Verfügung gestoppt, und ich stand beschämt, invalide, ohne Perspektiven da.

Beide meiner Bücher aber, »Zurück in die Berge« – das, so der Tenor der Rezensionen, »zweifellos interessanteste Bergbuch seit Jahren« – sowie »Die rote Rakete am Nanga Parbat« – »als inwendigstes Expeditionsbuch« –, fanden viel Interesse. Ich empfand sie trotzdem als nicht gelungen. Meine beiden Erstlingsbücher sind später in neuer Form erschienen und immer noch lieferbar. Sie »markieren die Kraft der Sprache der jungen Bergsteigergeneration«. Für seine Ratschläge bin ich Walter Pause immer noch dankbar.

Meine Enttäuschung damals hatte zwei Gründe:

Viele Bergsteiger zeigten sich wegen des Streits unfähig, die Tragödie vom Nanga Parbat 1970 nachzuvollziehen. Sie schwankten wegen der offensichtlichen Unmöglichkeit, ohne Hilfe über eine Achttausenderwand abzusteigen, und glaubten dem Expeditionsleiter jede Behauptung, obwohl sie nur erfunden sein konnte, weil er ja nicht dabei gewesen war.

Die Amputationen von sieben meiner Zehen hatten meine Begeisterung fürs Felsklettern reduziert – ich hätte es nie wieder so gut beherrscht wie zuvor. Der Tod Günthers lag dazu in meiner Verantwortung. Anders Dr. Herrligkoffer! Ihm hatten Günther und ich den Erfolg vorbereitet. Dass er dann mit allen Rechtsmitteln, Lügen, Widersprüchen gegen mich operierte, ließ mich in der wirklichen Welt ankommen. Statt darauf zu reagieren, hätte ich beim Erzählen bleiben sollen, wie es Walter Pause angemahnt hatte.

Inzwischen sind alle Zweifel aufgehoben, Dr. Delp hat Herrligkoffers Erzählungen zum Nanga Parbat 1970 zum Vermutungswissen erklärt, und die Kameraden von damals sowie viele, auch berühmte Alpinisten, die dem Expeditionsleiter damals beigesprungen waren, haben sich selbst zu »Schafsköpfen« erklärt.

Mittlerweile war ich in die Schwierigkeitskommission der UIAA – die Internationale Vereinigung aller alpinen Vereine – berufen worden, der Fritz Wiessner vorstand, und mit neuen Aufgaben betraut.

Ich hatte damit ein fundiertes Standing in der internationalen Bergsteigerschaft, aber noch nicht gelernt, mit scharfem Gegenwind zurechtzukommen. Den Rat meiner Mutter – still sein! – musste ich erst noch beherzigen.

8 No Limit

»Immer wenn ich mich mit Herausforderungen neu erfand, wussten andere sofort, dass es so nicht gelingen konnte.«

Reinhold Messner

Was mir nach der Nanga-Parbat-Expedition auch alles unterstellt worden ist, ich hätte es zwar nicht vergessen, dem Expeditionsleiter aber vergeben können.

Er hatte annehmen müssen, dass wir – Günther und ich – in der Merkl-Scharte verstorben waren. Deshalb kein Suchtrupp im Diamir-Tal! Niemand wollte glauben, dass wir den Abstieg über eine unbekannte Route überleben würden. Als ich dann völlig unerwartet und allein im Indus-Tal auftauchte, schien es für Herrligkoffer klar, dass der Bruder an der Merkl-Scharte verblieben war. Bei dieser Behauptung blieb er bis zu seinem Tod. Und allein diese Vermutung, wenn auch als Selbstschutz in die Öffentlichkeit getragen, sollte mir vorsätzliches Handeln unterstellen: Die Nanga-Überschreitung sei geplant gewesen. Dieser Satz blieb der Grund für meine Reaktion und für einen Streit, der seit mehr als fünfzig Jahren andauert.

Im Oktober 1970 saß ich erstmals im Exekutiv-Komitee der UIAA. Ugo Graf Vallepiana hatte mich gebeten, einer Kommission beizutreten, die von Fritz Wiessner geleitet wurde und die Schwierigkeitsbewertung von Klettertouren neu zu regeln hatte. Meine Haltung in der Sache war klar:

»Die Skala soll grundsätzlich nach oben offen bleiben, und der Kletterer soll einschätzen können, ob die Route seinen Fähigkeiten entspricht.« So steht es im Protokoll, und weiter: »Messner ist überzeugt, dass wir in einigen Jahren zu einer einfacheren Skala zurückkehren werden. Vallepiana ist auch dieser Meinung. Eine zu komplizierte Skala erschwert den praktischen Gebrauch. Man kann nicht jeden Meter einer Route genau bemessen.«

In dieser Kommission, vom Exekutiv-Komitee der UIAA gewählt, saßen lauter illustre Bergsteiger:

- Jean Juge, Präsident, Genf
- Werner Munter, UIAA, Mühlethurnen (Schweiz)
- Oberst Peter Baumgartner, Eidg. Militärdepartement, Andermatt (Schweiz)
- Bernard Amy, FFM, Paris
- Reinhold Messner, CAI, Villnöß, Italien
- Peter Baumgartner, OeAV, Wien
- Günter Sturm, DAV, München
- Vitali Abalakov, russischer Bergsteiger-Verband, Moskau
- Frank Solari, Präsident der Materialkommission (von Amtes wegen)
- France Avčin, Vizepräsident der Materialkommission, Ljubljana, Jugoslawien

Besonders mit Fritz H. Wiessner diskutierte ich damals gern. Er hatte Kontakt mit Dieter Hasse und Manfred Sturm und war selbst ein exzellenter Kletterer gewesen, ein Stück lebende alpine Geschichte. 1900 in Dresden geboren, ist er als Bergsteiger in den Elbsandsteinfelsen groß geworden. Später hat er als Wahlamerikaner das extreme Bergsteigen in den USA beeinflusst. Er hatte 1925 die Fleischbank-Südostwand und die Furchetta-Nordwand erstbegangen.

1975 waren diese seine großen Routen fünfzig Jahre alt; Wiessner feierte seinen fünfundsiebzigsten Geburtstag. Er gab mir damals ein Interview:

RM: »Wie fühlt man sich nach einem halben Jahrhundert extremer Bergsteigerei?«

FW: »Für mich war der Berg immer ein Lebensbedürfnis. Es ging mir dabei nicht um den Wettkampf, sondern um den

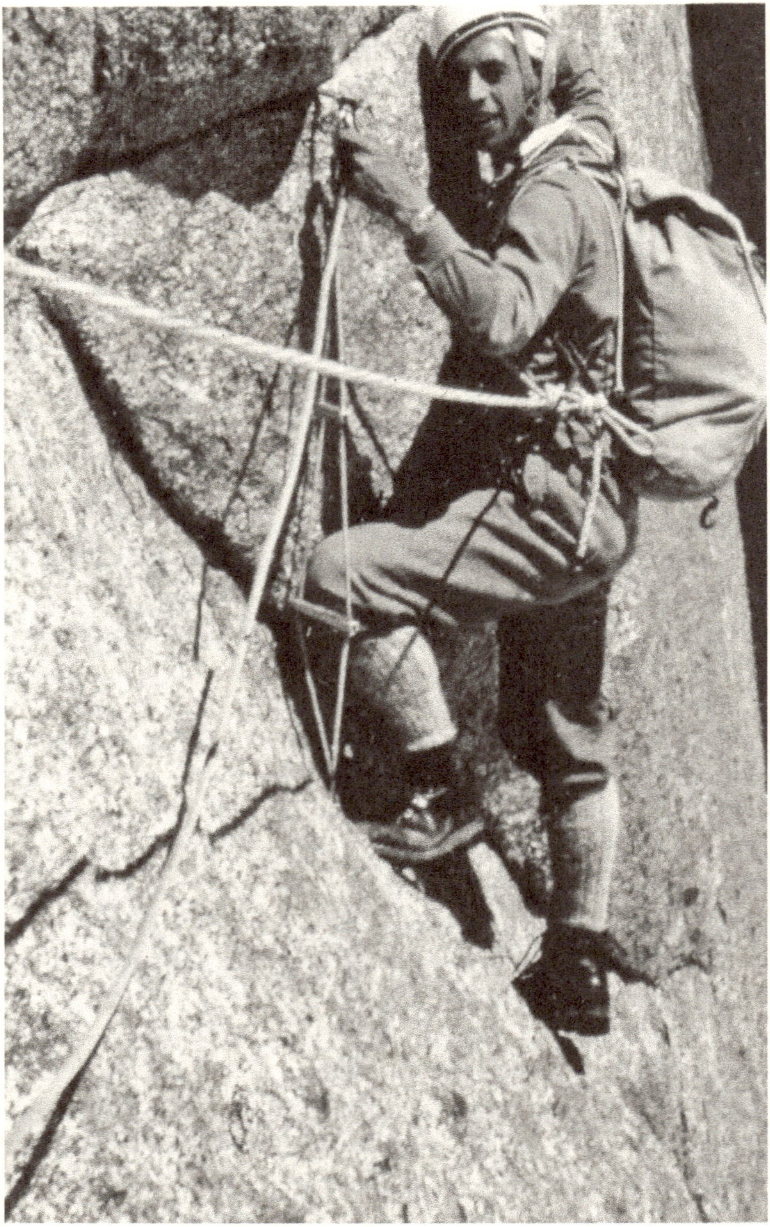

Felskletterer in den 1960er-Jahren

Berg selbst. Ich bin froh darüber, dass ich diese fünfzig Jahre extremen Bergsteigens ohne größeren Bergunfall überlebt habe.«

RM: »Wie oft bist du bisher gestürzt?«

FW: »Fünfmal, immer als Seilerster. Davon war ein Sturz, im Elbsandsteingebirge, ein wirklich großer. Aber verletzt habe ich mich nie dabei, bis auf den heurigen Sommer, wo ich wiederum in den heimatlichen Sandsteinfelsen, auf einem Block ausrutschte und ungeschickt hinfiel ... ich beobachtete gerade eine andere Seilschaft.«

RM: »Welche waren deine Vorbilder?«

FW: »Ich bewunderte Preuss und Fehrmann, hielt mich so weit wie möglich an ihre Richtlinien. So habe ich die Fiechtl-Weinberger am Predigtstuhl ganz frei geklettert. Bis 1950 bin ich kaum je als Seilzweiter geklettert. Im Elbsandsteingebirge gibt es einen Riss, eine Erstbegehung von mir, die mit VIIc, Meisterklasse, bewertet ist.«

RM: »1925 dann dein großer Durchbruch – Furchetta-Nordwand! 1932 warst du am Nanga Parbat dabei?«

FW: »Ich sollte die Expedition leiten, Welzenbach hatte mich eingeladen; weil es aber aus Amerika zu umständlich gewesen wäre, alles zu organisieren, hat Welzenbachs Freund Merkl die Sache übernommen. Gemeinsam mit zwei Amerikanern habe ich den Großteil der Mittel für dieses Unternehmen aufgebracht.«

RM: »Der Nanga Parbat war kein Erfolg. In Amerika aber hast du viele Erstbegehungen – in den Tetons, am Devils Tower, an den Black Hills – gewagt.«

FW: »...an die vierzig neue Klettergebiete habe ich erschlossen.«

RM: »Dann der K2?«

FW: »Der K2 bedrückt mich bis heute. Ich war in der Form meines Lebens, wir waren so nahe am Gipfel. Wir haben mit minimalen Mitteln gearbeitet – ohne Funkverbindung, ohne Sauerstoff.«

RM: »Die amerikanische Haltung, die das Freiklettern an erster Stelle sehen will, folgt den Elbsandsteinregeln?« (In den Alpen wird mehr an Haken geklettert.)
FW: »Mein Einfluss war sicher groß.«

Mit Jean Juge bin ich später große Dolomitentouren geklettert, mit Bernard Amy bin ich bis heute befreundet. Mit diesen Kontakten und vielen Gesprächen ist mir die jüngere alpine Geschichte zugewachsen. Es war, als hätte ich Zugang zu einer Bergwelt bekommen, wie sie von Alpinisten vor meiner Zeit gesehen worden war.

Am 23.12.1970 ging eine letzte Korrektur in Sachen Schwierigkeitsbewertung an Fritz H. Wiessner in Vermont:

»Lieber Fritz, verzeih, dass ich Dich so lange mit der Antwort habe warten lassen. Da Herrligkoffer immer schlimmere Verdrehungen in die Welt setzt, habe ich viel Arbeit ...
Nun meine Meinung zum Reglement der Schwierigkeitsgrade: ›Derzeit erreichte Grenze im Freiklettern‹ statt ›obere Grenze der menschlichen Möglichkeiten‹. Die Worterklärung der Schwierigkeitsgrade ist nicht notwendig - die Ziffer für den Grad sagt alles.«

Die Sache mit den Schwierigkeitsgraden beschäftigte mich weiter. 1973 erschien mein Buch »Der 7. Grad« dazu, als Vorschlag zur Öffnung der sechsteiligen Welzenbach-Skala nach oben.

Aber auch damit habe ich mir keine Freunde gemacht. Im Gegenteil, man unterstellte mir Überheblichkeit, ja Hochstapelei. Dabei korrigierte ich nur einen Fehler, der Welzenbach unterlaufen war. Er hatte den VI. Grad beim Felsklettern als »Limes« – als Grenzwert des Kletterbaren – definiert und diesem Grenzwert eine Tour – die Civetta-Nordwestwand – zugeordnet. Damit hätte die Solleder-Route in dieser großen Dolomiten-Wand für immer das Schwierigste im Freiklettern bleiben müssen. Ein Mehr wäre denkbar, aber ausgeschlossen gewesen.

Inzwischen ist das Kletterkönnen weltweit gesteigert worden, ins schier Unglaubliche. Ich habe diese Entwicklung – zurück zum Freiklettern, Hallenklettern als olympische Disziplin – nicht vorausgesehen. Das Unendliche aber in der Fortentwicklung liegt in unseren Instinkten, das »No Limit« einzelner Protagonisten nicht. Wir alle unterliegen Grenzen, in der Szene verschieben sich diese immer weiter nach oben.

In dieser Diskussion wirbelten Skeptiker viel Wind auf, der mir als Gegenwind half, die immer jüngeren und immer besseren Kletterer zu bewundern und nicht zu kritisieren.

9 »Abgestürzt: Der Haken-Krieg«

»Widerstände, gegen die ich oft jahrelang ankämpfte, waren plötzlich verschwunden, weil ich sie nicht mehr ernst nehmen konnte.«

Reinhold Messner

»Wenn du so weitermachst, bist du bald ein toter Mann«, stand in einem Brief von Toni Hiebeler, der mich im Herbst 1969 erreichte. Ein Jahr zuvor hatten Günther und ich die Seilschaft Hiebeler/Maschke durch den Eiger-Nordpfeiler geführt, bei schlechtem Wetter und dementsprechend langsam.

Wenig später lud mich Toni nach München ein, ich möge seinen Verleger Heering treffen. Ich sollte beim Magazin *Alpinismus* als Redakteur eingestellt werden! Wichtig: *Alpinismus* war damals das moderne Magazin für die Bergsteiger und Toni Hiebeler der Chefredakteur.

Während ich im Vorzimmer wartete, kam ich mit der Sekretärin, Frau Heilmannseder, ins Gespräch, die mich warnte: »Wenn Sie einmal Redakteur sind, ist es mit dem Klettern vorbei, Sie sitzen dann nur noch im Büro.«

Verleger Heering und Chefredakteur Hiebeler boten mir nach einem kurzen Vorstellungsgespräch einen Job an. Ich lehnte ab. Weil das Versprechen, die Hälfte meiner Arbeitszeit »draußen« sein zu dürfen, nicht schriftlich in den Arbeitsvertrag sollte.

In diesen Tagen traf ich Dieter Hasse, einen berühmten Felskletterer. Neun Jahre zuvor war ihm mit drei Kameraden jene Neutour an der Großen Zinne gelungen, die als »Direttissima« in die Annalen der alpinen Geschichte einging. Die Route war zweifellos eine neue Dimension im Dolomitenklettern und fand viele Nachahmer. Obwohl Hasse 1958 Bohrhaken eingesetzt hatte, um die Überhänge in der mittleren Wand überwinden zu können, war sein Weg ein großartiger Wurf.

Wir unterhielten uns am Straßenrand unter der Pordoi-Wand über die Haltung der sächsischen Bergsteiger, über die großen Freiklettertouren in den Dolomiten und die Exposition, die mit Verbindungsschnur bis zum Wandfuß und Bohrhaken verloren geht. Themen wie »keine Spuren hinterlassen«, das Klettern als Abenteuer kamen zur Sprache und die Absicherung, die Hasse in den Mittelpunkt seiner Argumentation stellte.

Wir gingen nicht als Gegner auseinander, im Gegenteil, mein Respekt für Hasse blieb. Bis heute. Er aber wurde ein vehementer Kritiker meiner Haltung »Sicherheit statt Sicherung«. Meine Arbeit in der Schwierigkeitskommission der UIAA, später meine Aussagen im Buch »Der 7. Grad« schimpfte er als »Philosophie des Wahnismus«. Anders Giuani Batista Hans Vinatzer. Er war meine Reinigung.

Erich Vanis dazu in der *Österreichischen Alpenzeitung:*

> »Mit großem Interesse habe ich in der Jänner/Februar-Folge der ÖAZ die kritische Stellungnahme unseres Klubkameraden Dieter Hasse zu jenen Abschnitten in Reinhold Messners Buch ›Siebenter Grad‹ gelesen, die sich mit seiner, Dieter Hasses, bergsteigerischen Tätigkeit beschäftigten. Ich glaube, es war unbedingt nötig, dass man Hasse in der ÖAZ Raum gab, all die Unrichtigkeiten und alpinhistorischen Verfälschungen Punkt für Punkt richtigzustellen. Wäre dieser Artikel unterblieben, so hätten vor allem junge Bergsteiger dem Dogmen verkündenden ›GRÖBAZ‹ Glauben schenken müssen, und Hasse, der in den Sechziger- und beginnenden Siebzigerjahren die alpine Kletterszene so entscheidend mitgeprägt hat, wäre entgegen aller Tatsachen zu dem ›Hakenbold‹ schlechthin verteufelt worden.«

In den Sechzigern war das Hakenklettern eine Selbstverständlichkeit. Wir Europäer hatten kaum Austausch mit der jungen Kletterelite aus den USA, die dem »Clean Climbing« folgte. Auch ich hatte damals keinen Einblick in die Kletterszene im

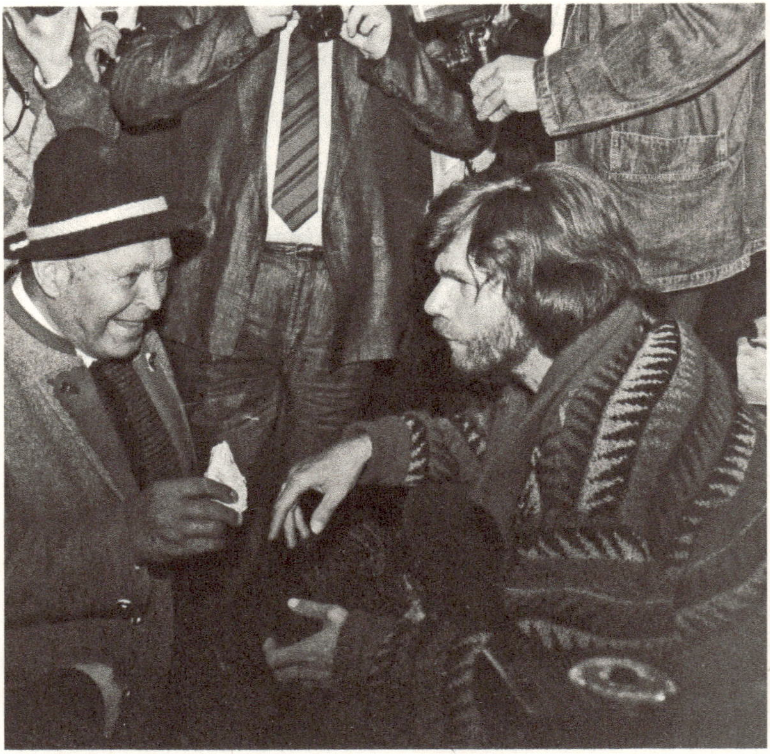

Mit Hans Vinatzer

Yosemite/Kalifornien. Ich folgte den Gedanken und Routen von Paul Preuss und bemühte mich bei Erstbegehungen, mit so wenig Fortbewegungshaken als möglich auszukommen. Natürlich störte meine Haltung – Bergsteigen als Abenteuer – jene ältere Generation von Kletterern, die anderen Idealen gefolgt waren als Mummerys »by fair means«. Aufstiege zu entdecken, die mit fairen Mitteln und meinem Können realisierbar waren, wurde meine Kunst. Es gab bessere Kletterer, mich aber faszinierten das Abgleichen im Vorausvollzug und das Wagnis, dorthin zu gehen, wo die anderen noch nicht waren. Weil ich als Seilerster nie gestürzt war, wagte ich immer schwierigere Erstbegehungen und wiederholte die allerschwierigsten Routen in den großen Wänden. Das Umsetzen von Ideen war mein Glück.

Nicht nur Toni Hiebeler sagte mir mein Ende voraus, die Szene wollte nicht an mein »Glück« glauben. Claudio Barbier, ein exzellenter belgischer Bergsteiger, hielt dagegen:

»Messner: ›Obwohl ich mehr als 1000 Touren in den Alpen und 12 Expeditionen hinter mir habe, bin ich noch niemals gestürzt. Ich glaube, dieser Umstand ist mir wichtiger als alle meine sonstigen Erfolge.‹

1966: am Walkerpfeiler? ›... einmal musste ich am Ende einer Verschneidung sechsmal ansetzen, um auf die darüberliegende Plattform aussteigen zu können, immer wieder war ich zurückgerutscht.‹

1968: In der winterlichen Pelmo-Nordwand stürzte er 30 Meter.

Und 1969: an den Droites: ›Ich schaute gerade über die Oberlippe in die zehn Meter tiefer klaffende Spalte ... Mit unbezwingbarer Gewalt wurde ich über den Spaltenrand getragen und stürzte in den Abgrund.‹

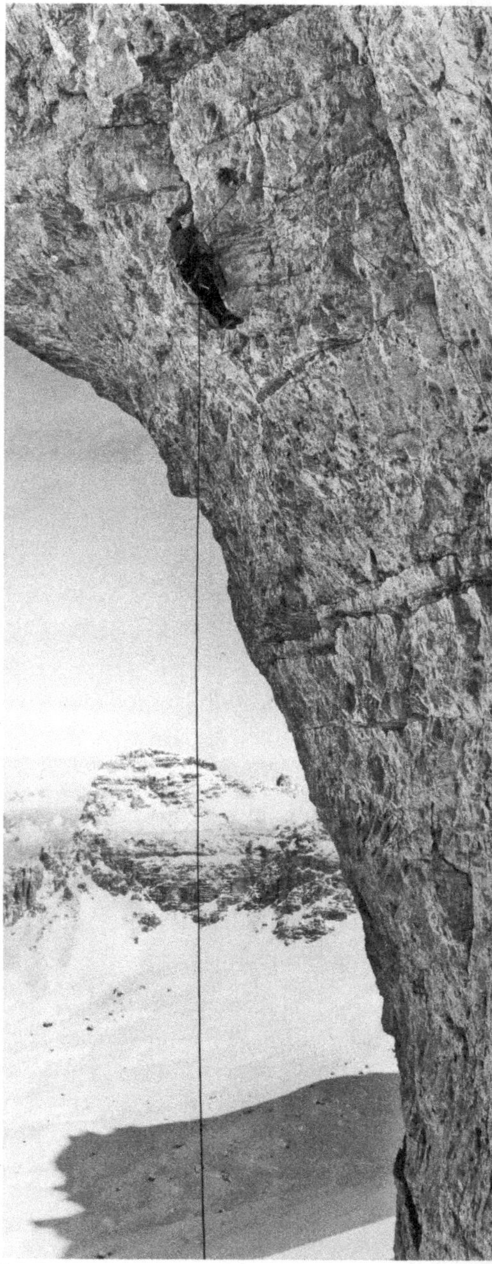

1971: gab er in der englischen Zeitschrift *Mountain* nur ein Paar Stürze in Hakenkletterei zu: ›Never while free climbing, but I've fallen once or twice on artificial when a piton came out.‹

Der Kommentar wird den Lesern überlassen.«

Ich war zusammen mit Claudio Barbier in der Sella in den Dolomiten geklettert, wusste von seinen Alleingängen, hatte keine Zweifel, dass er zwischen »aus der Wand fallen« und »als Seilzweiter ins Seil rutschen« unterscheiden konnte, die öffentliche Diskussion aber zum Thema Sicherung als Korrektur der eigenen Unsicherheit ließ mich als Verlierer zurück. Ich gab zu, dass ich auch Glück gehabt hatte. Zuallererst, weil ich im richtigen Moment dem bestmöglichen Lehrmeister begegnet war: Sepp Mayerl, genannt Blasl, aus Osttirol.

Ich war achtzehn, er fünfundzwanzig. Die sieben Jahre Altersunterschied machten ihn zum erfahrenen Lehrer und mich zu seinem begeisterten Schüler. Wir kletterten gleich große Touren zusammen: Tofana, Sella, Civetta. Er kletterte zuerst alles vor, zeigte mir Tricks, seine Erstbegehungen und schwärmte von seinem Lieblingspartner: Peter Habeler.

Im zweiten Jahr unseres gemeinsamen Unterwegsseins durfte ich einige Seillängen vorsteigen, im dritten führten wir bei Erstbegehungen abwechselnd, und ich lernte Peter Habeler kennen.

1969, nach unserer gemeinsamen Anden-Expedition, wobei ich ausschließlich in Seilschaft mit Peter kletterte, ließ mich Sepp alles vorsteigen.

Ich hatte also das Glück gehabt, vom Erfahrensten zu lernen und mit dem jüngeren Peter – knapp drei Jahre älter als ich – neue Dimensionen des Alpinismus zu erschließen.

Sepp Mayerl, dem 1970 mit Rolf Walter die Erstbesteigung des Lhotse Shar gelungen war, sind später weitere Erstbesteigungen im Himalaja geglückt. Wir hatten uns aus den Augen verloren, leider. Erst sein Buchprojekt – fünfzehn Jahre später – hat uns wieder zusammengeführt. Der Titel »Im Schatten der

Großen« hätte missverstanden werden können, und er hat ihn geändert in »Der Turm in mir«. Sepp war von Beruf Kirchturmdecker gewesen – ohne Gerüst!

»Der Basl«, wie wir ihn heute noch erinnern, hat Peter und mir das Rüstzeug mitgegeben, einen Schritt weiter zu gehen als die Pioniere des Höhenbergsteigens. Es war Glück und das Können von Sepp, die uns beflügelten. Wir wollten ihn nicht in den Schatten stellen, im Gegenteil, wir haben ihn nach unserem Everest-Erfolg auch nicht vergessen, wie andere Bergsteiger unterstellten.

Der Neid unter Bergsteigern war damals weitverbreitet, vielleicht weil das Glück ungerecht verteilt bleibt. Aus der Wand fallen ist nicht gleich abrutschen.

Mindestens fünfzehn Jahre lang stand ich im Haken-Krieg, zwanzig Jahre lang wurde diskutiert, ob die »Platte« am Heiligkreuzkofel-Mittelpfeiler mit steifen Schuhen 1968 frei kletterbar gewesen war. Ja, vielleicht ist später ein Griff ausgebrochen, jedenfalls lebe ich noch. Wäre ich damals aus der Wand gefallen, also abgestürzt, wären meine »Kletterkarriere« und mein Leben verloren gewesen: Es hätte viele Fragen und keine Antwort gegeben.

Glück gehabt, ich weiß, und bin dankbar dafür.

10 »Dem Gangster das Handwerk legen«

»Es ist die Moral, die man mir immer wieder vor die Füße warf. Bis ich es aufgab, meine eigenen Ideale mit denen der Gegenseite zu vergleichen.«

REINHOLD MESSNER

Als ich im Herbst 1970 aus der Klinik in Innsbruck entlassen wurde, war ich Invalide. In der Gefäßchirurgie hatte man mir sieben Zehen ganz oder teilweise amputiert. Auch einige Fingerkuppen. Mir war klar, dass ich nie mehr so gut klettern können würde wie zuvor.

Herrligkoffer hatte bei seinem ersten Vortrag über unsere gemeinsame Expedition in München ein vernichtendes Urteil über mich ausgesprochen: »Den Bruder im Stich gelassen.« Es war für mich nicht nur beschämend, darauf antworten zu müssen, es war eine Anklage, die meine Familie beinahe zerriss. Nur im Wissen um die Realität war das Verdikt »den Bruder geopfert« zu ertragen.

Da ich all mein Erspartes in die Expeditionskasse investiert hatte, blieb mir keine andere Wahl, als Arbeit zu suchen. Ich bewarb mich abermals als Mittelschullehrer in Eppan bei Bozen, kündigte nach vier Monaten und führte Trekkinggruppen zum Demawend im Iran, zum Tilicho Lake im Annapurna-Himal und zur Carstensz-Pyramide in Neuguinea, wo mir einige Erstbegehungen gelangen.

Hannes Gasser, ein über Bergsteigerkreise hinaus bekannter Bergführer, kommentierte die Expeditionen in der *Tiroler Tageszeitung:*

»Reinhold Messner, der im vergangenen Jahr durch die tragische Nanga-Parbat-Expedition in den Blickpunkt der Öffentlichkeit gerückt ist, beabsichtigt, im kommenden Jahr eine europäische Expedition ins Carstensz-Gebiet zu führen, um die begonnenen Studien zu intensivieren und sie auch auf die Eingeborenen auszudehnen, die zu den wenigen noch von der Zivilisation unberührten Stämmen gehören. Messner ist im heurigen Herbst ebenfalls zum Nanga Parbat zurückgekehrt, um die Suche nach der Leiche seines Bruders fortzusetzen, der bekanntlich nach der erfolgreichen Besteigung des Berges von einer Lawine verschüttet worden ist. Neue Lawinen machten das Unternehmen unmöglich.«

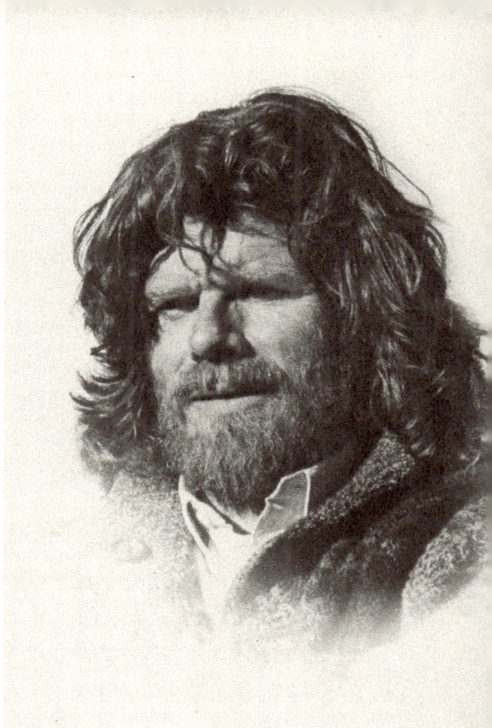

Im Jahr darauf, 1972, durchstieg ich im Rahmen der Tiroler Himalaja-Expedition unter der Leitung von Wolfgang Nairz die Südwand des Manaslu. Vom letzten Lager, am Südwestrand des riesigen Plateaus, starteten wir zu zweit gipfelwärts: Franz Jäger und ich. Wir wollten am gleichen Tag im Lager zurück sein. Franz gab bald auf und ging über die flache, windgepresste Schneefläche zurück. Wir sahen keine Gefahr darin.

Ich erreichte den Gipfel allein, geriet in einen Schneesturm, der sich zum Orkan steigerte, und verlor beim Abstieg die Orientierung. Stundenlang lief ich im Kreis, steckte im Whiteout. Mit Glück fand ich das Zelt, in dem nicht Franz, sondern Andi Schlick und Horst Fankhauser warteten. Franz und ich hatten das Zelt niedergelegt und beschwert, bevor wir aufbrachen. Als Horst dort ankam, stand das Zelt. War Franz also dorthin zurückgekommen und nur hinausgegangen, um nach mir zu rufen, mir Orientierungshilfe zu geben? Andi und Horst wollten ihn suchen, irrten die halbe Nacht über das Plateau, gruben Schneehöhlen, um sich vor Sturm und Kälte zu schützen. Andi, irre geworden, verschwand im Whiteout, auch Franz blieb verschollen. Als Horst am Morgen allein zum Lagerplatz kam, war klar, dass die Tragödie ihren Weg ging. Und ich hatte die Verantwortung dafür zu tragen.

Zurück in Europa begann eine Kampagne gegen mich, die sich mit dem Tod meines Bruders am Nanga Parbat verbinden ließ: Diese tiefgreifende Verletzung, ergänzt um banale Schlussfolgerungen zur Tragödie am Manaslu, sollte mich endgültig zum Unmenschen stempeln.

Hannes Gasser dazu im *Kurier:*

> »Schuld an dem Unglück ist nach meiner Meinung Reinhold Messner. Ein Seilgefährte darf unter keinen Umständen beim Gipfelsturm zurückgelassen werden. Die Zone zwischen 5000 und 8000 Metern birgt solche Gefahren in sich, dass ein Bergsteiger in schlechter konditioneller und psychischer Verfassung selten überlebt. Selbst wenn Franz Jäger Messner aufgefordert hätte, allein weiterzugehen, hätte dieser mit ihm absteigen müssen.«

Gasser bat Max von Kienlin, Gast bei der Nanga-Expedition von 1970, um Hilfe, und dieser schickte Unterlagen an Toni Hiebeler. Man wollte mir, »diesem Gangster Messner, das Handwerk legen«, wie Hannes Gasser an von Kienlin schrieb.

Max von Kienlin: »Werdet Ihr ohne mich nicht mit Messner fertig? Das sollte mich wundern.« Der Baron hielt sich zurück, überzeugt, die kollektiven Anschuldigungen in Bergsteigerkreisen würden meine Glaubwürdigkeit ohnehin – diesmal endgültig – brechen.

11 In der Enge: solo!

»Den Sinn des Lebens holte ich mir mehr und mehr aus meinen Ideen und der Umsetzung dieser Ideen. Weniger aus dem Erfolg als aus dem gelingenden Höhersteigen im Hier und Jetzt. Auch Krisen gehörten dazu. Ich akzeptierte sie und Kritik dazu als Teil meines Lebens.«

REINHOLD MESSNER

Nach zwei Gipfelgängen mit drei Toten fragte ich mich selbst, ob das Höhenbergsteigen in meinem Stil zu verantworten war. Nein, die Risiken waren zu hoch. Ich konnte Blitzvorstöße in die Todeszone für mich verantworten, nicht aber für andere. Günther war mir am Nanga Parbat aus freien Stücken nachgestiegen und dann höhenkrank geworden. Unser einziger Weg der Selbstrettung führte ins Diamir-Tal, wo Günther verschwand. In einem Lawinenkessel am Wandfuß der Diamir-Flanke.

Am Manaslu verschwanden zwei Kameraden im Schneesturm. Horst Fankhauser und ich konnten uns ins Tal retten.

Hätten Günther und ich den Aufstieg unter dem Südgipfel des Nanga Parbat abgebrochen, wir hätten vielleicht ins letzte Lager zurückklettern können, den Gipfel allerdings nicht erreicht.

Günther war mir nachgestiegen, vielleicht zu schnell, um mich einzuholen, wollte doch auch er den Gipfel erreichen. Am Manaslu war es umgekehrt gewesen: Franz Jäger sah sich der Länge des Gipfelgangs nicht gewachsen und ging ins letzte Lager zurück. Andi Schlick wagte es, trotz Nacht und Sturm mit Horst nach Franz zu suchen. Dabei blieben er und Franz verschollen. Beide Unfälle, für mich die schlimmsten Tragödien meines Bergsteigerlebens, sind auf meine Entschlossenheit, die letzten Schritte gipfelwärts zu wagen, zurückzuführen. Also trage ich die Verantwortung dafür. Bis heute. Von Schuld will ich in diesem Zusammenhang nicht sprechen: Beide Partner – Günther und Franz – haben eigenverantwortlich gehandelt.

Im Sommer 1973 wagte ich einen Alleingang zum Nanga Parbat, scheiterte aber an der Dimension der Aufgabe. Die Exposition in der riesigen Diamir-Wand war so bedrückend, dass ich das Verlorensein dort nicht ertrug.

Ein halbes Jahr später führte ich eine kleine Expedition in die Anden, zur Südwand des Aconcagua.

Der Vorsitzende des Alpenvereins Südtirol, Luis Vonmetz, dazu: »1974 plante Reinhold einen neuen Durchstieg durch die Südwand des Aconcagua in Südamerika. Mit dabei waren seine Frau Uschi, der Arzt Oswald Oelz, Konrad Renzler, Jochen Gruber, Jörg Mayr und Ernst Pertl als Filmemacher. Die ersten Versuche in dieser 3000 Meter hohen Wand liefen gut. Lediglich Jochen übernahm sich mit der Erstellung der Hochlager, wurde höhenkrank und musste von Oelz ins Basislager geleitet werden. Vom letzten Höhenlager aus wollte Reinhold bei zweifelhaftem Wetter allein den Gipfel angehen, was auch erfolgreich geschah. Jörgl sollte bis zur Rückkehr Reinholds den Rückzug sichern, stieg dann aber nach und wurde von Reinhold abgewiesen. Zurück in Südtirol kam es zu Differenzen. Jörgl fühlte sich um den Gipfel betrogen, und Reinhold schrieb in seinem Buch, Jörgl sei den Schwierigkeiten ohne Seilhilfe nicht gewachsen gewesen. Reinholds Entscheidung ist rückblickend verständlich. Aus der Sicht mit den tödlichen Unfällen bei seinen früheren Expeditionen zwingend.«

Nach den beiden Tragödien wollte ich jedes Risiko für meine Kameraden ausschalten. Jörgl war ein exzellenter Felskletterer, aber sehbehindert. Wie sollte er sich in der 1000 Meter hohen Gipfelwand orientieren, nachdem er mein Tempo – Voraussetzung für Gipfelgang und Abstieg an einem Tag – nicht halten konnte? Ich verstand Jörgls Ärger. Aber was, wenn er nachgestiegen und verloren gegangen wäre? Wie mit diesem Dilemma und den Vorwürfen aus Bergsteigerkreisen leben? Ich zog mich mehr und mehr aus der Szene zurück, scheiterte 1974 im Rahmen einer Makalu-Südwand-Expedition und durchstieg im Sommer darauf mit Peter Habeler Matterhorn- und Eiger-Nordwand in wenigen Stunden. Es war uns nicht um Rekorde gegangen, sondern um Schnelligkeit. Sicher, selbstständig und schnell zugleich zu sein gehörte zu meiner Strategie. Auch beim Höhenbergsteigen. Mit dem Zillertaler Habeler war dies möglich. Wie mit niemandem sonst. Er kletterte in jedem Gelände schlafwandlerisch sicher, schnell und brauchte auch in steilen Geländen keine Sicherung. Peter, das wusste ich, war der ideale Partner für den nächsten Schritt im Große-Wände-Klettern im Himalaja.

12 Intrigen um der Intrigen willen

»Von Mächtigen gehasst zu werden macht sie verwundbar. Zuerst stolpern sie über ihre eigene Überheblichkeit, dann über ihre Mängel.«

REINHOLD MESSNER

Im Sommer 1975 hatten Peter Habeler und ich den Gasherbrum I im Karakorum, auch Hidden Peak genannt, im Alpinstil bestiegen. Es war nach den Amerikanern Schoening und Kauffman die zweite Besteigung dieses Achttausenders, die erste über die Nordflanke.

In den Monaten zuvor war ich mit einer italienischen Großexpedition am Lhotse gewesen. Diese beiden Reisen beschrieb ich anschließend vergleichend in einem Buch mit dem Titel »Die Herausforderung«. Das Schreiben war für mich inzwischen mehr als ein Teil der Finanzierung meiner Expeditionen.

Toni Hiebeler, der einflussreichste Alpinjournalist damals, verfasste eine Rezension dazu, die einer Intrige gleichkam. Ich kannte Toni Hiebeler persönlich, hatte mit ihm den Nordpfeiler am Eiger geklettert, Artikel in seinem Magazin *Alpinismus* veröffentlicht. Warum aber hatte er eine Rezension meines Erstlings »Zurück in die Berge« in seiner Zeitschrift verweigert?

1969 noch hatte Hiebeler meiner Vita als Bergsteiger Respekt geschenkt, als ich ihm aber als Buchautor und Vortragender zum Konkurrenten wurde, reagierte er mit Argwohn.

Hiebeler 1969:

»Seit 1950 steigt Messner auf die Berge. Er ist ein feuriger Verfechter des klassischen Bergsteigens, des Freikletterns – er verdammt den Bohrhaken wie kaum ein anderer. Mit Recht, wie wir glauben. Wenn es nur mehr Messner gäbe!«

Hiebeler 1976:

»... dem Geschehen am Berg sind allerdings nur zwanzig Seiten gewidmet. Im Restteil beschreibt Messner seine Erlebnisse im Rahmen der gescheiterten italienischen Expedition zur Südflanke des Lhotse (8511 m) im Himalaja, wenige Wochen vor dem Hidden Peak; knapp die Hälfte des Buches beschäftigt sich mit Vorbereitung und Anmarsch, die zur ›Herausforderung‹ führten. Ein spannendes Buch, auch für alpinistische Normalverbraucher. Und ein begeisterndes Unternehmen, auch wenn der Erfolg bisher vielfach überbewertet wurde. Denn fast alles, was Messner als Herausforderung beschreibt, hatte es schon einmal gegeben, wenn auch improvisiert, dafür härter, dramatischer ...

Reinhold Messner und Peter Habeler sind die Ersten, die an einem Achttausender zu zweit Erfolg hatten – mit der ›leichtesten Ausrüstung‹, die es je gab, und ›trainiert bis auf die letzte Faser‹. Messner und Habeler sind alpinistische Vollprofis, wobei ich hier ›Profi‹ ganz und gar nicht negativ verstanden wissen möchte, mit einer Kondition und einem Akklimatisationsvolumen, wie sie von einem Normalverbraucher, der herkömmliche Berufsverpflichtungen hat, kaum zu erreichen sind.

Diese Tatsache schmälert zwar nicht die großartige Leistung am Hidden Peak, Nachahmer aber müssen sich sehr gewissenhaft mit ihr auseinandersetzen.

Wie so oft, hatte es auch am Lhotse menschliche Probleme gegeben.«

Mir war die Erzählung zu den beiden völlig gegenteiligen Expeditionen und den Interna wichtig, weil damit der Unterschied zwischen Expeditionsstil und Alpinstil klar zum Ausdruck kam. Für mich war das Narrativ dazu ebenso wichtig wie das Steigen. Indem Hiebeler mein Erzählen kritisierte, relativierte er auch meine Art des Bergsteigens. Wie Walter Pause verstand er es, meine Haltung zum Berg als Profitum darzustellen, was es damals nicht war.

»... Wie zwei oder gar drei Achttausender einem Menschen den Kopf verdrehen können! Messner scheint das Interesse der alpinen Öffentlichkeit an seinem Ehrgeiz zu überschätzen. Auch den böswilligsten Journalisten hätte es nicht gestört, dass zwei verschiedene Seilschaften einen Achttausender auf zwei verschiedenen Routen bestiegen. Der Haken für Messner war lediglich, dass auch die Grazer eine Minigruppe waren und ebenfalls auf Hochträger verzichteten.« (Hans Schnell führte 1975 eine kleine Expedition am Normalweg, auf der Gegenseite, zum Gipfel.)

»... Auf dem Gipfel schließlich scheint dem Buch nach ein ganz anderer Reinhold Messner gestanden zu haben, ein erlöster, befreit von Angst um Ruhm und Triumph: ›Die Atmosphäre war von Ruhe geprägt, nicht von der lähmenden Ruhe des Todes, sondern von der befreienden Ruhe der Leere, die leicht und sorglos im Raume stand. Alle Geräusche waren wie tiefes Schweigen, jede Bewegung nicht Arbeit und nicht Handlung, nur Sein. Das Sein war Frieden, völlig ungestört vom fernen Gang der Jahrtausende.‹

Einige Seiten weiter hinten atmet auch der Leser auf – das Abenteuer fand ein gutes Ende: der Hidden Peak ist Reinhold Messners erster Achttausender, der ihn keinen toten Kameraden oder Bruder kostete. Und das ist zweifellos die erfreulichste Seite des ganzen Unternehmens, denn Messner hat zum Leben seine eigene Einstellung: ›Wie wichtig war das Leben schon – mein Leben?‹«

Zehn Jahre später kam Toni Hiebeler an Schloss Juval vorbei, das ich gerade saniert hatte. Er schrieb 1985 im Magazin *Berge:* »Juval ist ziemlich vergammelt, aber die Lage des Bauwerkes aus dem 13. Jahrhundert, hoch über dem Tal, ist imposant.«

Wieder konnte er seine Häme nicht verbergen. Schaden aber konnte er mir nicht mehr.

Heute endlich können alle dieses Juwel Juval bewundern.

13 One-Man-Show

»Wer ein Warum zum Leben hat, erträgt fast jedes Wie.«

FRIEDRICH NIETZSCHE

Ich wusste vom Versuch Nortons, 1924 ohne Maske bis auf Gipfelhöhe heranzukommen, ehe ich den Entschluss fasste, den höchsten Berg der Welt ohne Maske zu besteigen. Meine Projekte basierten vielfach auf gescheiterten Versuchen, die lange vor meiner Zeit gewagt worden waren. Ich studierte also die Vorläufer, las ihre Bücher, um zu lernen, Fehler zu vermeiden. Norton war am Ende zu langsam gewesen und musste seinen Versuch in circa 8600 Meter Höhe aufgeben. Also musste ich schneller sein, um eine Chance zu haben.

Nachdem Peter und mir das »Unmögliche«, die Besteigung des Mount Everest ohne Maske, gelungen war, untermauerte ich unseren Aufstieg mit den Beinahe-Erfolgen unserer Vorläufer. Dadurch erst ist der Eindruck entstanden, ich sei der Kopf des Unternehmens gewesen.

Andere Bergsteiger sprachen Peter darauf an: »Warum lässt du dir das gefallen? Hast du keinen Ehrgeiz? Auf diese Weise werden all eure gemeinsamen Unternehmungen zur One-Man-Show für Messner!«

Peters Reaktion war klar: »Ich wäre nicht auf diesen Gipfel gekommen ohne Reinhold. Und er wäre nicht hinaufgekommen ohne mich.« Ja, schon unsere gemeinsame Expedition zum Hidden Peak basierte auf dieser Synergie und hat den Alpinismus geprägt. Bis heute!

Peter Habeler dazu:

»Die Besteigung des Hidden Peak im Karakorum, dem pakistanischen Teil des Karakorum, im Jahr 1975 war ein reines Zwei-Mann-Unternehmen. Es war wahrscheinlich die kleinste

Expedition, die jemals einen Achttausender überwunden hat. Mit einem Minimum an Aufwand und Ausrüstung. Und, was mehr ist: Wir haben den Gipfel ohne Sauerstoffgeräte bezwungen. Wenn dabei auch leicht der Eindruck entstehen konnte, Messner sei der Anführer gewesen und ich der Mitläufer. Ich nehme ihm das nicht übel – es verkauft sich so besser. Mir ist der Beifall der Masse nicht so wichtig; Reinhold dagegen braucht die Anerkennung des großen Publikums. Es gibt ein Foto von mir, das mich am Gipfel des 8068 Meter hohen Hidden Peak zeigt. Reinhold hat es aufgenommen, einfach deswegen, weil ich vor ihm oben war. Und überall wurde dieses Bild mit der Unterschrift veröffentlicht: ›Reinhold Messner bezwang den Hidden Peak.‹«

Niemals habe ich Peters Beitrag an unseren Erfolgen verschwiegen, im Gegenteil, sein Gipfelgang am Hidden Peak ist in meinem Buch dazu – »Die Herausforderung« – der Höhepunkt meiner Erzählung:

»Die steile Wand wurde jetzt zunehmend flacher. Je höher wir stiegen, umso mehr neigte sich der Hang, der uns zwang, in eine scheinbar greifbar nahe Scharte zu klettern. Leise erst, doch allmählich immer lauter, erhob sich ein Brausen über unseren Köpfen, wie von einem riesigen Blasebalg. Als Peter den Grat erreicht hatte, tanzte die Sonne auf seinem Kopf, und der Wind zerzauste sein Haar. Bei mir unten war die Luft noch ruhig. Ich stapfte jetzt in der Hoffnung aufwärts, Peters weiteren Aufstieg filmen zu können. Bis in die letzte Faser davon überzeugt, dass wir es bald geschafft hatten, raunte mir Peter zu: ›Das ist der Gipfelgrat.‹ Dabei zerrte er wieder den Pickel aus dem Firn und stieg weiter. Der Wind war hier stark, aber nicht unangenehm. In ihm erstarben die Geräusche meines hechelnden Atems und der unregelmäßigen Schritte im Firn.

Am Grat zwischen Nordwestwand und Südwestflanke angelangt, tat sich über dem Ostgipfel des Hidden Peak das Bild

Zentralasiens vor uns auf, ein Bild, demgegenüber alles verblasst, was ich bisher an Weite gesehen habe. Eine Gebirgslandschaft in Grau und Weiß, die sich von Felskamm zu Felskamm ins Unendliche fächert. Die einzelnen Höhenrücken wirkten wie gigantische, plötzlich zu Stein gewordene Sturmwellen. Links davon die höchsten Gipfel des Karakorum, gleich drei Achttausender: Gasherbrum II, Broad Peak, K2; Grenzberge zwischen Sinkiang und Pakistan. Wie Fantasiegebilde griffen sie in den schwarzblauen Himmel, lähmten den Mut, vergegenwärtigten mir unsere eigene Höhe und Einsamkeit.

Und sie war überwältigend, diese Einsamkeit! Wenn ich daran dachte, wie lange wir gebraucht hatten, um bis hierher zu gelangen, schien sie mir der Inbegriff von Ewigkeit. Sie war still, schweigsam wie der durchsichtige Raum über den Gipfeln, in dem nur noch die Sterne sich drehten. Ich hatte mir diese Einsamkeit immer gewünscht, hatte mir über viele Jahre hinweg die Unabhängigkeit dafür erworben. Nun fand ich erstmals die Ruhe, sie zu erleben.

Hier, in der Nähe des Gipfels, stand die Welt zeitlos still.

Das Brausen des Windes und das Summen aus dem Innern des Berges bildeten einen Teppich über den Tälern, so groß wie das Meer. Dieses anhaltende, wogende Geräusch. Die gleitenden Farben im gezackten Rund trafen am Gipfel zusammen in Schwarz und Weiß. Die Atmosphäre war von Ruhe geprägt, nicht von der lähmenden Ruhe des Todes, sondern von der befreienden Ruhe der Leere, die leicht und farblos im Raume stand. Alle Geräusche waren wie tiefes Schweigen, jede Bewegung nicht Arbeit und nicht Hoffnung, nur Sein. Das Sein war Frieden, völlig ungestört vom fernen Gang der Jahrtausende.

Im Sucher der Kamera war Peter kaum noch auszumachen. Seine dunkle Gestalt verschwamm mit dem schwarzen Hintergrund des Himmels. Nur wenn er einige Schritte in die Westflanke abstieg, konnte ich seine Füße im Firn sehen. Jetzt

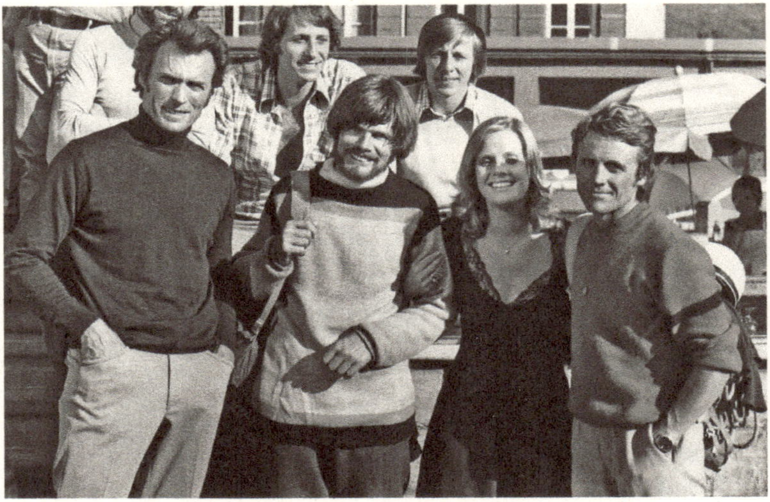

Mit u. a. Peter Habeler (rechts) und Clint Eastwood (links)

stand er oben auf der höchsten Wechte, scheinbar aufgelöst im Nichts. Ich vermochte nicht zu sagen, wie weit es bis zu ihm war.

Bei dem Gedanken, den Gipfel nach diesem zähen Aufstieg als Erster zu betreten, überkam ihn ein Triumphgefühl, eine starke innere Erregung. Ich bemerkte, wie seine Müdigkeit wich und wie er unversehens seinen Schritt beschleunigte.

Dass er oben war, merkte er in dem Augenblick, als er westseitig bis zum Abruzzi-Gletscher sehen konnte. Um sich nochmals zu vergewissern, stieg er an der Gegenseite bis zum ersten Felszacken ab und schlug dort den einzigen Haken ein, den wir bis zum Gipfel mitgenommen hatten. Als er auf die Firnkuppe zurückkehrte, trafen wir zusammen, umarmten uns. Peter konnte die Freudentränen nur schwer zurückhalten.«

Seit damals hängt die Kritik an mir, ich würde mir allen Erfolg nehmen, die Kameraden zu Statisten degradieren. Wer meine Bücher liest, wird das Gegenteil darin finden. Nicht nur, weil es beim Erzählen leichter ist, den Fokus auf die Kameraden zu legen, auch weil sie häufig stärker waren als ich. Ohne Sepp Mayerl, Peter Habeler, Friedl Mutschlechner, Hans Kammerlander, Oswald Oelz hätte ich die kühnsten meiner Träume nicht umsetzen können.

Sie alle waren keine Mitläufer, sie waren Hoffnungsträger, Antreiber, Spieler wie ich.

14 Profi oder Idealist?

»Fordere viel von Dir selbst und erwarte wenig von anderen.
So bleibt Dir mancher Ärger erspart.«

KONFUZIUS

Mit der Besteigung meines dritten Achttausenders und dem Scheitern an der Dhaulagiri-Südwand 1977 schlich sich eine neue Kritik in die Diskussion um meinen Alpinismus: die Auseinandersetzung mit dem Profitum.

Herrligkoffer hatte versucht, mir die wirtschaftliche Basis für neue eigenständige Expeditionen zu nehmen – mit einer Serie von Prozessen, die ich wegen des Expeditionsvertrags, den ich unterschrieben hatte, verlor.

Walter Pause bemühte sich parallel dazu weiter, mir die Erzählkraft zum Höhenbergsteigen abzusprechen. Damit war mein Modell – kostengünstige Kleinexpeditionen, die ich auch mit meinem Narrativ zu den Vorgängerexpeditionen finanzieren wollte – infrage gestellt.

Ich war als Abenteurer ein Freelancer, die ältere Generation sprach mir jeden Idealismus ab, sah knallhartes Profitum in dem, was ich tat.

Nun, der Idealismus – ob real oder vorgetäuscht – war immer wieder von mir hinterfragt worden, auch nach einem Versuch an der Dhaulagiri-Südwand, über die ich im Juni 1977 im *Bergsteiger* berichtete. Wenig später scheiterten Peter Habeler und ich – die Angst hatte uns aus der Wand getrieben.

Diese steile und in allen Winkeln lawinenbedrohte Südwand ist, vom Einstieg bis zum Gipfel gerechnet, 4000 Meter hoch und damit die höchste damals unbezwungene Wand der Welt. Die Rupal-Wand am Nanga Parbat mag höher sein, schwieriger ist sie nicht.

Nachdem es uns mit wenig mehr als hundert Trägern gelungen war, durch das für unzugänglich gehaltene Thulo Khola an den Fuß der Wand vorzudringen, schlugen wir in einem Wiesenkessel, den vor uns noch niemand betreten hatte, nahe an zwei kleinen Seen unser Basislager auf.

Trotz der vielen Schneetage – es schneite an 26 von 28 Tagen, die wir uns dort oben aufhielten – gelang es uns, am Fuß des linken Felspfeilers in der Südwand ein erstes Hochlager zu erstellen. Dann stießen Peter Habeler und ich – nach Erkundungs- und Beobachtungstagen – bis in 6100 Meter Meereshöhe vor. Der brüchige Fels, die dauernde Lawinengefahr und nicht zuletzt die ständigen Stürme ließen jede Hoffnung auf Erfolg in uns ersterben. Ende April gaben wir auf, brachen die Expedition ab.

Noch nie hatte mich eine Wand so fasziniert wie die Dhaulagiri-Wand, nie zuvor hatte ich eine Expedition so minutiös vorbereitet wie dieses Vier-Mann-Unternehmen. Nie haben Größe und Wirklichkeit unsere Vorstellungen so weit übertroffen. Noch nie war uns so schnell klar geworden, dass das Wagnis der Durchsteigung Selbstmord wäre. Und noch nie war ich, zurück im Tal, so ausgeglichen wie damals.

Die Kritik von Dr. Karl Maria Herrligkoffer kam prompt – als Leserbrief in der *Süddeutschen Zeitung:*

»Was die Motivation zum Bergsteigen und zum Risiko betrifft, so finde ich die Ausführungen von Messner einfach schlaksig und an den Tatsachen vorbeigehend. Geschwätz eines Profibergsteigers, der eben Bergsteigen zu seinem Beruf gemacht hat und sekundär nun versucht, dem merkantilen Charakter seines Tuns ein veridealisiertes Mäntelchen umzuhängen.«

Ich hätte Herrligkoffer nicht antworten sollen: Sein »Geschwätz eines Profibergsteigers!« galt für ihn:

»Er singt zwar das ›hohe Lied der Bergkameradschaft‹, wirft mit Klischeevorstellungen übers Bergsteigen um sich, ist aber unsachlich. Obwohl er wissen müsste, dass die meisten Expeditionsmannschaften Zweckgemeinschaften sind. Dass es dabei weniger um ›Sieg oder Niederlage‹, sondern ums Überleben, um authentische Erfahrungen geht, kann ein Mann wie Herrligkoffer, der mit seinen ›Expeditionskameraden‹ Verträge abschließt, nicht verstehen.«

Im *Bergsteiger,* Heft 9/1976 wurde weiter über das Thema diskutiert:

B: »In einem Interview mit der *Frankfurter Allgemeinen Zeitung* haben Sie gesagt, Sie seien Alpinist, um Bergsteiger sein zu können. Was meinen Sie damit?«

RM: »Ich selbst bezeichne mich als ›freiberuflichen Alpinisten‹, weil ich mir meinen Lebensunterhalt nicht unmittelbar mit dem Bergsteigen verdiene, sondern mit Aktivitäten, die sich daraus ergeben. Es ist also nicht so, dass ich für meine Expeditionen oder Klettertouren bezahlt werde; ich bin Vortragsredner, Buchautor, Filmemacher. Dieser Zustand lässt mir die Freiheit, einige Monate im Jahr das zu machen, was mich am meisten freut.«

B: »Dann sind Sie also Profi?«

RM: »Das hängt davon ab, wie Sie das Wort Profi definieren. ›Profi‹ kommt von ›professional‹, und man versteht darunter allgemein Berufssportler. Menschen, die für ihre Leistungen bei Wettkämpfen bares Geld bekommen. Typische Beispiele dafür sind Cassius Clay, Franz Beckenbauer, Niki Lauda. Ich aber habe noch nie im Leben für eine Tour Geld bekommen, im Gegenteil, ich habe für die Rupal-Flanke ebenso wie für die Eiger-Nordwand oder den Hidden Peak aus eigener Tasche bezahlt. Unter beträchtlichen Opfern. Natürlich habe ich hinterher viele Vorträge gehalten, und heute bin ich so weit, dass ich mit den Erträgen aus Vorträgen, Publikationen und Filmen eines Unternehmens das nächste teilweise vorfinanzieren kann. Um aber nochmals auf das Wort ›Profi‹ zurückzukommen: In der englischen Sprache bedeutet ›professional‹ vor allem, ›sich zu etwas zu bekennen‹, ›Fachmann zu sein‹, auch im Sinne von Künstlertum. Unter diesem Aspekt würde ich mich gerne als Profi bezeichnen.«

B: »Ein Fachmann sind Sie ohne Zweifel. Nun aber zur Frage, Reinhold Messner als Werbeaushängeschild?«

RM: »Ich berate ein halbes Dutzend Firmen, die mit meinem Namen Reklame machen. Ich verkaufe dabei mein Fachwissen. Wer anders als wir erfahrenen Bergsteiger sollte an der Entwicklung der Ausrüstung mitwirken? Ich sehe dies als eine sinnvolle Arbeit und will daraus keine Weltanschauung machen. Ich mache schließlich keine Werbung für Margarine oder Coca-Cola.«

B: »Und wie steht es mit Ihrer Alpinschule?«

RM: »Ich bin der Leiter und Gründer der Alpinschule Südtirol, führe großteils selbst. Im Übrigen stelle ich Bergführer an, die sich an meine Unterrichtsmethoden und Grundsätze halten. Diese Schule ist klein, macht aber viel Spaß.«

B: »Würden Sie diese Tätigkeit als Profitum bezeichnen?«

RM: »Noch weniger als meine anderen Tätigkeiten. Eine Bergsteigerschule funktioniert heute so ähnlich wie eine Skischule. Natürlich leben Bergführer wie Skilehrer von ihren Kenntnissen auf dem entsprechenden sportlichen Sektor und der Arbeit am Berg. Aber alle diese Leute sind keine Stars, die für ihre Siege entlohnt werden, sondern Menschen, die ganz normal von ihrer Arbeit leben, wie Lehrer oder Handwerker oder Reiseleiter auch. Dass ihnen ihre Arbeit zusätzlich auch noch Spaß macht, sollte nicht diskriminierend sein.«

B: »Sie üben also eine ganze Kette von Tätigkeiten aus, die mit dem Bergsteigen zusammenhängen.«

RM: »Das tun Sie doch auch. Sie schreiben Artikel für alpine Zeitschriften, auch Sie leben also im weiteren Sinne vom Bergsteigen.«

B: »In diesem Sinne sind es viele, die mehr oder meist weniger auf dem alpinen Markt Geld verdienen. Der eine schreibt

Artikel, der andere verkauft Fotos, der Dritte hält Vorträge, und ein Vierter berät eine Firma. Die Einkünfte daraus werden kaum reichen, um davon auch nur einen Urlaub zu finanzieren. Alle diese Leute haben irgendeinen Hauptberuf, von dem sie leben. Sie aber üben Ihren eigentlichen Beruf - Architekt - nicht aus.«

RM: »Vorläufig macht es mir noch mehr Spaß, in der Welt herumzuziehen und zu klettern, als Häuser zu bauen. Diese Freiheit bezahle ich mit dem Verzicht auf ein solides bürgerliches Fundament. Alles hat seinen Preis. Wer größtmögliche soziale Sicherheit haben will, muss seine Freiheit beschränken, und wer frei und unabhängig sein will, muss auf vielen anderen Gebieten zurückstecken. Allen steht es frei, sich zu entscheiden und sich das Leben entsprechend einzurichten. Privilegierte gibt es da nicht.

Eines möchte ich zum Schluss noch festhalten. Ich war Bergsteiger als Schulbub, als Student, als Mittelschullehrer und bin es jetzt als freiberuflicher Alpinist. Mir hat es immer gleich viel Spaß gemacht, auch wenn ich paradoxerweise heute weniger Zeit zum Klettern habe als in meiner Studenten- und Lehrerzeit. Die Berge faszinieren mich, ich empfinde es als Glück, meine Aktivitäten auf sie konzentrieren zu können.
All die selbst ernannten Dilettanten, die mein Bergsteigen kritisierten, wollten nicht verstehen, dass sie sich damit selbst erniedrigten.«

15 »Zum Idioten erklärt«

»Aufstieg für den Abstieg:
Sisyphos am Everest: Was als zornige Rebellion gegen die Konkurrenz- und Konsumwelt begann, endete im alpinen Leistungswahn. Reinhold Messners Traum von einer Rückkehr zur Berg-Natur wurde zum Albtraum. Die Geschichte seiner einzigartigen Karriere liest sich als eine moderne Version des griechischen Mythos: Aus dem quälenden ›Prinzip Steigerung‹, aus einem zwanghaften Wachstumsglauben scheint es kein Entkommen zu geben.«

LUDGER LÜTKEHAUS

Seit bald fünfzig Jahren werde ich zur Besteigung des Mount Everest ohne Flaschensauerstoff befragt. So von Sylvain Tesson (im *Philosophie Magazin* 2016), einem französischen Reiseschriftsteller. Er ist passionierter Bergsteiger und Bewunderer großer Alpinisten. Im Bergsteiger sieht er den Abenteurer des 20. Jahrhunderts. Warum? Warum besteigen Menschen überhaupt Berge? Wozu die Qual?

ST: »Ist der Alpinist ein glücklicher Sisyphos, der die Absurdität des Daseins annimmt? Die ersten Alpinisten wurden mit Misstrauen und Ironie betrachtet.«

RM: »Der Alpinismus ist kaum älter als 200 Jahre. Er gehört zu unserer Kultur. Die erste Besteigung des Mont Blanc (4810 Meter) gelang Jacques Balmat und Michel-Gabriel Paccard am 8. August 1786. Sie wurden von ein paar exzentrischen Bürgern und Aristokraten nachgeahmt. Als 1865 einer Expedition die Erstbesteigung des Matterhorns (4478 Meter) gelang, beim Abstieg jedoch vier Alpinisten den Tod fanden, ließ die Presse dem Sarkasmus freien Lauf: ›Ist es wirklich nötig‹, fragte die *Times*, ›dass Menschen Affen und Eichhörnchen nachahmen?‹

Es gibt so viele Gründe, Berge zu besteigen, wie es Alpinisten gibt, und keiner dieser Gründe ist an sich gut oder schlecht! Meiner hat darin bestanden, die Disziplin Bergsteigen von einer paramilitärischen Ideologie zu befreien und das zu fördern, was ich den ›Verzichtsalpinismus‹ nenne, der in die geistige Haltung der Siebzigerjahre passt. Meine Ausgangsidee war einfach: Es ging darum, im Himalaja wie in den Alpen zu klettern. Dieses Bergsteigen besteht darin, autonom zu sein, zu zweit oder sogar allein, seine Ausrüstung samt Verpflegung auf dem eigenen Rücken gipfelwärts zu tragen. Dieser Stil ist minimalistisch. Renommierte Bergsteiger dachten, dieser Stil sei nur für Viertausender geeignet. Ich habe das Gegenteil bewiesen.

Als ich 1978 ankündigte, den Everest ohne Flaschensauerstoff besteigen zu wollen, sagten mir zahlreiche Medizinier den sicheren Tod voraus. Man erklärte mir, dass mein Gehirn durch die Sauerstoffverknappung in Gipfelhöhe zerstört werden würde. Wenn ich dabei nicht sterben würde, käme ich mit Gehirnschäden zurück.

Bevor ich den Berg mit Peter (Habeler) bestieg, musste ich am Südsattel (auf circa 8000 Metern) einem heftigen Sturm trotzen. Ich wusste: Im Falle eines Irrtums sterbe ich. Die Natur ist weder böse noch ungerecht. Sie hat keine Absicht, sie ist meinem Schicksal gegenüber gleichgültig. Ich selbst musste also die Ressourcen fürs Überleben generieren, in eigener Verantwortung.«

Der Chirurg und Bergsteiger Prof. Dr. R. Margreiter von der Universitätsklinik Innsbruck hielt die Besteigung des Mount Everest ohne Sauerstoff für möglich:

»Sicherlich kommt man bei der Besteigung von niedrigeren Achttausendern ohne Sauerstoff bereits an die Grenze der physischen Leistungsfähigkeit des Menschen heran, und den-

> noch halte ich eine Ersteigung des Mount Everest, mit 8848 m der höchste Berg der Erde, ohne Sauerstoffgeräte bei guten äußeren Bedingungen und optimaler Akklimatisation für möglich.« (aus: *Med. und Sport)*

Mein Partner am Everest war Peter Habeler, ein Spitzenbergsteiger, der beste Partner von allen, die ich kennengelernt hatte. In jedem Gelände perfekt, im Fels überaus elegant, und hinsichtlich der Kondition gab es keinen gleichwertigen Bergsteiger. Seine Höhentauglichkeit erlaubte ihm eine Schnelligkeit in größter Höhe, die notwendig ist, um Achttausender in wenigen Tagen zu bezwingen. Was uns zuletzt gelang.

Wieder zu Hause, wagte ich es, alles vaterländische Gehabe dabei zu verneinen, die Heldenpose zu belächeln und auf alle Fahnen zu pfeifen. Mir war damals alles Völkische zuwider, die Heimat Nest und Aufbruchsort zugleich. Mit einem Satz – ›das Taschentuch ist meine Fahne‹ – wurde ich vom Everest-Helden zum ›Heimatverräter‹ und ›Nestbeschmutzer‹ herabgeschrieben, nach hundert und mehr Leserbriefen in der lokalen Fast-Monopol-Presse ausgegrenzt.

Über die Südtiroler hinaus war es der Alpinschriftsteller Walter Pause, der meine Erzählung zum Everest-Erfolg nicht hinnehmen wollte. Seine Kritik vom 2.10.78 zum Erscheinen meines Everest-Buches ist ein Lichtblick – nicht in die Literatur zum Thema Berg als vielmehr in die Abgründe menschlicher Natur:

> Brief W. Pause an BLV Verlag München:
>
> »Bitte schicken Sie mir ein Exemplar des neuen Buches von MESSNER (Everest), dessen Vorbereitung Sie mir so peinlich und kleinlich stets verheimlicht haben. Als mir Herr Dr. Egger endlich offenbarte, es käme nun - »er müsste mir das sagen« - ein Buch heraus (Beginn einer Serie hieß es auch), das den Pauseschen BLV-Erfolg endlich infrage stellen werde, eine ›Sensation‹ bedeute und so fort - da wusste ich immer noch nichts Genaues. Nach unserem Vertrag sind Sie streng ver-

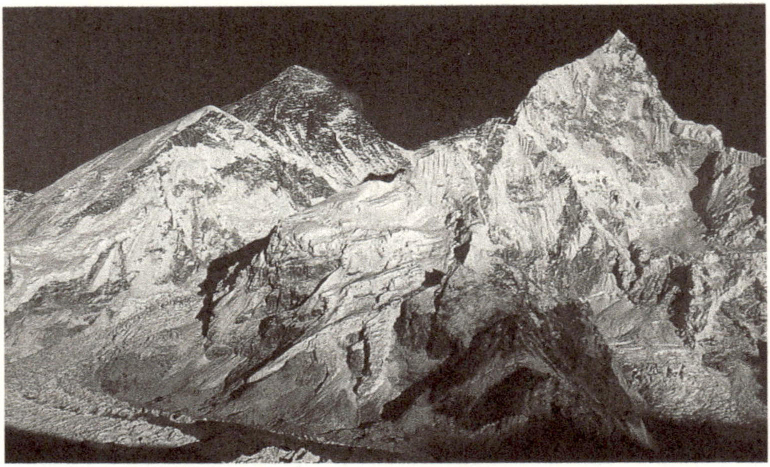

pflichtet, mir bereits eine Planung von fremden Bergbüchern anzuzeigen, mich kollegial zu informieren. HÄTTEN Sie das getan, zur rechten Zeit, dann hätte ich für mancherlei Änderungen sorgen können, hätte den bitteren Tonfall im Streiflicht meiner geliebten *Süddeutschen Zeitung* Ihnen erspart.
Ein neuer BLV-Fall: Niemand in Ihrem Hause weiß, scheint's, literarische, sprachliche Qualitäten zu klassifizieren. Niemand wird auch verstehen, wie die (noch brave, aber bereits peinliche) Kritik der *SZ* genau gemeint ist: wird Herr Messner schonungslos entlarvt in seiner so oft peinlichen Selbstbeweihräucherung, vor allem aber seiner gottähnlichen Verkündigungsmasche ... Ich hätte Ihnen auf die präziseste Weise und absolut kühl (Messner schädigt ja nicht mich und meine Bergbücher, sondern nur den Verlag) gesagt, was die Aufgabe Ihrer schlafenden Lektoren gewesen wäre.
Sie haben es nicht getan, Sie haben die Blamage selber verursacht. Mich trifft es nicht, obwohl mir der Fall peinlich ist: Da baut man einen winzigen Verlag zum Großverlag auf und bekränzt ihn sogar mit Ruhm, und NIEMAND, kein Direktor, kein Lektor, kein Verleger, tut das SELBSTVERSTÄNDLICHE – geht zu Fachmann Pause (denn DAS bin ich im höchsten

Maße, was Schreiben und BuchMACHEN betrifft) und redet, diskutiert.

Ich mag den Kommentar nicht hierher schreiben, den Ihre peinliche Leistung verdienen würde. Die *SZ* sagte einiges Gute, es gibt noch ganz andere Stimmen, die Sie und Ihren Wahn noch aufdecken werden ...

Nochmals: Solange ich der Autor bin, der mit absolut geschriebenen, nicht hingehauten Büchern einen armen Bauernverlag groß machen konnte und noch kann, solange darf ich ein Wort Kritik sagen. Auch wenn ich sicher sein muss, dass Ihre blöde Eifersucht Ihnen eingeben wird, Pause sei nur neidisch. Pause weiß, was SCHREIBEN bedeutet, und dies in einem weitgehenden Sinne, Pause - als BLV-Autor - MUSS ein ihm bewusst verheimlichtes Bergbuch kritisieren (inzwischen hat es mir die *SZ* abgenommen, Dutzende ähnlicher Kritiken werden folgen) ... Es schreit zum Himmel, dass Ihr Lektorat abermals wagt, ein wahrscheinlich gar nicht gelesenes »Sensationsbuch« so wie hier zum Druck freizugeben.

WANN bekommt dieser BLV-Verlag einen Mann, der SOUVERÄN verlegerische Probleme zu sehen und zu meistern weiß. Übrigens: Haben Sie nicht begriffen, wie ironisch die *Spiegel*-Kritik gemeint ist??? Alles Gute für Ihre große Zukunft.«

Vierzig Jahre später wurde klar, wer von uns beiden nachhaltiger erzählt hat. Aus einem Interview mit der *Schwäbischen Zeitung* vom Mai 2018:

SchZ: »Herr Messner, bewerten Sie selbst den 8. Mai 1978 als Ihren größten alpinistischen Triumph?«

RM: »Nein. Ein Triumph war es nur nach außen. Es war eine Geschichte, die viel Aufmerksamkeit auf sich zog, vor allem dank der vielen Kritiker und Skeptiker im Vorfeld. Wie so oft in meinem Leben habe ich auch dazu viel Gegenwind erfahren. Ärzte, Physiologen, auch Bergsteiger hatten prophezeit, so etwas dürfe und könne man nicht machen. Es gab sogar

Berechnungen: Man könne auf über 8500 Meter Meereshöhe ohne künstlichen Sauerstoff nicht überleben. Offensichtlich hat man nicht richtig gerechnet.«

SchZ: »Hat Sie das vorher nicht beunruhigt? Es gab ja Warnungen vor irreparablen geistigen Schäden, wenn das Hirn über längeren Zeitraum in so einer Höhe nicht mehr mit Sauerstoff versorgt wird.«

RM: »Ich war ja zuvor auf Achttausendern, immer ohne zusätzlichen Sauerstoff. Peter Habeler hatte Befürchtungen, ob wir zu viel riskierten. Für mich war klar: Wenn es nicht mehr weitergeht, drehen wir um. Niemand will da oben umkommen.«

SchZ: »Wem wollten Sie denn etwas beweisen mit der Everest-Besteigung? Sich selbst oder Ihren Kritikern?«

RM: »Schauen Sie, das Bergsteigen hat eine ganz bestimmte Entwicklung genommen. 1968 kam der Verzichtalpinismus. Der amerikanische Kletterer Royal Robbins hatte einen Artikel geschrieben mit dem Titel ›Clean Climbing‹, sauberes Klettern. Ohne das zu wissen, habe ich ›Mord am Unmöglichen‹ verfasst. Die Quintessenz: Wenn wir beim Bergsteigen technische Hilfsmittel einsetzen, machen wir den Alpinismus obsolet.«

SchZ: »Es macht doch aber einen Unterschied, ob ich in den Dolomiten auf Hilfsmittel verzichte oder im Himalaja. In Regionen, wo ab 7500 Meter die sogenannte Todeszone beginnt.«

RM: »Unser Verzichtsalpinismus bezog sich zunächst auf die Alpen. Aber 1975 gelang es Peter Habeler und mir, mit dem Hidden Peak einen Achttausender ohne alle üblichen Hilfen zu besteigen. Ohne Maske, ohne Hochlager, ohne Fixseile. Das war Verzichtsalpinismus! Danach erst kam die Diskussion auf, ob dieser Stil auch am Everest möglich wäre. Ich habe gesagt: Wir reden nicht drüber, wir probieren es aus.«

SchZ: »Was war damals während des Aufstiegs das Schlimmste?«

RM: »Der Gipfeltag. Der 8. Mai. Wir wussten, es ist unsere letzte Chance. Es war eine schlimme, stürmische Nacht, wir konnten im Zelt kaum schlafen: Der Sturm drückte auf die Planen und Nähte, wir dachten, das Zelt zerreißt gleich. Wir mussten den Tagesanbruch abwarten, ohne Fixseile konnten wir uns in der Dunkelheit nicht orientieren. Mit den ersten Sonnenstrahlen brachen wir auf.«

SchZ: »Und der Sturm?«

RM: »Manchmal gab es kleine Pausen. Es hatte dreißig bis vierzig Grad minus, wir mussten uns immer wieder hinknien, um nicht vom Grat geweht zu werden.«

SchZ: »Und dann waren Sie oben. Verspürten Sie Euphorie? Oder mehr Genugtuung oder Erleichterung?«

RM: »Ich würde sagen, es war eine seelische Erschütterung. Peter hat eine starke emotionale Reaktion gezeigt, an mein Gefühl kann ich mich weniger erinnern, es war mehr ein Aufatmen. Mir war klar: Beim Bergsteigen ist man erst erfolgreich, wenn man wieder unten ist. Der Abstieg ist kein Problem, der Weg nach unten ist nicht schwer, auch der Sturm ließ nach. Da war wenig Euphorie, vielmehr Dankbarkeit, dass es gelungen ist.«

SchZ: »Schön, dass Sie gerade von ›Aufatmen‹ sprechen. Wie fühlt es sich denn an, wenn man auf knapp 9000 Metern Luft holen möchte?«

RM: »Sie schnaufen wie ein rennender Hund. Man hyperventiliert. Man kann immer nur ein paar Schritte nach oben machen, dann muss man sich hinkauern, am besten über den Pickel, um den Brustkorb frei zu machen. Man schnauft ganz schnell, macht 50 Atemzüge und geht dann wieder zwei Schritte. Es ist eine unendliche Mühe, es braucht auch die letzten Willensanstrengungen. Nicht nur die Beine haben keine Kraft mehr, auch das Gehirn wird nicht mehr voll durchblutet. Das schwächt den Willen und die Beurteilungsfähigkeit. Kurzum, man ist da oben ein bisschen wie ein Zombie.«

SchZ: »Sie sind danach nie wieder mit Atemmaske auf einen Achttausender?«

RM: »Nein. Als ich den Everest geschafft hatte, war mir klar, alle großen Berge sind ohne möglich.«

SchZ: »Vierzig Jahre später ist der Everest nun zu einer Destination für den Massentourismus geworden. Ist das noch der Berg, den Sie kennengelernt haben?«

RM: »Der Everest ist immer noch der Everest, nur wird er zunehmend banalisiert. Der Mensch hat den Berg zu einem Konsumgut gemacht. Man kann ihn heute im Reisebüro buchen, im Paket: die Passage Basislager zum Gipfel und, wenn es gut geht, wieder zurück.«

SchZ: »Genau das Gegenteil des Verzichtsalpinismus.«

RM: »Ja, ich nenne es Pistenalpinismus. Die Veranstalter lassen in monatelanger Straßenarbeit eine Piste vom Basislager bis zum Gipfel bauen. Von den Sherpas! Mit Sauerstoffdepots, Ärzten und Köchen in den Lagern, mit Seilen, auf dass sich niemand verläuft, mit Brücken über Spalten, mit Leitern an senkrechten Stellen. Allein diese Vorarbeit verschlingt Millionenbeträge und muss alle Jahre neu gemacht werden, da das Eis am Everest permanent in Bewegung ist. Erst dann werden die Klienten über die Piste hochgebracht. Klar ist aber auch, wenn ein junger Kletterer neue Routen sucht und findet und in Eigenregie hochsteigt, ist der Berg immer noch der Mount Everest.«

SchZ: »Wie war und ist Ihr Empfinden für den Everest?«

RM: »Ich mag alle Berge, um die man Geschichten erzählen kann. Das Geschichtenerzählen ist mir ebenso wichtig wie das Bergsteigen selbst. Und der Everest ist ein Berg voller Geschichten: die gescheiterten Versuche in den 1920er-Jahren, die Erstbesteigung von Hillary und Tensing 1953, die Überschreitung mit Dyhrenfurth 1963. All diese Geschichten laufen vor mir ab, wenn ich den Everest sehe. Nur deswegen bleibt er mir ein besonderer Berg.«

Am 25. April 2015 ist das Khunde Hospital, von Sir Edmund Hillary gegründet, durch ein Erdbeben zerstört worden. Wolfgang Nairz, Expeditionsleiter von Everest 1978, und ich haben den Wiederaufbau mit der Nepalhilfe Tirol und meiner Messner Mountain Foundation mitfinanziert. So kamen wir beide für eine neue Herausforderung wieder zusammen. Zum Wohle der Sherpas und in Dankbarkeit für alles, was wir am Mount Everest erleben durften.

Hatten Sherpas 1978, nach unserem Erfolg, nicht gemunkelt, Peter und ich hätten winzige Sauerstoffbehälter – so groß wie Patronenhülsen – »dabeigehabt«? Walter Pause hatte mich gebeten, für sein Buch »Im extremen Fels« Ideen und Routenbeschreibungen beizusteuern. Hans Engl, der den Mount Everest im Herbst 1978 ohne Maske bestieg, wurde als Gegenspieler in Bayern zum stillen Helden stilisiert, ich zum Hochstapler erklärt.

Alles vergessen, ausgeräumt? Alles wieder im Lot? Die Sherpas sind heute erfolgreiche Bergführer, viele von ihnen steigen Jahr für Jahr auf ihren Prestige-Berg, oft ohne Maske. Der BLV-Verlag, in dem Pause und ich weitere Bücher veröffentlicht haben, ist inzwischen in einem anderen Verlag aufgegangen, Hans Engl trat beim Oktoberfest in München auf. Mein Everest-Buch war nicht mein bestes, aber das erfolgreichste. Trotz der Kritik von Walter Pause ist es bis heute lieferbar. Auf lange Sicht lohnt sich Ärger nicht. Er fällt immer auf diejenigen zurück, die ihn provoziert haben.

> *»Der Fortschritt ist ohne Änderung unmöglich, und wer sich nicht selbst ändern kann, kann nichts ändern.«*
>
> George Bernard Shaw

16 K2 mit Anklage

> *»Besser als einer, der weiß, was recht ist, ist einer, der liebt, was recht ist; und besser als einer, der liebt, was recht ist, ist einer, der Begeisterung fühlt für das, was recht ist.«*
>
> LAOTSE

Ein gutes Jahr nach der Everest-Besteigung führte ich ein kleines Team zum K2, dem zweithöchsten Berg der Welt. Unser ursprüngliches Ziel – die »Magic Line«, der Südpfeiler – war außer Reichweite gerückt, nachdem wir bei der Anreise in Islamabad/Pakistan mehr als zwei Wochen Zeit verloren hatten: Ex-Präsident Bhutto sollte hingerichtet werden.

Mit dabei im Team war Robert Schauer, ein junger Spitzenalpinist aus Graz, der am Everest im Vorjahr besondere Einsatzbereitschaft gezeigt hatte. Meine Wahrnehmung, dass eine Rettung im Gipfelbereich des K2 vielleicht unmöglich sei, kommentierte er später vor den Medien moralisierend: »Wir können einem Verletzten doch nicht den Gnadenschuss geben, ihn einfach oben sterben lassen!« Und weiter, in Erinnerung an den Mount Everest 1978: »Reinhold war im Lager IV, nach dem Gipfelsieg, schneeblind. Damals hat er die ganze Nacht geschrien und gejammert. Peter Habeler beschreibt es in seinem Buch. Was wäre gewesen, wenn man ihn damals einfach oben liegen gelassen hätte?« Die beiden Sherpas, die mit Eric Jones unsere Rückkehr vom Everest-Gipfel abgewartet haben, hätten in bergsteigerischer Kameradschaft alles in ihrer Möglichkeit Stehende getan, mich vom Lager IV ins Lager II zu begleiten. Wie es Peter auch getan hat, ganz selbstverständlich.

Es war am K2 die Schnelligkeit, die es Michl Dacher und mir erlaubt hat, den Gipfel vor einem erneuten Schlechtwettereinbruch zu erreichen.

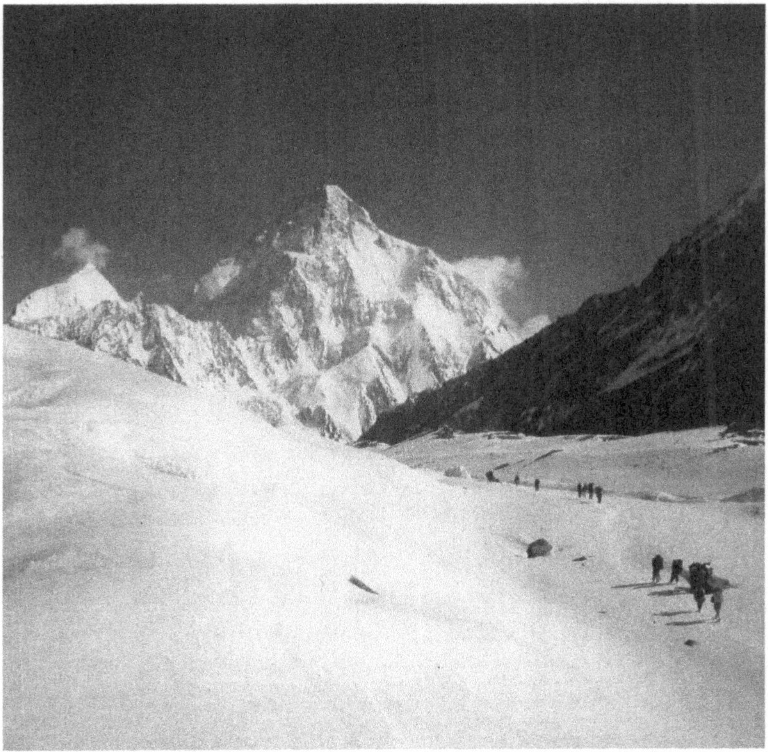

Schauer: »So schnell wie Reinhold Messner und Michl Dacher war noch nie jemand oben. Der ›alpine Stil‹ ist etwas übertrieben. Wir alle haben mitgeholfen, drei Lager am Berg auszubauen und mit dem Nötigsten zu versorgen. ›Alpin‹ war es höchstens ab 7400 Metern!«

Damit waren die Voraussetzungen für weitere Seilschaften, neue Versuche zu wagen, geebnet. Zuletzt aber waren nur Dacher und ich oben, Schauer nicht.

Robert Schauer dazu: »Dafür brauche ich mich nicht zu rechtfertigen. Ich will auch kein Gift verspritzen – aus Wut darüber, dass ich es nicht geschafft habe. Ich will nur erklären, warum Messner für mich als Expeditionsleiter nicht mehr akzeptabel ist.«

Ich kann mit dieser Kritik leben. Die vielen Expeditionen haben mich gelehrt zu akzeptieren, gleichermaßen gute wie schlechte Eigenschaften zu haben. Nur narzisstische Menschen erscheinen so, wie sie gesehen werden wollen.

Robert und ich haben uns später wiedergefunden; er hat das Bergfilm-Festival in Graz aufgebaut, als Kameramann großartige Bilder vom Mount Everest geliefert und mit Voytek Kurtyka die Westwand des Gasherbrum IV erstmals durchstiegen: eine Jahrhundert-Performance. Schauer hat aber auch mit wenigen Worten beschrieben, wie ich als Leader – Expeditionsleiter in kleinen Teams – vorgehe: »Reinhold gibt sich als großer Demokrat. Als einer, der jeden zu Wort kommen lässt. Dank seiner überzeugenden Rhetorik schafft er es aber immer wieder, die Leute in entscheidenden Augenblicken für seine Idee zu gewinnen. Zumindest die Mehrheit der Leute. Dann wird abgestimmt, und alles kommt so, wie Messner es immer gewollt hat!«

Andere zu motivieren, sie in eigene Visionen mitzunehmen, so Projekte zur Umsetzung im Team vorzubereiten, das ist die Kunst, hohe Ziele zu erreichen. Narzisstische Persönlichkeiten – oft anklägerisch – können andere Menschen nicht motivieren. Weil sie versuchen, deren Leben zur Hölle zu machen. Sie werten, werten ab, reduzieren Wahrheiten, kommen zuletzt immer mit der Keule der Moral, mit der sie eigene Schwächen in den jeweils anderen verteufeln.

Parallel zu unserer K2-Expedition waren österreichische Bergsteiger am benachbarten Broad Peak unterwegs. Weil Dacher und ich früh vom Gipfel zurück waren, hatten wir viel Zeit abzuwarten. Warum nicht einen weiteren Achttausender besteigen? Ich wollte ja meinen Kameraden die Chance geben, auch auf den K2 zu klettern. Deshalb das Ansuchen an Herrn Awan in Islamabad – verantwortlich für Bergexpeditionen –, den Broad Peak versuchen zu dürfen. Das gefiel dem dortigen Expeditionsleiter Dr. Franz Berghold, den ich am Dhaulagiri dabeigehabt hatte, gar nicht. Ein Leserbrief, den er an die Redaktion des Magazins *Der Spiegel,* schrieb, zeigt seine Haltung mir gegenüber:

»Unsere österreichische Expedition, die die Besteigungserlaubnis von Juni bis September 1979 nach jahrelangen zähen Bemühungen erhalten hatte und in aufreibender ›Arbeit‹ die Westflanke des Berges mit Hochlagern, fix verspannten Seilen usw. überhaupt erst ›gipfelreif‹ gemacht hat, erfuhr von den Bemühungen Messners erst Tage später, sozusagen hintenherum. Von diesem Verhalten waren wir einigermaßen enttäuscht! Zuerst hätten wohl einmal wir gefragt werden müssen, ob wir damit einverstanden wären. Als wir aber durch Zufall mitbekamen, dass Messner uns mit seinen ehrgeizigen Plänen einfach übergehen wollte, waren wir aus verständlichen Gründen derart verärgert, dass wir eine Besteigung des Broad Peak auf der in diesem Sommer einzig begehbaren Route durch Messner mit Sicherheit verweigert hätten.«

Eine ähnliche Anklage versandte Berghold am 15. September 1979 in einem Brief an Toni Hiebeler, den einflussreichen Journalisten in Sachen Bergsteigen:

»Wenige Tage nach dem Gipfelsieg von Messner/Dacher am K2 erschien Michl Dacher zu einem Besuch in unserem Base Camp am Broad Peak. Wir machten uns gerade zum zweiten Gipfelsturm zurecht. Nach Stunden des Hin- und Hergeplauders war es plötzlich aus dem Sack: Messner hatte Dacher vorgeschickt, um uns doch nicht ganz uninformiert zu lassen, dass er beabsichtigte, den Broad Peak auch noch zu machen (an unseren 1800 Metern Fixseilen und voll ausgestatteten drei Hochlagern natürlich – für die Öffentlichkeit selbstverständlich im ›alpinen Stil‹ ...), und dazu bereits per Funk und über die *Spiegel*-Kuriere in Rawalpindi der Form halber nachgesucht hatte. Zum Glück hat sich Mr Awan vom Tourismusministerium aber nicht kleinkriegen lassen, was angesichts der sonst nicht gerade unkorrupten orientalischen Behörde fast an ein Wunder grenzte. Wäre aber das Wetter nicht so miserabel geworden – es hat ja dann auch uns den Gipfelsieg gekostet –, wäre er sicher losmarschiert, in der für ihn wohl selbstverständlichen Erwartung, dass wir dem Berggott Messner den Vortritt lassen würden ... das hat dem Dacher Michl, wohl aus Freundschaft zu den Gebrüdern Wörgötter, wahrscheinlich keine Ruhe gelassen, weshalb er sich zu uns ›schlich‹, um uns wenigstens davon nachträglich zu informieren.«

Bergholds Mannschaft hat den Gipfel also nicht erreicht. Trotz der 1800 Meter Fixseile, die sie am Berg angebracht hatten. Uns hat Mr Awan die Genehmigung verweigert, auch weil damals im Karakorum die Regel galt: Nur ein Achttausender für jede Expedition.

Drei Jahre später konnte ich den Broad Peak besteigen, im Alpinstil, also ganz ohne Fixseile. Mit zwei einheimischen Bergsteigern in drei Tagen vom Basislager bis zum Gipfel. Es war der Schlussakkord des Versuchs, drei Achttausender hintereinander zu besteigen. Niemand versuchte uns dabei aufzuhalten, nirgends trafen wir auf andere Bergsteiger. Es war beim jeweiligen Rückmarsch eine Freude, zu beobachten, wie die einheimische Bevölkerung unser Tun feierte. Neid kam offensichtlich nur unter unseresgleichen auf.

17 Hillarys Sohn

»Bald wird alles bei Dir und bald wirst auch Du bei allem in Vergessenheit sein.
Hüte Dich, selbst gegen Unmenschen leidenschaftlich zu handeln, wie Unmenschen gegen Menschen tun!
Wer sündigt, versündigt sich an sich selbst; wer unrecht tut, schadet sich selbst, indem er sich selbst verschlimmert.
Oft tut auch der unrecht, der nichts tut, nicht bloß der etwas tut.
Lästern werden die Schwätzer mit harten Worten der Tugend.
Einen Räuber der Willensfreiheit gibt es nicht.«

MARC AUREL

Im Herbst 1979 reisten wir in einer kleinen Gruppe von Freunden zum heiligen Berg Ama Dablam, der als einer der schönsten Gipfel im oberen Khumbu-Gebiet aufragt. Wieder war Wolfgang Nairz unser Expeditionsleiter, der die Genehmigung für den Besteigungsversuch besorgt und die Expedition organisiert hatte.

Im Basislager angekommen trafen wir auf vier Neuseeländer, die über die unbegangene Ringmo Wall, die fast 2000 Meter hohe Westwand, zum Gipfel klettern wollten. Peter Hillary war ihr Leader. Ein kühnes Vorhaben!

Die kleine Mannschaft – alle Spitzenbergsteiger – war gut vorbereitet und gut akklimatisiert. Anderntags brach sie vom Basislager auf. Vielleicht in der Sorge, wir könnten ihr zuvorkommen.

Unser Ziel lag an der Südseite des Berges, und wir brauchten noch Zeit für die Höhenanpassung. Zuerst wollten wir uns

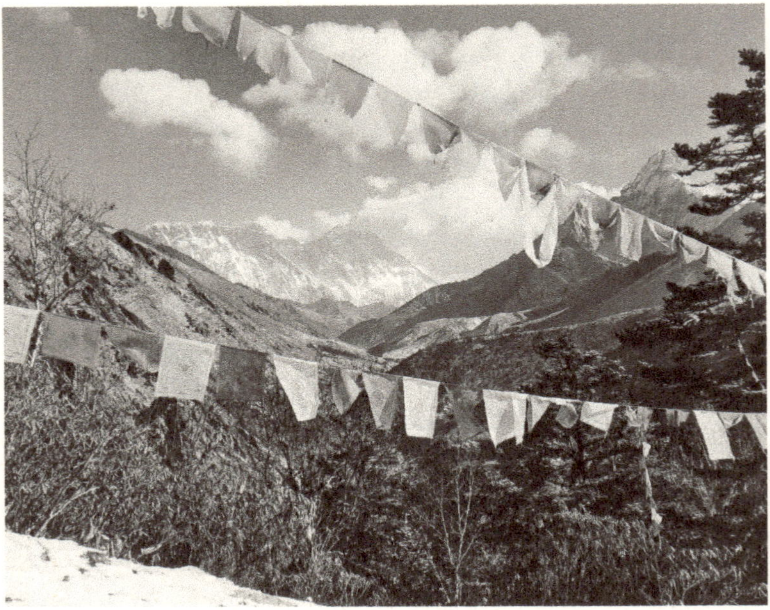

Im Solo Khumbu

akklimatisieren und dann erst entscheiden, welche unsere Route sein sollte.

Die Ringmo-Wand, so herausfordernd sie auch erscheinen mochte, kam für uns Tiroler nicht infrage: zu eisschlaggefährdet! Hoch oben unterm Gipfel hängen drei Séracs in der Wand – in der Mythologie der Sherpas das »Schmuckstück der Mutter« und darunter die Brüste dazu, die jeden Augenblick abbrechen und die konkave Wand darunter in eine Lawinenhölle hätten verwandeln können.

In den nächsten Tagen beobachteten wir die Neuseeländer: Sie kamen bis unter den linken Eiswulst gut voran. Dann brach ganz plötzlich ein Stück davon ab – ein Eisstück, so groß wie eine Wohnküche –, das in tausend Stücke zerbarst und über die beiden neuseeländischen Seilschaften in die Tiefe stürzte, alles mitreißend, was in der Lawinenrinne im Wege stand.

Hillary und sein Team waren, obwohl alle Verankerungen rissen, an einem Felszacken hängen geblieben – ein Wunder! Mit dem Fernglas konnten wir beobachten, dass einer der Bergsteiger regungslos unter einem Überhang baumelte. Die drei anderen bewegten sich noch. Ganz langsam. Bevor sie mit dem Abseilen begannen, mussten sie das Seil zum Toten kappen, um die Reste der gerissenen Seile zu entlasten. Nur so waren sie bewegungsfähig.

Sie begannen mit dem Abstieg. Ob sie mit der verbliebenen Ausrüstung – sehr wahrscheinlich verletzt – die 1200 Meter Steilwand bis zum Wandfuß abseilend schaffen konnten?

Wir müssen helfen! Es war ein selbstverständlicher Impuls. Zuerst versuchten wir es von der Seite. Unmöglich, zu den Verunfallten zu kommen!

Oswald Oelz, der Arzt unserer Expedition, und ich wagten es zuletzt von unten über die Rinne. Was wir taten, war zwar lebensgefährlich, wir konnten den drei Überlebenden aber helfen, den Wandfuß zu erreichen, von wo sie Wolfgang im Hubschrauber ins Krankenhaus nach Kathmandu fliegen lassen konnte.

Ein Dreivierteljahr später las ich in der *Süddeutschen Zeitung:*

»Respekt, freilich keine Zuneigung, empfindet Edmund Hillary für Reinhold Messner, der als Erster ohne Atemgerät auf die Spitze des Mount Everest kroch, die inzwischen schon 110 Menschen erreicht haben. Im vorigen Jahr rettete Messner am Ama Dablam Hillarys verunglückten Sohn Peter in einem waghalsigen Unternehmen aus einer Lawine und schlachtete dieses Bravourstück mit der ihm eigenen Art zur Selbstdarstellung später publizistisch wie privat einigermaßen penetrant aus.«

»Leider ist Messner in mancher Hinsicht eine Primadonna, doch ich bewundere seine fantastischen Kletterkünste«, soll Edmund Hillary, auf diese Episode angesprochen, geantwortet haben.

Das zweite Leben Edmund Hillarys, der mit dem Flughafen in Lukla, Schulen für die Sherpakinder und einem Hospital in Khunde soziale Verantwortung für jenen Volksstamm übernommen hat, der ihm seine Erfolge möglich machte, bewunderte ich mehr als seine Gabe, 1953 den letzten Schritt am unbestiegenen Mount Everest zu wagen.

Am 29. Mai 2023, zum 70. Jubiläum der Erstbesteigung des Mount Everest durch Hillary und Tensing, eröffneten meine Frau Diane und ich in Namche Bazar das neue Everest-Museum, das dem Volksstamm der Sherpas gewidmet ist. Hier wird endlich ihr Anteil an der Eroberung der höchsten Berge der Welt gewürdigt. Was Lhakpa Sonam seit Jahrzehnten schon zeigt, hat mit dem Museum »Sherpa Himal« ein würdiges Zuhause gefunden: Edmund Hillary 1980: »Ich möchte die Sherpas stolz und fähig sehen, mit den Veränderungen der Gesellschaft Nepals erfolgreich mithalten zu können.« Es ist auch mein Auftrag geworden.

Hillary sei Dank, es ist gelungen. Die Sherpas sind heute vielfach erfolgreiche Touristiker, auch Unternehmer, in Nepal hoch geachtet und als Organisatoren des Tourismus an den höchsten Bergen unübertroffen. Ob allerdings eine Ausbeutung des Achttausenderflairs nachhaltig bleibt, ist eine andere Frage. Das Geheimnisvolle, das die Sherpa-Clans einst – vor 500 Jahren – im Himalaja und Transhimalaja als »Yeti-Ungeheuer« respektierten, geht mit der Haltung verloren, die Touristen aus aller Welt auf die Fluchtpunkte ihrer Eitelkeit projizieren.

18 Die Option

»Für Deutschland muss man selbst seine Heimat opfern.«

NORBERT MURMELTER

1978, nach der Besteigung des höchsten Berges der Welt ohne Flaschensauerstoff, hatte ich im Rahmen der Festlichkeiten dazu in meiner Heimat Südtirol großen Unmut ausgelöst: Mein Spruch – als Dank für die Festrede eines Politikers, der die Heimatfahne am Everest-Gipfel beschwor – wurde als Provokation verstanden: »Ich bin mir meine eigene Heimat, und mein Taschentuch ist meine Fahne.«

In der darauffolgenden Nacht wurde mein Auto beschmiert – »Heimatverräter!« –, in der Zeitung *Dolomiten* folgten Leserbriefe – »Nestbeschmutzer!« – und viele böse Kommentare. Mein Vater hatte mich gewarnt. Als dann ein italienischer Journalist unvermittelt die Frage stellte, was ich zu den harten Vorwürfen zu sagen hätte, war meine Antwort noch härter: Wir Südtiroler haben 1939 unsere Heimat verraten, im Rahmen der »Option«.

Bayerische Zeitungen nahmen den Streit auf, und ich stand bald als heimatloser Vagabund da, zur Heimatliebe nicht fähig. Denn der berühmte Luis Trenker hatte sich in die Diskussion eingeschaltet. Aus der *Abendzeitung* (München):

»Was sich da soeben abgespielt hat und mit Sicherheit weitere Kreise ziehen wird, das hat in Tirol die Wogen der Gemüter hochschwappen lassen wie die Fluten von Etsch und Eisack zur Schneeschmelz-Zeit. Denn gemeinsam haben sie wohl nur eins, der Alte und noch halbwegs Junge: Sie sind die beiden bekanntesten Südtiroler im Ausland. Und zu Ruhm und Geld sind sie beide über die Berge gekommen.«

Ja, Luis Trenker, der berühmte Autor – »Heimat aus Gottes Hand« – und Filmemacher – »Der Berg ruft« –, hatte sich gegen mich verschworen. Niemand wollte mich verteidigen. Auch mein Vater, damals selbst im »Völkischen Kampfring für Südtirol« tätig gewesen, hatte keinen Trost bereit: »Ich hab's dir gesagt.«

Und weiter in der *Abendzeitung:*

»Es gab im August 1981, anlässlich des 50. Jahrestages der Ortler-Nordwand-Erstbesteigung, in Sulden so etwas wie ein Versöhnungstreffen zwischen den beiden, wobei sie sich mit dem Ortler-Nordwand-Bezwinger, dem heute in Südamerika lebenden Münchner Hans Ertl, zum Gruppenfoto stellten und sich die Hände schüttelten. Aber damit hat sich's inzwischen wieder. Denn Messners jüngstes Interview im italienischen Fernsehen hat die beiden Gipfelstürmer in eine Art Dolomiten-Stellungskrieg getrieben.

Was den meisten Südtirolern, die sich mehr am österreichischen und deutschen Fernsehen orientieren, wohl entgangen sein dürfte, brachte die Bozner Zeitung *Dolomiten,* die dem Villnößer Bestsellerautor Messner schon seit Langem gram ist, weil er seine Erfolgstitel nicht mehr im hauseigenen Athesia-Verlag herausbringen lässt, genussvoll unter die Leute. In dem Interview hatte Messner, den *Dolomiten* zufolge, erklärt, die Südtiroler pflegten wertgeprägte Begriffe wie ›Heimat‹ und ›Vaterland‹ nur sehr oberflächlich in den Mund zu nehmen. Er selbst, Messner, liebe sein Daheim aus vollem Herzen. Habe er auch die schönsten Ecken der Welt bewundern können – er sei doch eben ganz und gar ein Villnößer und würde seine Heimat niemals für ein ›System‹ oder gar für einen ›Führer‹ in Deutschland verlassen wollen, wie es – so Messner schonungslos – ein Großteil der Südtiroler 1939 getan hätte.«

Hatten nicht 86% der Deutsch sprechenden Südtiroler für Hitlerdeutschland optiert, bereit, ihre Heimat zu verlassen und ins Dritte Reich umgesiedelt zu werden? Völkische Werte hatten über die viel gepriesene Heimatliebe gesiegt.

»Wutgeschrei allerorten im schönen Land Tirol! Denn mit diesem Eklat hat Messner an ein leidvolles Kapitel der Geschichte gerührt, das die Südtiroler immer noch nicht ganz bewältigt haben: die berühmte ›Option‹, die zwischen Italien und Deutschland zur Hitler/Mussolini-Zeit von den beiden Diktatoren vereinbart worden war. Südtirol sollte italienisch und brutal italianisiert werden. Die deutschen Südtiroler konnten sich selbst entscheiden, ob sie ins ›Reich‹ aussiedeln oder in der Heimat bleiben wollten.

Diese Option riss einen tiefen Graben in die Volksgruppe, die Kluft ging quer durch die Familien, Wunden wurden geschlagen, die noch heute nicht verheilt sind. Denn zwar hat die Geschichte inzwischen bewiesen, dass es in erster Linie den ›Dableibern‹ zu verdanken ist, dass Italien nach dem Krieg die Existenz eines Südtirol-Problems nicht leugnen konnte. Doch ist ebenso gewiss, dass es nicht die Deutschland-Optanten waren, die Südtirol auf so brutale Weise zerrissen, als vielmehr die beiden von Nationalwahn beseelten ›Führer‹.

Und da poltert jetzt das böse Wort Messners wie schwerer Steinschlag auf die Südtiroler hernieder: ›Ich glaube, dass kein Volk die Heimat so verraten hat wie wir Südtiroler!‹«

Ich hatte das Trauma, das Aussiedlung, Krieg und Faschismus den Südtirolern zugefügt haben, unterschätzt.

»Eine ungeheure Lawine an Leserbriefen rollte nun auf die Zeitung zu und bald eine noch gewaltigere zweite. Und die wurde von einem prominenten Namen angeführt, auf den das ›Volk‹ schon längst gewartet hatte: Luis Trenker.«

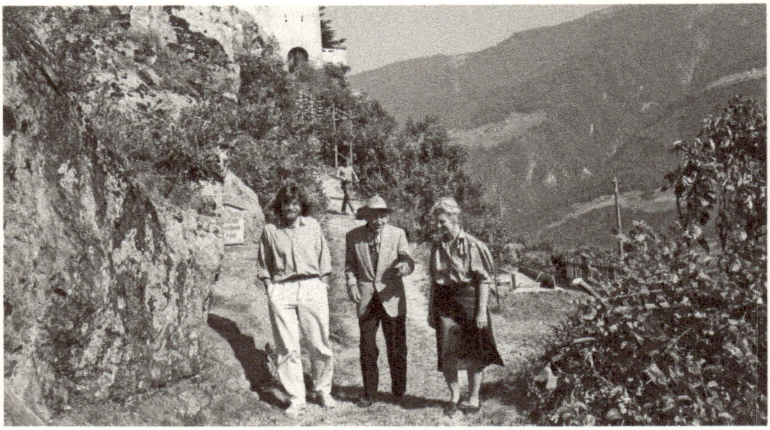

Mit Luis Trenker und seiner Tochter

Ausgerechnet Luis Trenker! Er hatte im Rahmen der Option eine zwielichtige Rolle gespielt, war von Goebbels dafür zur Rede gestellt worden, hatte beim Führer selbst interveniert – nicht für die verzweifelten Landsleute südlich des Brenners, sondern für seine eigene Stellung in Berlin.

Noch einmal aus der *Abendzeitung:*

»Ja, in der Politik rund ums heilige Land Tirol sind sie alleweil schon ein bißl auseinander gewesen, die beiden Bergfüchse, wie ein Gespräch in einer Fernseh-Talkshow mit dem *WDR*-Frühschöppner Werner Höfer vor zwei Jahren illustrierte. Während nämlich Trenker allemal die ideelle Einheit Tirols hochhält (des seit über 600 Jahren zu Österreich zählenden nördlichen und des 1918 zu Italien geschlagenen südlichen Teils), sah sich Messner veranlasst, Gastgeber Höfer zu korrigieren, als dieser naiv fragte: ›Sie sind doch Tiroler?‹ Der daraufhin: ›Südtiroler, bitte schön‹.«

Diesen Streit konnte ich zwar nicht gewinnen, ich wurde darüber aber politisiert. Erstkontakte zu einem anderen Südtirol taten sich auf, die Erkenntnis, dass die Geschichte Südtirols zu hinterfragen war.

»›Mein lieber Messner‹, schrieb also nun der alte Luis Trenker in väterlich-herablassendem Ton, der den erhobenen Zeigefinger in der einen und den erhobenen Eispickel in der anderen Hand erahnen ließ: ›Deine Behauptungen finde ich ungeheuerlich ... Hättest Du Deine Bergfahrten so unbedacht angegangen wie Dein Interview, dann hättest Du wohl nie einen Himalajagipfel erreicht.‹ Messner habe ›keine Ahnung von den Leiden der Südtiroler‹ zur Zeit des Faschismus, so Trenker zürnend, und er zeige kein Verständnis für die damals so schwere Entscheidung seiner Landsleute. Auch urteile er überheblich über jene Zeit, die er ja gar nicht einmal erlebt hatte. Und zum Schluss: ›Heute lebst Du bei uns in Südtirol, das unter einem guten Stern steht. Sei froh darüber und merke Dir, Freund, dass Hybris auf die Dauer nichts Gutes bringt, Mangel an Ehrfurcht aber schlimmer ist als Aberglaube.‹«

Ich bin dem Aberglauben ebenso wenig verfallen wie der Geschichtsklitterung und habe damals ein Buch über die Option angekündigt, das 1989 erschien.

Abschließend aus der *Abendzeitung:*

»Damit war die Diskussion vorerst mit einem Paukenschlag beendet. Es ist ein wenig Ruhe eingekehrt zwischen den Berggipfeln, denn Messner tut wieder einmal eine Reise. Gespannt aber erwartet man seine Rückkehr und seine Antwort. Denn sogar für die bergbegeisterten Tiroler ist, was der Reinhold da an persönlichem Hohn und Schimpf oder an zweifelhafter ›Politik‹ absondert, schon interessanter geworden als alles, was er an Geschichten von fernen Bergen mitbringen mag ...«

Wenig später war in einem anderen Medium, dem Südtiroler Wochenmagazin *ff*, zu lesen:

»Reinhold Messner hat also sein Versprechen wahr gemacht. Er will nicht bloß als ›kletternder Affe‹ angesehen und akzeptiert werden, sondern sich auch um geistige Dinge kümmern und sich für ein liberaleres Klima in Südtirol einsetzen. Auf seiner Suche nach dem ›anderen Südtirol‹ ist er auf Alexander Langer gestoßen, der nach neuen Ufern Ausschau hält. Auf einer gemeinsamen Tagung im Schloss Maretsch in Bozen waren erste Konturen dieses ›anderen Südtirol‹ zu erkennen. [...] Reinhold Messner zeigte sich von seiner toleranten Seite: ›Wir müssen mit allen Südtirolern, auch mit den einfachen Leuten, reden. Wir dürfen keine Sektierer bleiben.‹ Es gehe darum, Feindbilder abzubauen, die verfahrene Situation von innen her, aus der kulturellen Ebene, aufzubrechen und mittels Bürgerinitiativen den eigenen Ideen zum Durchbruch zu verhelfen. Dazu müssten die Begriffe ›rechts‹ und ›links‹ aufgehoben werden, es seien Fantasie und Kreativität notwendig. ›Jeder soll sich selbst verändern‹, forderte Messner.«

Mein politisches Engagement, als Folge dieser Ausgrenzungskampagne, wurde zu einer Antwort auf die massivsten Anwürfe, die ich je erfahren habe, das Mich-Einbringen in das Narrativ unseres Landes eine zweite. 1991 startete ich das Projekt »Rund um Südtirol«.

19 Der siebte Grad

»Würden die Menschen danach streben, sich selbst zu vervollkommnen, statt die ganze Welt zu retten, selbst innerlich frei zu werden, statt die ganze Menschheit zu befreien, wie viel hätten sie getan zur wahrhaften Befreiung der ganzen Menschheit.«

UNBEKANNT

In den Jahren nach dem Everest-Erfolg war ich als Höhenbergsteiger erfolgreich, auch weil ich das Felsklettern – meine erste große Leidenschaft – ganz zurückstellte. Durch den Verlust von Zehen und Fingerkuppen – wegen der Amputationen nach der Nanga-Parbat-Tragödie – hätte ich nie mehr an mein früheres Kletterkönnen herankommen können. Deswegen verlor ich auch an Motivation für das Große-Wände-Klettern in den Alpen.

1968, mit dem weltweit publizierten Essay »Mord am Unmöglichen«, hatte ich vor allem ältere Kletterer in Aufregung versetzt. 1973 erschien »Der 7. Grad«, eine kritische Beleuchtung des Haken-Kletterns, und 1979, mit einer neuen, erweiterten Auflage, stand die Frage im Raum, ob ich in der Lage sei, nachzuvollziehen, wie sich das extreme Felsklettern inzwischen entwickelt hatte. Die Diskussion zur Frage des »Profibergsteigens« kam dazu. In einem Interview bat mich die Redaktion der Fachzeitschrift *Alpinismus* 1981, dazu Stellung zu nehmen.

A: »Siehst du dich unter Leistungsdruck?«

RM: »Nein, ich bin nicht unter Leistungsdruck [...]. Weder wirtschaftlich noch vom Ehrgeiz her. Wollte ich neue Superlative liefern, müsste ich mich im Moment mehr auf das Schreiben verlegen als aufs Bergsteigen. Solange ich aber die Kraft habe und die Zeit dazu, werde ich das Bergsteigen tun und beschreiben.«

A: »Von dir stammt eine grausame Zukunftsvision, dass vor den Augen der Fernsehkameras die zehn weltbesten Bergsteiger im Alleingang und auf Zeit durch die Eiger-Nordwand klettern. Glaubst du, dass Tendenzen im Bergsteigen, das mehr und mehr der Kommerzialisierung unterliegt, gesteuert werden können?«

RM: »Es wird ganz von der Intelligenz der Bergsteiger abhängen, ob diese Zukunftsvision, eine fürchterliche Vision, Realität wird. Vor längerer Zeit hat es mit Chris Bonington und Dougal Haston ein Angebot gegeben, Derartiges für das britische Fernsehen zu veranstalten. Wir Beteiligten haben es abgelehnt, weil wir es nicht verantworten könnten. Ich bin der Erste, der sich gegen solche Vergleichskämpfe stellt. Wenn jemand schneller oder langsamer durch die Eigerwand steigt, so hat das Sicherheitsgründe. Die Ursachen liegen bei guten oder schlechten Wandverhältnissen. Unter Gesichtspunkten des Wettkampfes darf man das Bergsteigen nicht betrachten. Die größere Gefahr sehe ich darin, dass sich Sportkletterer zu einer Art Gladiatorentum hinreißen lassen, weil es im Klettergarten durchführbar ist. Im Sportklettern steckt die Steigerungsmöglichkeit wie auch im Sport- und Spielcharakter.«

A: »Mit der Neuauflage des ›7. Grades‹ hast du gezeigt, dass du dich für das Extremklettern immer noch stark interessierst. Gehst du zum Felsklettern zurück, und welche Ziele verfolgst du?«

RM: »Ich klettere immer noch im Fels, allerdings nicht mehr die Schwierigkeiten, die ich in meinem besten Jahr, 1969, im Felsklettern erreicht hatte.«

A: »... dann brauchen wir auf die bösen Zungen kaum mehr eingehen, die behaupten, du kennst den VII. Grad nur noch von Hörensagen. Kannst du vielleicht trotzdem noch sagen, welche deiner Erstbesteigungen du diesem Grad zurechnen würdest.«

RM: »Das ist für mich eine schwierige Frage, weil ich damals, als ich diese Erstbegehungen wagte – den Mittelpfeiler am

Heiligkreuzkofel – den VII. Grad als Bewertungsmöglichkeit nicht zur Verfügung hatte. Folglich habe ich meine Touren auf den VII. Grad hin gar nicht überdacht. Junge Kletterer sagen heute, dass einige meiner Erstbegehungen den VII. Grad verdienen.

Es gibt immer noch einige meiner Erstbesteigungen, die von Wiederholern technisch gemacht worden sind. Der Mittelpfeiler am Heiligkreuzkofel ist noch nicht ›fair‹ wiederholt worden.«

A: »Wie sieht für dich das Ideal einer Freikletterroute aus? Kannst du das kurz umreißen?«

RM: »Das Ideal bleibt, vom Einstieg bis zum Gipfel nur an Griffen und Tritten zu klettern. Dieses Ideal habe ich, das gebe ich zu, nur in wenigen Routen erreicht, zum Beispiel in der Nordwand am zweiten Sellaturm, wo ich keine Fortbewegungshaken setzte. Damals sind wir nicht mit dieser sportlichen Einstellung zum Klettern gegangen, wie man es heute tut. Die Ideale waren die gleichen: Je weniger technische Mittel zur Fortbewegung benutzt werden, umso wertvoller ist die Route.«

A: »Wie kam es zu diesem bedingungslosen Umstieg von deinen früheren Freikletterambitionen hin zur ›Expeditionsbergsteigerei?‹«

RM: »Früher interessierte mich der senkrechte, überhängende Fels. Ich bin im Gebirge aufgewachsen, beim Wandern, beim Steigen im Wald, war Abenteurer, nicht Sportkletterer. Als ich dann erlebt habe, was es heißt, monatelang in der Wildnis unterwegs zu sein, hat mich das begeistert wie das Felsklettern früher.

Heute würde ich für eine Erlaubnis, ganz Bhutan zu durchqueren, durch die Wüste Gobi zu gehen oder zum Südpol, auf jede Achttausender-Genehmigung verzichten. Meine Interessen haben sich verlagert – auf das Abenteuer im Allgemeinen. Ich glaube, dass dies für Bergsteiger, die lange aktiv sind, zwangsläufig so kommt. Wenn sie nicht nur die sportli-

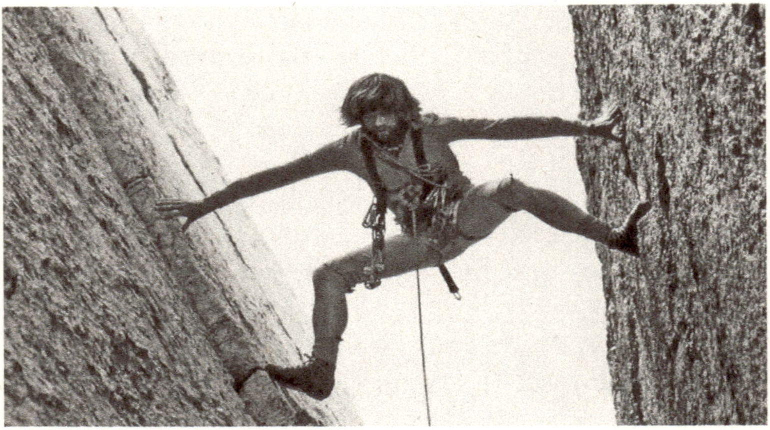

chen Dimensionen sehen, sondern sich für die Natur – ich bitte, das nicht als Kitsch zu verstehen –, für wilde Landschaften interessieren.«

A: »Welche Wirkung hat der durch Flugzeuge usw. bedingte schnelle Wechsel aus der Bergwildnis in die Zivilisation und umgekehrt auf dich?«

RM: »Wir haben in diesem Jahrhundert die Freiheit, überall hinzukommen, wohin wir wollen. Wir haben aber nicht das Recht, unsere Kultur, unser Wissen, unsere Religion – wenn wir überhaupt eine haben – irgendwo anderen Leuten als die ›bessere‹ aufzuzwingen.«

A: »Wenn du nach Tibet oder in andere Länder der sogenannten Dritten Welt reist, verspürst du dann nicht hin und wieder den Effekt einer Art von Kulturschock angesichts der Rückständigkeit und Armut in diesen Ländern?«

RM: »Nein, diesen Kulturschock habe ich nie erlebt. In Tibet sind die Leute arm, aber reicher als die Nepali auf der anderen Seite. Man muss wissen, dass Tibet schwach besiedelt ist, während Nepal überbevölkert ist. Ich bin in bescheidenen Südtiroler Bauernverhältnissen groß geworden und habe eine Bescheidenheit kennengelernt, die dort, wo ich bisher war, kaum übertroffen wurde.«

A: »Du stehst im Licht der Öffentlichkeit, als Persönlichkeit, und Persönlichkeiten haben Vorbildwirkung. Ist dieses Bewusstsein eine Last?«

RM: »Diese Vorbildwirkung belastet mich kaum. Ich will mir mein Leben nicht ruinieren, indem ich ständig daran denke, dass ich ein Vorbild sein könnte. Ich bin im deutschen Sprachraum der wohl am meisten kritisierte Bergsteiger, worauf ich stolz bin. Damit ist meine Vorbildwirkung relativiert. Wenn junge Menschen auf einen Achttausender steigen oder den siebten Grad klettern und dabei herunterfallen, ist es nicht meine Schuld. Interessant scheint mir, dass ich in diesem Punkt vor allem von Leuten kritisiert werde, die dauernd mit ihren Stürzen prahlen. Ich schäme mich meiner Stürze. Das Wesentliche beim Bergsteigen ist, dass man am Leben bleibt. Über die Vorbildwirkung habe ich mir nie den Kopf zerbrochen.«

20 Yeti, Bonatti und Schloss Juval

»Nicht wissen, aber Wissen vortäuschen, ist eine Untugend.
Wissen, aber sich dem Unwissenden gegenüber ebenbürtig verhalten, ist Weisheit.«

CHINESISCHES SPRICHWORT

Mit der Öffnung Tibets für Wissenschaftler und Bergsteiger wurde es denkbar und möglich, alle Achttausender zu besteigen. Als ich 1983 mein Projekt ankündigte, dies zu versuchen, und gleichzeitig Schloss Juval erwarb, war mein Vater der Erste, der mich öffentlich kritisierte: »Hybris« und »Ein Bergsteiger lebt nicht im Schloss«. Er hat es, konsequent, wie er war, nie besucht.

Anders meine Mutter: Sie wohnte während der Sanierung zeitweise dort und hoffte, dass mich Wiederaufbau und Finanzierung desselben davon abhalten würden, weitere lebensgefährliche Expeditionen zu machen.

Der größere Teil der Bergsteiger empfand meine Investition als Hochstapelei. Leserbriefe in Bergsteiger-Magazinen und Häme blieben nicht aus.

Toni Hiebeler damals: »Reinhold Messner, Profi-Alpinist und Achttausender-Sammler, ist Schlossherr geworden. Er hat in seiner Heimat Südtirol Schloss Juval gekauft, das 927 Meter hoch am Eingang des Schnalstals liegt. Das unter Denkmalschutz stehende Gebäude aus dem 13. Jahrhundert ist allerdings derzeit noch unbewohnbar.«

Der Vorbesitzer, ein »Dableiber« in der Options-Zeit, ein feinfühliger alter Herr, hatte mir den Zuschlag nur gegeben, nachdem ich ihm versprochen hatte, die Burg zu erhalten und zu sanieren. Auch weil er mir im Options-Streit recht gab.

Als ich 1986 den Lhotse bestiegen hatte – ausnahmsweise mit

Rückenwind –, kam ich nicht als Sieger, sondern als Gejagter zurück:

Walter Bonatti: »Die Welt ist voll von Messner-Typen: Aber wenn du die Übermutter bist, kannst du dich nicht gleichzeitig prostituieren! Man muss wählen, was man sein will, und dann konsequent sein. Ich kritisiere ihn nicht für seine Geschäfte, das ist seine Sache. Aber ich kritisiere in diesem Mann die Inkonsequenz, den Opportunismus – eine Schande! Schade, weil Messner wunderbare Dinge gemacht hat, nicht an den vierzehn Achttausendern, das ist für mich lediglich eine großartige Sammlung von Gipfeln, sondern hier in den Alpen. Ich widmete ihm sogar einmal ein Buch; doch nachdem ich seine Entwicklung gesehen habe, tut es mir leid, dass ich es getan habe. Welcher ist der echte Messner? Der, den ich damals auf der gleichen Wellenlänge wähnte und der sich in der Folge verändert hat, oder jener, der von Anfang an so war, aber es nicht zeigte? Ich weiß es nicht.«

Ausgerechnet Walter Bonatti, der weltweit wichtigste Bergsteiger in den Jahren zwischen 1950 und 1965, fällte ein vernichtendes Urteil, das von anderen Alpinisten aufgegriffen, kommentiert und weiterverbreitet wurde.

Mein Vater hatte recht gehabt: »Ein Bergsteiger wohnt nicht in einem Schloss.« Zwar war Juval mehr Burg als Schloss, das Leben dort umständlich, dennoch wirkte es überheblich. Dabei war Juval für mich Rückzugsort und Verantwortung, galt es doch, die wertvolle Bausubstanz zu erhalten und vor weiterem Verfall zu schützen. Heute ist Juval Museum und Wohnraum zugleich. Ich habe den Nordtrakt später mit einem Glasdach überspannt, um den Verfall durch Verwitterung aufzuhalten. Der Jahrzehnte dauernde Prozess der Sanierung hat mir nicht nur Freude, sondern auch Genugtuung geschenkt: Aus einer Ruine ist einer der aufregendsten Wohnplätze der Alpen geworden.

Walter Bonatti und ich wurden später Freunde. Wir waren wie Brüder, als wir uns persönlich kennengelernt hatten. Wir feierten seinen 80. Geburtstag in Juval, saßen Nachmittage lang zusammen und erzählten uns von der Hinterhältigkeit der »Idealisten vom Berg«, die ihn nach der Besteigung des K2 1954 diskreditiert hatten, oder den »guten Kameraden«, die mir immer noch unterstellen, den Bruder wie Kain seinen Bruder Abel geopfert zu haben.

Diese Erfahrungen haben uns zu unseresgleichen im Geiste gemacht. Gemeinsam ließen sich die geschlagenen Wunden, das Leid ertragen, das uns für immer begleitet. Der Streit zwischen uns war vergessen, wussten wir doch, wer ihn provoziert hatte. Gemeinsam fanden wir so unseren Frieden.

Was für Walter Bonatti schwer nachvollziehbar war, blieb die Möglichkeit, Expeditionen in Eigenregie zu planen und Ideen weltweit umzusetzen. Einst hatten Reisen zu den Bergen der Welt ein halbes Jahr und mehr gedauert, sie waren nur über alpine Vereine, den Staat oder großzügige Sponsoren möglich. Wir – meine Generation – konnten die ganze Welt bereisen, die Mittel dafür mit Vorträgen, Büchern und Sponsoren aufbringen und so unsere Träume realisieren.

Heute kann man eine Achttausender-Besteigung im Reisebüro buchen – Hubschrauber-Unterstützung inklusive. So ist das große Abenteuer, das uns Bonatti am Berg vorgelebt hat – K2, Gasherbrum IV, Cerro Torre –, zum Tourismus mutiert, den wir beide nicht gewollt hatten. Aber akzeptieren konnten.

Wir traditionellen Bergsteiger haben uns immer der Natur unterworfen. Die Touristen am Berg hingegen glauben, die Natur beherrschen zu können. Mit allen erdenklichen Hilfsmitteln präparieren sie den Berg und machen ihn so zur Attrappe. Touristen und Abenteurer reden zwar gegeneinander an; ohne sich aber je zu verstehen, gehen alle ihrer Wege.

Dies wurde mir klar, als meine Geschichte vom Yeti – ungewollt – in die Öffentlichkeit platzte.

Ich hatte im Sommer 1986, bevor ich die Achttausender Makalu und Lhotse besteigen wollte, Tibet durchquert. Von Kham im Osten bis in die Hauptstadt Lhasa.

Dabei folgte ich der Wegstrecke, der das Volk der Sherpas gut 500 Jahre zuvor gefolgt war. Auf ihrer Völkerwanderung, die sie zuletzt über den Nangpa La nach Solo Khumbu im Süden des Himalajas führte, wo sie ihre neue Heimat fanden. Sherpa-Clans siedeln noch immer dort.

Mein langer Marsch, oft mit Yakkarawanen und noch öfter durch wegloses Hochland, erlaubte es mir, die Yeti-Story zu ergründen. In einem Bergdorf erfuhr ich den wahren Namen von jenem Ungeheuer, das die Touristen in Kathmandu »Yeti« nennen: Chemo oder Dremo.

Zurück von der Makalu-Lhotse-Expedition, die ich unmittelbar danach gestartet hatte, erzählte ich in einer Pressekonferenz über die Besteigung der beiden Achttausender so nebenbei vom Yeti.

In Kathmandu nämlich hatte ich vorher Dutzenden von Tibetern, die aus dem Norden über den Himalaja nach Nepal ausgewandert waren, die immer gleiche Frage gestellt: Wie nennt ihr in Tibet das Ungeheuer, das Touristen hier »Yeti« nennen. Alle, ohne Ausnahme, antworteten »Chemo«. Damit hatte ich die Lösung zum Phänomen Yeti. Ich hatte auf meiner Reise einen Chemo gesehen, und dieses Ungeheuer war ein riesiges, auf zwei Beinen stehendes Wesen, ein Braunbär. Die Legende vom Yeti hatte also eine zoologische, keine menschliche Entsprechung.

Einmal ausgesprochen, war der Yeti überall, wohin ich kam. Niemanden interessierte mehr mein eigentliches Thema: die Achttausender! Kein Mensch hörte genau hin.

Wir können nicht gegen Tatsachen andenken und handeln. Wir Menschen sind Naturwesen wie der Chemo auch; der Yeti hingegen ist Fiktion, eine Erfindung der Zivilisation. Dass die Yeti-Story auf einer handfesten Wirklichkeit aufbaut, war nicht zu vermitteln.

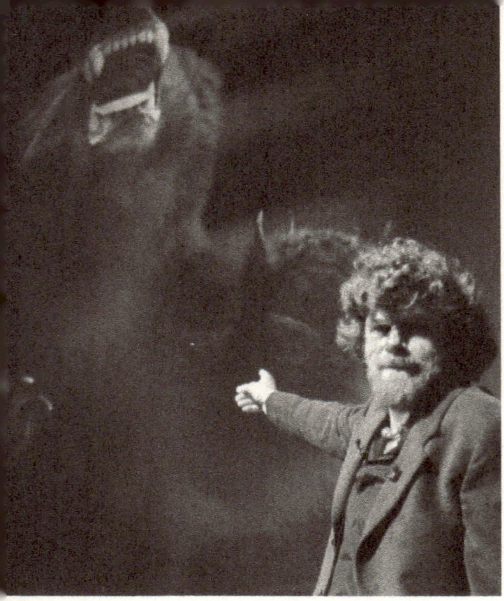

Schon zirkulierte ein Witz: Treffen sich zwei Yetis. Fragt der eine: »Weißt du, wem ich gestern begegnet bin?«

»Nein.«

»Dem Messner.«

»Ja, gibt es den wirklich?«

So wenig diese letzte Frage zu beantworten ist, ist und bleibt auch die Yeti-Frage offen. Denn die Aufklärung der Legende verschleiert und beantwortet das Rätsel zugleich.

Ich hatte dummerweise vor den Medien vom Yeti berichtet, ganz sachlich, damit aber mein eigentliches Anliegen verspielt. Die Häme, die ich zu erdulden hatte, klingt immer noch nach, obwohl inzwischen – es sind bald dreißig Jahre vergangen – klar geworden sein muss, dass meine Antwort zur Rätselfrage vom Yeti die einzig mögliche ist.

Ein »Streiflicht« aus der *Süddeutschen Zeitung* – ein Beispiel aus hundert und mehr Kommentaren dazu – soll zeigen, dass meine Yeti-Geschichte nicht nur zum Witz taugt:

»Und Reinhold Messner. Der Südtiroler ist soeben aus Nepal zurückgekehrt und gibt jetzt Interviews, in denen er behauptet, der Yeti habe nie existiert. Das seien immer nur Bären gewesen, die ab und zu von der Nordseite des Himalajas aus über die Pässe kamen, etwa wenn sie auf Weibchensuche seien. 99,9 Prozent der Wissenschaftler seien mittlerweile seiner, also Messners, Meinung.

Nun gibt es gleich zwei rundum wasserdichte Argumente gegen diesen Unsinn. Zum einen zweifeln mittlerweile 99,9 Prozent der Yetis massiv an der Existenz von Reinhold Messner – wohlgemerkt 99,9 Prozent aller Yetis, sowohl auf der Nord- als auch der auf der Südseite des Himalajas. Die letzten Naivlinge unter ihnen, die immer noch an ihn glauben, führen gern ins schneebedeckte Feld, ›Der im Anorak‹ (so Messners Name unter den Yetis) sei doch auf allen Achttausendern gesichtet worden. Die aufgeklärten Yetis entgegnen jedes Mal, geh bitte, wozu sollte denn irgendjemand auf alle Achttausender klettern? Dann ist meist Ruhe im Karton. Die Yetis können ja nicht ahnen, dass das irgendjemand tut, damit er jahrzehntelang Diaabende in mitteleuropäischen Mehrzweckhallen abhalten kann. Auf den Reklamepostern zu diesen Events sieht Reinhold Messner selbst mittlerweile aus wie eine Mischung aus Yeti und Himalaja-Wand, schluchttiefe Falten im dicht behaarten, granitgrauen Gesicht. Die Yetis tun also gut daran, sich weiterhin in den Tiefen des Himalajas zu verstecken, wo sie ihren Kindern bizarre Märchen von Dem im Anorak erzählen.«

Natürlich war alles meine Schuld, hatte ich mich doch im falschen Moment, an falscher Stelle, zu einer unpassenden Thematik geäußert. Wieder einmal. Wie hatte meine Mutter einst gewarnt: »Halt's Maul.«

21 Ende der Legende

»Macht ohne Großmut und äußere Trauer ohne Schmerz, das sind Dinge, die ich nicht mit ansehen kann.«

KONFUZIUS

Fünfzig Jahre nach der Option, 1989, gab ich ein Buch heraus, an dem Historiker, Literaten und Freunde mitgeschrieben haben. Es wurde in Südtirol kaum wahrgenommen, im Ausland aber kritisch kommentiert.

Inzwischen war Luis Trenkers Haltung zum Dritten Reich und sein Verhalten in der Option öffentlich geworden, und wieder wurde mir unterstellt, dem großen Sohn der Heimat Böses zu wollen. Dabei hatte ich bereits 1987 ein Loblied auf den Bergsteiger, Filmemacher und Erzähler geschrieben, ohne auf den Brief zu verweisen, den Trenker am 27. Februar 1940 an Adolf Hitler geschrieben hatte, um sein Lavieren in der Options-Zeit zu entschuldigen. Dieser persönliche Brief sollte wohl verhindern, bei Goebbels und Hitler in Ungnade zu fallen:

»Ich bitte Sie nun um Entscheidung, was Sie raten, werde ich tun […] Sie, mein Führer, kennen meine Arbeit vom ›Rebell‹ bis zum ›Feuerteufel‹, und Sie können sich verlassen, dass ich zu gegebener Stunde genau weiß, wo ich hingehöre und wo ich zu stehen habe.«

Luis Trenker war inzwischen ein alter Mann, wir waren einander öfter begegnet, er war nach Juval gekommen, und wir haben uns über seine Zeit als Bergsteiger ausgetauscht. Ich war ihm dankbar für sein Erzählen, das zum Narrativ des Alpinismus gehört.

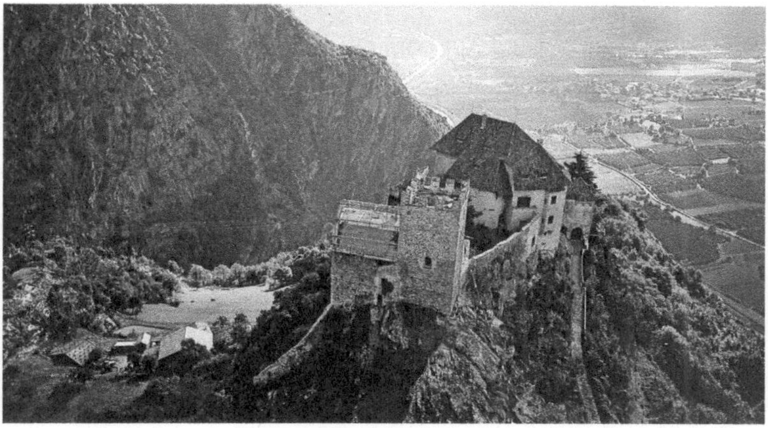

Aus meinem Bericht für die Zeitschrift *Bunte* im April 1987:

»Im August 1914 hingen zwei der damals besten Felskletterer hoch oben in der Furchetta-Nordwand in den Grödner Dolomiten: Hans Dülfer und Luis Trenker. Der Fels war brüchig und die Sicherungsmöglichkeiten schlecht, 600 Meter hoch waren sie gekommen. Luis Trenker, der junge Bergführer, stand auf einem schmalen Felssims und sicherte. Das Hanfseil in den Händen, beobachtete er seinen Partner, der haushoch über ihm am senkrechten Fels zu kleben schien, gut 600 Meter unter ihnen das Kar.

Seit einer halben Stunde kam Dülfer nicht mehr voran. Plötzlich begann es zu schneien. Nebelfetzen nahmen den beiden die Sicht. Fluchtartig stiegen sie ab. Die damals denkbar schwierigste Felstour war gescheitert. Trenker und Dülfer waren gleich alt, beide 1892 geboren. Der eine in den Bergen, im Südtiroler Gröden-Tal, der andere weit weg vom Gebirge, in Norddeutschland, aufgewachsen. Die Bergbegeisterung hatte sie zusammengeführt. Die Furchetta-Wand war ihr erstes gemeinsames Abenteuer gewesen. Gleichzeitig das letzte.

Hans Dülfer fiel wenige Monate später an der Westfront. Er hatte sich bei Kriegsbeginn als Freiwilliger gemeldet – bayrisches Schneeschuhbataillon.

Luis Trenker, kletternder Standschütze, überlebte den Ersten Weltkrieg. Als junger Soldat und Leutnant an der Dolomitenfront kam ihm seine Erfahrung zugute, die er als Ziegenhirte und Bergführer daheim auf der Seiser Alm und am Langkofel gesammelt hatte. Nach dem Krieg studierte Trenker Architektur, arbeitete kurz mit Clemens Holzmeister zusammen und half Arnold Fanck, dem naturbegeisterten Bergfilmregisseur, bei Dreharbeiten in den Alpen.
Der in der K.-u.-k.-Monarchie geborene Trenker fand sich nach dem Krieg im faschistischen Mussolini-Italien nicht gleich zurecht, zumal seine Südtiroler Heimat als Kriegsbeute Italien zugeschlagen worden war.
Trenker war Hauptdarsteller, Regisseur und Drehbuchautor in einer Person. Sein Charakterkopf wurde zum Markenzeichen, ein Millionenpublikum strömte in die Trenker-Filme. Ein Volksheld war geboren.
Damals entstanden die großen Filme ›Kampf ums Matterhorn‹, ›Der verlorene Sohn‹ und ›Berge in Flammen‹, in dem Trenker seine Erfahrungen an der Dolomitenfront erzählte. Mit viel Geschick und einigen Tricks zauberte er Situationen auf die Leinwand, die Millionen Menschen in die Kinos lockten und für die Berge begeisterten.
Trenker hatte eine junge Crew von Schauspielern, Kameraleuten und Bergführern um sich geschart, die er mit seiner Begeisterungsfähigkeit mitriss. Er unterhielt als Erzähler – schwadronierend – viele Tischrunden und führte als Regisseur Tausende von Menschen in seinen berühmten Massenszenen.
In Walter Schmidkunz hatte Luis Trenker einen feinfühligen und gebildeten Mitautor für seine Bücher gefunden, die in Bestsellerauflagen gedruckt wurden. Schmidkunz, der sich in der Bergsteigerszene und -geschichte auskannte, lieferte den Stoff, aus dem Bergsteigerträume gestrickt sind. Eine Reihe von Bildbänden erschien, die die Pracht der Berge zeigten. Diese Bergwelt als ›Wunderwelt‹ hat niemand besser präsentiert als Luis Trenker. Vorher nicht und nachher nicht.

Knapp [sic!] vor dem Zweiten Weltkrieg erlebte Luis Trenker den Höhepunkt seiner Karriere. Er war bald fünfzig Jahre alt, immer noch voller Ideen, agil. Sein verwittertes Nordwandgesicht faszinierte ein ganzes Volk. Massen und Machthaber sahen in ihm das Idealbild des Helden. Dass Goebbels und Hitler ihn trotzdem fallen lassen wollten, hing wohl mit dem Umsiedlungsplan für die Südtiroler Bevölkerung im Rahmen der Option zusammen.

Trenker, auch in Rom bewundert, konnte sich nicht entscheiden, ›fürs Reich zu optieren‹. Er fiel bei Himmler in Ungnade, seine politische Haltung blieb suspekt, undurchschaubar.

Nach dem Krieg ging Trenker weiter in die Berge. Er kletterte zwar nicht mehr, er drehte wieder Filme, wie schon zwischen den beiden Kriegen.

Später erzählte er vor der Fernsehkamera von Berg- und Kriegstagen, von Kameraden. Wieder begeisterte sich ein Millionenpublikum für ihn, für seine Abenteuer, für die Berge.«

Viereinhalb Jahre nach Trenkers Tod, am 19. September 1994, erreichte mich ein offener Brief von Dieter Lehner, abgesandt vom Luis-Trenker-Zentralarchiv, 86919 Utting am Ammersee:

»Sehr geehrter Herr Messner,

Bezug nehmend auf Ihre Äußerung in *Alto Adige* vom 15. September 1994 unter ›Società & Kultura‹ möchte ich Ihnen dazu Folgendes sagen:

Wären Sie noch jung und dementsprechend spontan-leichtsinnig, dann wäre Nachsicht und eine adäquate Überzeugungsarbeit in Sachen Trenker sicher sinnvoll. Das Trauma eines in die Jahre gekommenen Messner aber kann man so nicht mehr hinnehmen.

Ich unterstelle Ihnen Neid auf den großen alten Mann deshalb, weil die Art der Formulierung in Verbindung mit Unwissenheit wohl kaum Leichtsinn sein kann, und wäre es dennoch Leichtfertigkeit gewesen, die Sie zu Ihrem Statement veran-

lasste, dann ist das eines erfahrenen Bergsteigers unwürdig und unverzeihlich.
So lassen Sie mich hinsichtlich Ihrer Befindlichkeit in Bezug auf Trenker von einem psychischen Trauma ausgehen, das daraus resultiert, dass Sie wohl Ihren Neid auf den besseren, den markanteren, den größeren einfach nicht disziplinieren konnten.
Trenker hatte im Gegensatz zu dem, was Sie sagen, durchaus politische Ideale. Er hat auch niemals, wie Sie behaupten, mit den Nazis zusammengearbeitet, und ein schmutziges Gewissen hat Trenker sicher nicht gehabt.
Dies zu diskutieren fordert die Ehre des alten Mannes, und so werfe ich Ihnen kühlen Blutes sozusagen den Fehdehandschuh hin, indem ich sie auffordere, das Thema Trenker mit mir öffentlich zu diskutieren. Wenn Sie glauben, genügend Charakterfestigkeit zu besitzen und Mut, dann nehmen Sie meine Forderung an und rechtfertigen Sie Ihre Position. Sie erfüllen damit die Pflicht eines Ehrenmannes, der zu dem steht, was er sagt.«

Und beigefügt sein Leserbrief an die Tageszeitung *Alto Adige:*

»Luis Trenker, das Trauma Reinhold Messners.
Was hat Reinhold Messner dazu hingerissen, ein Denkmal und einen Mythos sozusagen mit der schwachen Füllung seiner intellektuellen Spraydose zu beschmieren?
Ist Trenker der intellektuelle übermächtige Schatten und imaginäre Angstgegner eines Fünfzigjährigen, der auf der vergeblichen Suche nach Wahl weiterer Achttausender in Ermangelung weiterführender Fähigkeiten stagniert?
Die Art, jedenfalls, wie Messner den großen Alten attackiert, zeigt hässliche Züge und verrät Neid auf geistige Höhen, die der eine erreichte, die der andere aber wohl niemals erklimmen wird.
Messner, der allein aus spektakulären Risikounternehmungen Ruhm und Geld bezog, gelang es nie, sich, wie Trenker, intellektuell umzusetzen.

So produziert er in Ermangelung sensationeller Artistik auf den Gipfeln dieser Welt unanständige Gratwanderungen in Sachen Trenker, indem er sich mit jenen Halbgebildeten solidarisiert, die Fotokopien einer Personalakte zusammenheften und das Ganze als wissenschaftliche Arbeit deklarieren.
Messner hat bis zu seinem 98. Lebensjahr Zeit, den Versuch zu wagen, dem berühmtesten aller Berg- und Naturfilmer nachzueifern, ob er dies schafft, mag ihn, wenigstens was das Alter betrifft, hoffen lassen.
Alles andere aber bleibt Illusion, und deshalb wird der Hader des unbedarften Sensationskletterers mit dem großen alten Tiroler immer Messners Trauma bleiben.
Messner soll sich endlich einmal stellen, ich fordere ihn zu einer öffentlichen Diskussion über Luis Trenker, mal sehen, ob er kneift?«
Dieter Lehner, Leiter des Luis-Trenker Zentralarchivs, Utting am Ammersee

Wieder einmal wurde ich zum Bösewicht erklärt, obwohl andere, Fachleute, den Hintergründen zur Akte Trenker nachforschten. Ich konnte neue Erkenntnisse dazu nicht vollständig verschweigen, musste auf Anfragen für Stellungnahmen dazu reagieren.

Wieder einmal traf mich die Kritik, die Historiker und Aufklärer heraufbeschworen hatten. Nur weil mein Name besser zum Skandal taugte als die Namen der Forscher. Das Dumme dabei war, dass meine Bekanntheit damit weiter wuchs und beim nächsten Skandal nochmals beleidigender eingesetzt werden konnte.

22 Das Spiel der Leiden

»Ich suchte, wo der Wind am schärfsten weht?
Ich lernte wohnen,
wo niemand wohnt, in öden Eisbärzonen,
verlernte Mensch und Gott, Fluch und Gebet.
Ward zum Gespenst, das über Gletscher geht.«

FRIEDRICH NIETZSCHE

Über die Besteigung sämtlicher Achttausender schrieb mein Freund Oswald Oelz 1987:

»Noch kein Mensch hat jemals die einander potenzierenden Wirkungen von Sauerstoffmangel, Einsamkeit und Erschöpfung so absolut erlebt wie Reinhold Messner, der seit 1970 immer wieder diesen Grenzbereich erfahren hat.

Als er seinen ersten Achttausender, den Nanga Parbat, bestieg und seinen Lieblingsbruder Günther in einer Eislawine verlor, traf ich ihn einige Wochen später. Erstmals. Er lag in einem Spitalbett mit erfrorenen Zehen und eingebundenen Fingern. Verbittert und verzweifelt schrieb er seinen Zorn in eines seiner ersten Bücher, das später nach langen Prozessen verboten wurde.

Nun spannt er den Bogen vom ersten Berg seines Lebens über den traumatischen ersten Achttausender bis zum erlösenden letzten, dem Lhotse. Welche Last es schließlich wurde, sie allesamt besteigen zu müssen, wird vielleicht am deutlichsten in der Freude, Erleichterung und Gelöstheit in Messners Gesicht, als er am 17. Oktober 1986 ›freier als je zuvor‹ ins Tal zurückkehrt.

Noch belastet ihn seine neue Tragödie nicht, die sich ja bei Nietzsche formuliert findet: ›Es gibt im Leben des Menschen zwei Tragödien, die eine, sein Ziel nicht zu erreichen, die zweite, schlimmere, es erreicht zu haben.‹

Die Geschichte der Achttausenderbesteigungen ist eine Folge von Scheitern, Leiden und Tragödien, vermischt mit Egotrips und absurdem Heldentum. 1895 versuchte der damals führende englische Bergsteiger A. F. Mummery erstmals einen solchen Berg, nämlich den Nanga Parbat, zu besteigen und blieb verschollen. Erst 55 Jahre später erreichten am 3. Juni 1950 Maurice Herzog und Louis Lachenal von Amphetaminen aufgepeitscht erstmals einen Achttausendergipfel, die Annapurna. 1964 wurde der letzte, der Shisha Pangma, erstmals über seine leichteste Route bestiegen. Bis 1975 hatte kein Bergsteiger mehr als zwei dieser Gipfel erklommen, und Hunderte waren beim Versuch umgekommen ... Messner ist einer der wenigen Überlebenden dieser gefährlichsten Spielform des Bergsteigens.
Zwei Drittel der absoluten Spitze im Höhenbergsteigen sind im Laufe der letzten zehn bis fünfzehn Jahre verunglückt, und in der Geschichte der Everest-Besteigungen kommt auf zwei erfolgreiche ein Toter. Dabei hat Messner im Gegensatz zu manchen Nachahmern mit wenigen Ausnahmen keine Normalrouten im zur jeweiligen Zeit üblichen Stil, sondern neue schwierige Routen oder alte in neuem Stil erschlossen. Die wesentlichen Entwicklungen im modernen Himalajaismus, die durch Verzicht gekennzeichnet sind und Großexpeditionen zu Anachronismen degradiert haben, stammen von ihm: die Einführung des Alpinstils, das heißt das Verzichten auf Träger, fixe Lager, Seilgeländer und Expeditionsmannschaften 1975 am Gasherbrun I. Der alpinhistorisch wichtigste Verzicht auf Flaschensauerstoff im Mai 1978 am Everest und der Verzicht dann auch noch auf den Partner bei seinem Alleingang am Nanga Parbat und Everest.
Schließlich, 1984, der Verzicht, nach einem Achttausendergipfel abzusteigen und stattdessen gleich noch einen zweiten zu überschreiten. Nur wer die überwältigende, unendliche Müdigkeit und den Drang nach Ruhe, Wasser und Geborgenheit in dieser lebensfeindlichen Welt kennt, kann die Moti-

vation und absolute Konzentration Messners aufs Ziel ermessen. Er sehnt sich, zurückzukommen, auszuspannen, sicher zu sein und in seiner Partnerin aufzugehen, er ist hungrig nach Liebe, Anerkennung und menschlicher Wärme. Trotzdem klettert er weiter.

Darum ist er enttäuscht, dass die erstmalige Überschreitung zweier Achttausender 1984 ›weder von Fachleuten noch von Laien richtig verstanden wurde‹. Er beklagt sich, wenn seine Aktivität nicht mehr das frühere Interesse findet, wenn die Kälte des Erfolges um ihn ist und andere, die in seinem Licht stehen, ihre Erfolge auf seinem Rücken vermarkten. Tief betroffen ist er von Bonattis Angriff gegen seine Geschäftstüchtigkeit, jenes Bonatti, der ihn einmal als junge und letzte Hoffnung des großen klassischen Bergsteigens pries. Wütend hält er dem gleichfalls vermarktungsgeschickten Bonatti den Spiegel vor, vermeintliche und echte Gegner waren schon immer in Messners Ausdruckswelt Scharlatane, Spießer und Ignoranten. Darum tröstet ihn die Anerkennung, die von den Besten kommt, den allenfalls Gleichwertigen wie Christophe Profit oder Jerzy Kukuczka, dem nach Messner erfolgreichsten Achttausendersammler und heute stärksten Höhenbergsteiger der Welt.

Solche Anerkennung hat ihm hinaufgeholfen, wie bei seinem letzten Achttausender der Höhensturm, der zwar gefährlich, aber für einmal auch hilfreich war, da er von unten kam und ihn fast hinaufgeblasen hat. Ohne solche Anerkennung, meint er, wäre er irgendwo auf der Strecke geblieben, seelisch verhungert. Überlebt hat Messner seine achtzehn Achttausenderbesteigungen - vier der vierzehn hat er zweimal gemacht - vor allem deswegen, weil er unbedingt überleben wollte. Im Gegensatz zu anderen konnte er bei kritischer Lawinengefahr, andauernd unsicherem Wetter, oder auch wenn er sich psychisch oder physisch nicht im Maximalform fühlte, umkehren. Er ist mit den Jahren und der Erfahrung nicht angstfrei und leichtsinnig geworden, im Gegenteil.

Zudem hat Messner die Entwicklung zwar in atemberaubendem Tempo, aber nie in zwei Schritten auf einmal vollzogen. Er hatte panische Angst, zu stürzen oder erschlagen zu werden, das hatte er schon als Alpen-Bergsteiger gezeigt, indem er nie als Seilerster aus der Wand gestürzt ist, ein sicher seltener Rekord. Die Angst vor dem Erschlagenwerden erlebte ich bei einer gemeinsamen Horrortour in der Ama-Dablam-Südwestwand, ständig bedroht von riesigen Eislawinen. Wir waren nicht freiwillig dort, sondern wollten verletzte neuseeländische Bergsteiger retten. Nur an wenigen Standplätzen waren wir sicher, Schnelligkeit war unsere beste Überlebenschance. Reinhold hetzte sich und mich durch diese Wand, wenn ich vor Atemnot keuchend langsamer kletterte, wurde ich angebrüllt, und dies mit Erfolg. Auch seine unglaublich schnellen Kletterreflexe hat er sich bewahrt.
Hans Kammerlander, der den ›nun über 40-Jährigen, den auch schon allerlei Wehwehchen plagen‹, am Gipfelgrat des Gasherbrum I ins Leere treten sah, bewundert die instinktive Sicherheit, mit der der Meister nach einem Sprung von mehreren Metern sicher auf steilen, vereisten Felsplatten landet. ›Hervorragend trainierte Sportkletterer wären in dieser Situation eventuell erst am Wandfuß zum Stillstand gekommen.‹
Wie viele Menschen, die die Fantasie und Fähigkeit hatten, Tabus zu brechen und neue Horizonte zu erschließen, ist Messner unbequem. Im Besonderen war er dies für jene Physiologie- und Medizinprofessoren, die bis 1978 behauptet hatten, es sei unmöglich, in Höhen über 8500 Metern ohne Flaschensauerstoff auch für nur kurze Zeit zu überleben. Zumindest wurden Messner und Habeler für den Fall einer Rückkehr vom Everest-Gipfel schwere Hirnschäden prophezeit. Reinhard Karl und ich haben dann die beiden zwanzig Stunden nach ihrem Gipfelerfolg auf 7400 Meter Höhe getroffen und konnten außer verständlicher Müdigkeit der zwei sowie Schneeblindheit bei Messner wider Erwarten keine offensichtlichen Störungen feststellen. Als später auch weiterhin deutlich

wurde, dass sie ohne wesentliche intellektuelle Beeinträchtigung davongekommen waren, wurden sogleich Erklärungen gesucht, und ein so bedeutender Wissenschaftler wie der Präsident der honorigen American Physiological Society, John West, berechnete und publizierte, dass Messner und Habeler über eine ungewöhnlich hohe Fähigkeit verfügen müssten, unter maximaler Belastung Sauerstoff in den Organismus aufzunehmen, ähnlich Weltklasse-Marathonläufern. Auch dies trifft nicht zu: Ich habe nämlich zusammen mit anderen Wissenschaftlern Messner und fünf weitere Bergsteiger, welche höher als 8500 Meter ohne Sauerstoffmaske geklettert waren, sorgfältig untersucht.

Die Messung der maximalen Sauerstoffaufnahmefähigkeit ergab enttäuschende Werte, der Mittelwert der sechs Höhenbesteiger war 57 ml/kg/min. Die Weltspitzenklasse im Höhenbergsteigen ist damit vergleichbar Amateur-Marathonläufern. Demgegenüber liegt die maximale Sauerstoff-Aufnahme von Weltklasse-Marathonläufern bei 75–85 ml/kg/min. Messner, der Erfolgreichste der Gruppe, erbrachte mit 48 ml/kg/min die bescheidensten Werte. Auch zahlreiche andere Messungen der Herz-, Lungen- und Muskelfunktion ergaben Normalbefunde, und nur die der Atmungscharakteristika waren auffällig: Kaum wurde Messner in der Unterdruckkammer mit Sauerstoffmangel konfrontiert, steigerte er unwillkürlich und viel früher als andere die Atmungstätigkeit und kompensierte so die ›dünne Luft‹.

Diese durch das Atemzentrum im Gehirn gesteuerte und willkürlich nicht dauernd beeinflussbare Atemtätigkeit ist offensichtlich der wichtigste physiologische Mechanismus zur Anpassung an Sauerstoffmangel bei leistungsstarken Höhenbergsteigern.

Neben solchen physiologischen Charakteristika und der Taktik, welche den Aufenthalt in der Extremhöhe möglichst kurzhält und so den raschen physischen und psychischen Zerfall auf das gerade noch Tolerable reduziert, ist die entscheidende Eigenschaft Messners seine Motivation und Leidensfähigkeit. Dies lässt zwar keine physiologischen, aber psychologische Barrieren überwinden und die Grenzen des Machbaren verschieben.

Motivation beginnt auch für Messner mit Freude am Bergsteigen und an der Ästhetik des Gipfels. Glück und Erfüllung am höchsten Punkt sind in den Bildern auf dem Gipfel des Cho Oyu und des Makalu greifbar.

In solchen Momenten gibt es für ihn auch keine Frage mehr nach dem Warum, das intensive Dasein hebt die Suche auf. Auf dem Gipfel ›eingetaucht ins Nichts‹ hat Messner denn auch vollkommene Ruhe und totale Verzweiflung erlebt. Wie kein anderes illustriert sein mit Fish eye und Selbstauslöser gemachtes Foto ganz allein auf dem Nanga Parbat – die Welt weit unten, abgetrennt – diese Momente. Diese ›Gipfelerfahrungen, die ihn grundlegend verändert haben‹, braucht er immer wieder, sie haben ihn süchtig gemacht. Diese Sucht war dann auch mit dem Erreichen aller Achttausendergipfel nicht gestillt, schon sieben Wochen später stand Messner auf seinem nächsten ›höchsten Gipfel‹ in der Antarktis und vollendete damit die Besteigung der höchsten Gipfel jedes Kontinents.

Der Erfolg und der Gipfel dürfen nicht garantiert sein, Messner greift mit Vorliebe Probleme auf, an denen er scheitern oder auch umkommen könnte.

Darum will er auch nicht auf die Berge steigen, ›wenn sie schlafen‹, wie ihm seine kleine Tochter Leyla auf dem Weg zum Kangchenjunga vorgeschlagen hat. Da wäre er oben, wenn die Berge aufwachen und aufstehen, das wäre wohl zu leicht. Je größer die Schwierigkeiten, je stärker der Strom, gegen den er schwimmt, umso mehr bekommt er Kraft.

Auf chemische Aufpeitschung, zu der Herzog, Buhl und andere reichlich gegriffen haben und die gemäß einer Forderung Herrligkoffers in die Rucksackapotheke gehört, hat er darum stets verzichtet. Sein Amphetamin ist der Wille, der Erste und der Beste zu sein, und dieser Wille treibt ihn bis an

den Limes seiner Belastbarkeit. Und so hofft er seiner Idealvorstellung von sich selbst nahezukommen, die er bei Tanja Blixen gefunden hat: ›der unwiderstehlichste Mensch auf Erden ist der Träumer, dessen Träume wahr geworden sind‹. Als er sich daranmacht, die beiden letzten Achttausender zu erklettern, hat er auch das Selbstbewusstsein gefunden ›es satt zu sein, mein Starksein mit Bescheidenheit zu kaschieren‹. Und als er schließlich sein Traumziel erreicht hat, kann er selbstbewusst Frisch zitieren: ›Wenn einer den Mut zur offenen Selbstsucht hatte, kam der andere mit seiner verdammten Moral.‹ Diese beengende Moral seines engen katholischen Tals hat er jetzt auch äußerlich abgeschüttelt: Er wohnt in einem Renaissanceschloss über den Tälern und kann den Solipsisten Max Stirner mit seinem extremen Individualismus und seiner prinzipiellen Negation aller religiösen, ethischen, politischen und sozialen Bindungen zu seinem Burgphilosophen erküren: ›Meine Sache ist weder das Göttliche noch das Menschliche, sondern allein das Meinige.‹
Messner hat Träume und Hoffnungen geweckt, die wenige erfüllen können. Er hat das wirkliche Glück auf den Achttausendergipfeln gesucht, und als er schließlich auf dem letzten war, wollte er nur hinunter auf den flachen Boden, dorthin, wo es warm ist, wo er ausruhen konnte und wo die Freunde waren. Denn jetzt wusste er, dass nur unten jenes Glück war, das er sechzehn Jahre lang oben gesucht hatte. Kaum unten, wird sich dieses Glück wieder verflüchtigen auf jene Punkte, wo alle Linien eines Berges zusammenlaufen.«

Ganz anders sah es im selben Jahr, 1987, Ludger Lütkehaus (in der *Zeit*):

»Messner hat viele Feinde, mehr vermutlich als Freundinnen und Freunde«; er gehe über Leichen, sei abgrundtief kommerziell korrumpiert, hemmungslos egoistisch und narzisstisch, beziehungsunfähig allemal, clever ja, aber letzten Endes nicht mehr als ein talentierter alpinistischer Yuppie.

»Doch darum geht es hier nicht: die Person Reinhold Messner, so erfolgreich und umstritten sie auch sein mag, kann man getrost den Sensationsspalten der Zeitungen, den Strategien des Marketings oder auch der Alpin-Historie überlassen. Weitaus interessanter ist der Typus, den Messner in extremer Form repräsentiert, weitaus symptomatischer die Entwicklungsgeschichte, die er in atemberaubendem Tempo durchlaufen hat. Es ist die eines modernen Helden, in dem sich Widerstandskraft und Anpassungsvermögen so miteinander verbanden, dass er schließlich genau dort wieder ankam, von wo er einst aufgebrochen war. Und die Tragödie des mythischen Heros, dessen Züge er zunächst zeigt, entpuppt sich am Ende als exemplarische Tragikomödie aus dem gesellschaftlichen Leben der Jetztzeit.«

23 Seven Summits

Das Gleichnis vom Berg

»Du kannst nicht ewig auf dem Gipfel bleiben, irgendwann musst Du wieder heruntersteigen. Warum macht man sich dann überhaupt die Mühe des Aufstiegs? Weil das, was unten liegt, nicht weiß, was oben ist; aber was oben ist, kennt alles Darunterliegende.
Je höher man steigt, desto mehr sieht man. Wenn man dann wieder hinabsteigt, sieht man zwar nichts mehr, aber wenigstens hat man alles gesehen.
Es ist eine Kunst, sich in den tieferen Regionen an der Erinnerung dessen zu orientieren, was man weiter oben gesehen hat.
Wenn man es auch nicht mehr sehen kann, so weiß man es wenigstens noch.«

UNBEKANNT

Das traditionelle Bergsteigen lebt von Ideen und dem Ehrgeiz, Erster zu sein. Immer schon hatte eine jüngere Generation das »Unmögliche« der älteren möglich machen wollen.

1983 setzten sich zwei Dollarmillionäre aus den USA ein verrücktes Ziel. Als Erste wollten sie den jeweils höchsten Berg auf allen sieben Kontinenten besteigen. Und das innerhalb eines Jahres. Dick Bass besaß Kohlevorkommen in Alaska und betrieb Skigebiete in Utah; Frank Wells war Präsident von »Warner Brothers«, einer der größten Filmproduktionen der Welt. Mit einem Millionenbudget in US-Dollars, den besten Bergführern und einem Stab von Beratern machten sie sich auf den Weg.

Sie ließen ein Flugzeug umbauen, um damit mitten in der Antarktis landen zu können, kauften sich in eine Mount-Everest-Expedition ein und reisten nach Australien, wo sie den Mount Kosciusko bestiegen, einen »Grasbuckel«, 2228 Meter hoch. Damit war klar, dass die beiden das Ziel verfehlen würden, das auch ich seit Jahren verfolgte: »The Seven Summits«. Den Mount Kosciusko hatte auch ich bestiegen, er ist aber nicht der höchste Berg des fünften Erdteils, denn Australien ist nur Teil jenes größeren Kontinents, der Ozeanien oder englisch »Australasia« genannt wird. Zu diesem gehört auch Neuguinea.

Dort steht, mitten im Dschungel, ein steiler Felsberg, fast 5000 Meter hoch und damals unzugänglich. Diese Carstensz-Pyramide hatte ich 1971 bestiegen. Im ständigen Regen hatte ich mir dabei die Finger durchgeklettert. Nachdem ich 1978 auf dem Dach der Welt gestanden hatte, nahm ich mir vor, den jeweils höchsten Gipfel aller sieben Kontinente zu besteigen. Ob ich das auch als Erster schaffen konnte?

Dick Bass und Frank Wells wussten, dass ich damals eine Expedition zum Mount Vinson in die Antarktis plante. Ein eigenes Flugzeug aber konnte ich mir nicht leisten, und alle meine Bemühungen, mit argentinischen oder chilenischen Militärmaschinen an den Fuß des Mount Vinson zu fliegen, scheiterten. Die dafür nötigen Skier fallen in den USA unter strategisch wichtige Geheiminstrumente. Für einen Laien wie mich waren sie nicht zu haben. Zu Fuß war es undenkbar, dorthin zu kommen. Naomi Uemura, der berühmte japanische Abenteurer, der allein im Hundeschlitten bis zum Nordpol gekommen war, scheiterte beim Versuch, den Mount Vinson über Land anzusteuern. Er war damit »aus dem Rennen«, das im Ansatz Jahre vorher begonnen hatte, als der Schweizer Bergsteiger-Veteran Dölf Reist die Nachricht verbreitete, die fünf höchsten Berge der fünf Kontinente bestiegen zu haben. Ein Primat, das ihm niemand streitig machen wollte. Aber da stimmte etwas nicht.

In der Volksschule haben wir gelernt, dass es fünf Kontinente sind: Asien, Afrika, Amerika, Australien und Europa. Reist aber hatte die beiden Amerikas als zwei Kontinente gezählt und Australien weggelassen. Wenn man nun Nord- und Südamerika als zwei Kontinente zählte und die Antarktis dazunahm, die heute von den Geografen als eigenständiger Erdteil betrachtet wird, sind es sieben Gipfel auf sieben Kontinenten.

Strittig blieb vorerst nur, ob wirklich der Elbrus im Kaukasus der höchste Gipfel Europas ist oder der altehrwürdige Mont Blanc, mit 4810 Meter Höhe der höchste Gipfel der Alpen. Wells und Bass, die ein Team von Geografen beauftragt hatten, die »sieben richtigen Gipfel« zu bestimmen, stiegen auf den Elbrus in der damaligen UdSSR. Die Gletscher dort sollen nach Europa entwässern, und so gehört der Berg zu Europa, obwohl er an der Grenze zwischen Asien und der »Alten Welt« steht.

1983, wenige Wochen nach Frank Wells und Dick Bass, stand ich im Schneesturm auf dem 5633 Meter hohen Mount Elbrus im Kaukasus, der klettertechnisch leicht zu besteigen ist. Von den sieben Gipfeln fehlte mir nur noch der Mount Vinson in der Antarktis.

Das Spiel ging also weiter. Vor allem, weil meine millionenschweren »Konkurrenten« am Mount Everest scheiterten. Kaufen konnte man sich den höchsten Berg der Welt damals noch nicht, ein gutes Gefühl für mich.

Ein Wunder: Im Winter 1983/84 luden mich Wells und Bass ein, mit ihnen zum Mount Vinson zu kommen. Wie großzügig! Endlich hatte ich meine Chance! Ich bereitete alles vor, stellte circa 25 000 $ als meinen Expeditionsbeitrag bereit. Im letzten Augenblick, kurz vor der Abreise, wurde ich per Telex wieder ausgeladen. Frank Wells und Dick Bass hatten erfahren, dass ich ihr einziger Konkurrent war im Spiel um den Wettlauf an den Seven Summits.

Bass und Wells stiegen auf den Mount Vinson. Am Mount Everest aber scheiterten sie ein zweites Mal, meine Chancen wuchsen.

1974 hatte ich den Aconcagua in Südamerika bestiegen. Über seine schwierigste Wand, die 3000 Meter hohe Südwand. Auch am Mount McKinley – heute Denali – in Nordamerika war mir 1976 eine neue Route gelungen, die »Wand der Mitternachts-

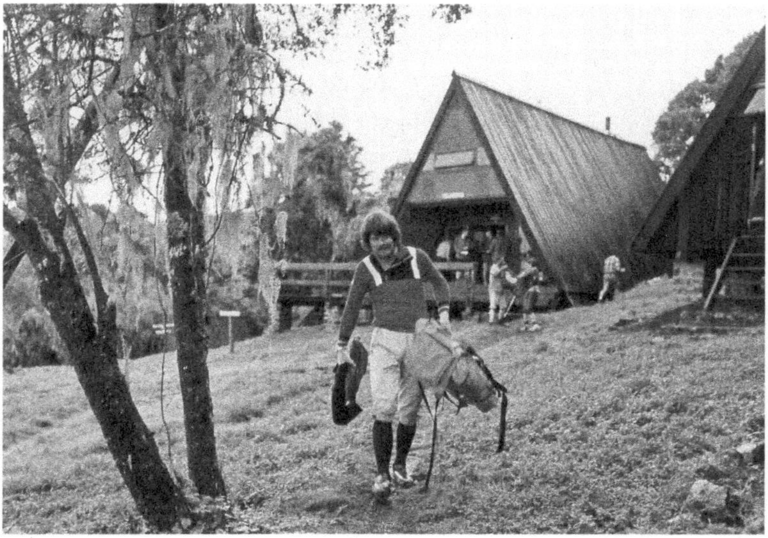

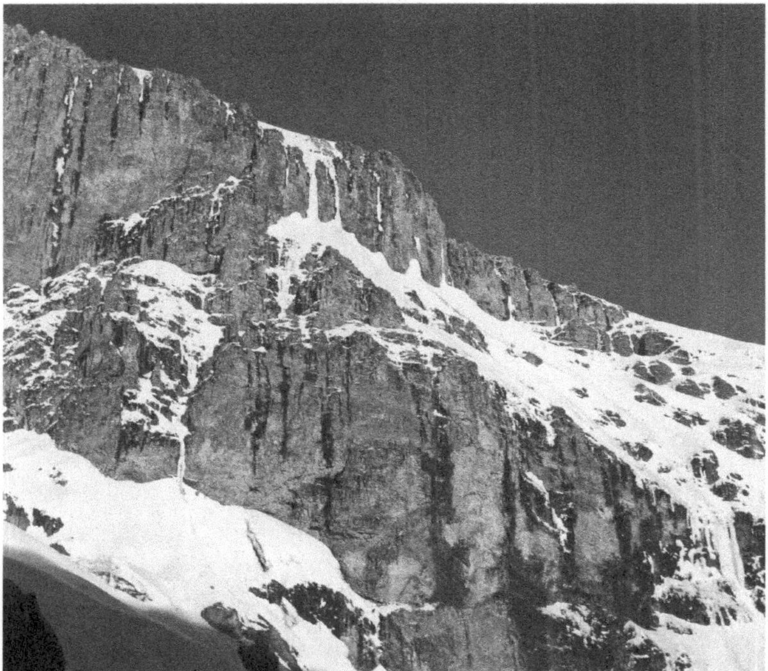

sonne«. Bei minus 40 °Celsius standen Dr. Oelz und ich damals um Mitternacht auf dem Gipfel. Den Kilimandscharo in Afrika hatte ich als Training für den Mount Everest 1978 über seine »Breach Wall« erklettert, eine senkrechte Wand, gefährlicher als die Eiger-Nordwand.

Die schwierigen Routen zählten für mich, nicht aber im Spiel um die sieben Gipfel. Es zählte auch nicht, dass ich den Mount Everest zweimal und immer ohne Maske bestiegen hatte. Für die beiden Amerikaner zählte nur, wer als Erster auf allen sieben Gipfeln sein würde. Frank Wells gab das Spiel 1985 auf. Der Mount Everest war ihm zu hoch. Nicht aber Dick Bass. Er erstieg den höchsten Berg der Welt mit Sauerstoffgerät und Sherpa-Hilfe. Mit seinen 54 Jahren eine großartige Leistung! Respekt. Die Carstensz-Pyramide aber schenkte er sich. Er hat sie nicht bestiegen.

In den ersten Dezembertagen 1986 flog ich mit dem erfahrenen Pol-Piloten Giles Kershaw in einer Privatmaschine zum Vinson-Massiv in der Antarktis. Das Wetter war gut, die Sonne ging nie unter. 48 Stunden nach der Landung stand ich mit meinem Freund Oswald Oelz und dem Kameramann Wolfgang Thomaseth auf dem Gipfel des Mount Vinson. Nebel lag über der schier unendlichen Eiswüste. Unser Gipfel war nach neuesten Messungen 4897 Meter hoch.

Es war sehr kalt, das Nebelmeer und die wenigen Bergspitzen, die daraus hervorstachen, gaben dieser Welt etwas Irreales. Als ob wir außerhalb der Welt stünden, in einem Kosmos aus Eis, für uns Menschen unbewohnbar.

Pat Morrow, ein Kanadier, hatte 1986 den letzten seiner sieben Gipfel erreicht. Ein paar Monate vor mir. Er ist der erste »Seven Summits Summiter«. Aus der Antarktis zurück bestieg ich mit Dr. Oelz den Aconcagua, zum zweiten Mal. Ein Geschenk an den Freund – ihm hatte dieser Gipfel zum Glück noch gefehlt.

24 Irrläufer am Pol

»Wenn du dich nicht aufhältst, kann dich nichts und niemand aufhalten.«

Christian Bischoff

Nach der Besteigung des Mount Vinson in der Antarktis testete ich das Vorankommen im Schnee mit einem hundert Kilogramm schweren Schlitten im Schlepptau. Aus purer Neugier! Würde man in einem Marsch von hundert Tagen den Eiskontinent vom Atlantischen zum Pazifischen Ozean zu Fuß überqueren können? Ja, sagte ich mir und begann Antarktis-Literatur zu studieren. Ich wollte alles über Vorläufer wissen, um bei einer Antarktisüberquerung das Umkommen auszuschließen.

Arved Fuchs wurde mein Partner bei dieser Expedition, einem Experiment, das gute hundert Tage dauerte. Er beschrieb sein Gefühl am Pol, den wir am Jahresende 1989 erreichen sollten, zwar als Enttäuschung, blieb aber zuversichtlich, was die zweite Hälfte des Marsches anging:

»Als wir damals nach wochenlangem Fußmarsch durch Schnee und Eis an diesem Ort eintrafen und statt des erwarteten Zeltes die silbrig glänzende Kuppel des Stationsgebäudes sahen, brach für mich ein Traumgebilde zusammen. Dieser Pol war nicht der, den ich eigentlich zu finden hoffte. 48 Tage hatte ich wie die historischen Polarforscher gelebt, hatte gefroren, gehungert, gelitten – und mit dem nächsten Schritt befand ich mich in einem futuristischen Gebilde, das den Ort seiner harschen Würde beraubte. Zum ersten und einzigen Mal in meiner Laufbahn hatte ich wie Scott das Gefühl: ›so viel Schwerstarbeit und nicht einmal der Lohn, Erster zu sein‹.«

Mir hängt seit sechzig Jahren der Vorwurf an, ehrgeizig zu sein, den Einsatz der Kameraden nicht genug zu würdigen, den

Ruhm allein für mich haben zu wollen. Dabei waren es immer Dritte, die – anschließend an Erfolge – Streit provozierten: Historiker, Journalisten. Immer, um eine Sache so lange wie möglich ausbeuten zu können.

»Wir sind noch bei Trost!«, haben Peter Habeler und ich den vielen Zweiflern nach der Everest-Expedition 1978 entgegnet. Im Gleichklang. Wir wollten damit unterstreichen, dass uns weder Ehrgeiz noch Todessehnsucht so hoch getragen hatten, sondern der Anspruch an uns selbst, es mit dem geringsten Aufwand zu schaffen.

Als drei Jahre nach meinem letzten Achttausender und den sieben Gipfeln die Antarktis-Transversale finanziert und vorbereitet war, hatte ich viele Bücher gelesen, Karten studiert und eine Logistik entwickelt. Zusammen mit Arved Fuchs! Wir wussten inzwischen beide, was Rivalität und Ehrgeiz am Südpol angerichtet hatten, ließen uns aber nicht davon anstecken. Wir hatten ein gemeinsames Ziel und die Leidensfähigkeit, uns drei Monate lang zu fordern. Beide gleichermaßen. Bei Kälte, Sturm und Whiteout. Nicht Selbstaufopferung, Selbstverschwendung wurde unsere Haltung. Scott, Amundsen und Shackleton waren unsere Wegbegleiter im Geiste. Mein Bericht in der *Frankfurter Allgemeinen Zeitung* dazu:

> »Als Robert F. Scott zum zweiten Mal in die Antarktis aufbricht, zum Südpol, will er den Iren Ernest Shackleton schlagen, der 1908 bis auf 160 Kilometer an den Pol herangekommen war. Am 15. Juni 1910 läuft sein Schiff ›Terra Nova‹ in Cardiff aus. Als er in Melbourne Zwischenstation macht, liegt ein Telegramm für ihn bereit: ›Erlaube mir, Ihnen mitzuteilen, dass die »Fram« in die Antarktis fährt. Amundsen.‹ Obwohl Scott weiß, was das zu bedeuten hat, bleibt er gelassen. Sein Gegner heißt Shackleton, von seinen Leuten ›Shack‹ genannt, nicht Amundsen. Der Norweger soll doch versuchen, mit Hunden zum Südpol zu kommen, er, Scott, würde es auf britische Art tun. So, wie es Shack ein paar Jahre zuvor versucht hatte.

Amundsen hat seinen Plan bis zuletzt geheim gehalten. Seine Mannschaft sollte glauben, er wolle um Südamerika herum in die Beringsee und weiter in die Arktis fahren. Auf hoher See erst eröffnet er seinen Leuten seine wahre Absicht. Kein Einziger weigert sich, ihm zum Südpol zu folgen. Am 14. Januar 1911 läuft Amundsens Schiff in die Walfischbucht ein. Auf dem Ross-Schelfeis errichten die Norweger ihr Winterlager, Framheim. Planung und Kaltblütigkeit machen Amundsen zur Ausnahmefigur in der Polargeschichte. Er ist ein blendender Skiläufer und mit der Ausrüstung und Überlebenstaktik der Eskimos vertraut.

Der Brite Robert F. Scott hat damals die Unterstützung der Navy und Erfahrung aus einer früheren Antarktisreise – ansonsten nur eine vage Vorstellung von dem, was ihn erwartet. Scott, der die Antarktis zehn Tage vor Amundsen erreicht hat, lagert am Cape Evans. Den Rest des antarktischen Sommers nutzten beide Gruppen, um Vorratslager auf ihren geplanten Routen anzulegen. Scott, der über Motorschlitten, Ponys und Hunde verfügt, ist sich sicher, auf der bekannten Shackleton-Route im Vorteil zu sein. Er ist aber kein warmherziger Führer, kapselt sich den Winter über von der Mannschaft ab. In der britischen Unterkunft herrscht die Hierarchie der Royal Navy. Proviantkisten teilen den Raum zwischen Offiziers- und Mannschaftsmesse.

Amundsen, obwohl nervös, organisiert das Leben im Lager familiär. Jeder in der Mannschaft hat seine Aufgabe: Die Ausrüstung wird überprüft, es wird geflickt, Skibindungen werden umgeändert. Als das Wetter am 20. Oktober den Marsch zum Pol zulässt, hat Amundsen vier Mann als Begleiter ausgesucht: Wisting, Bjaaland, Hassel, Hanssen. Auf vier Schlitten sind Verpflegung und Brennstoff für drei Monate gestapelt. Sie werden von 52 Hunden gezogen, die aus Nordgrönland stammen. Scott startet am 2. November mit fünfzehn Mann. Er fährt mit allem los, was er hat: Ein Motorschlitten, zehn Ponys und 23 Hunde aus Sibirien ziehen dreizehn Schlitten über das Schelfeis. Die Männer beider Expeditionen laufen auf Skiern – die Norweger gekonnt, die Briten gequält.

Amundsen kommt schnell voran. An jedem Breitengrad wird ein Depot angelegt und mit aufgetürmten Schneeblöcken markiert. Am Fuß des Transantarktischen Gebirges, 550 Kilometer vom Pol entfernt, haben die Norweger noch 42 Hunde. Mit allen Kräften schaffen sie den steilen Aufstieg zur Südpolarebene. Oben angelangt, lässt Amundsen 24 Hunde, deren Zugkraft nicht mehr gebraucht wird, erschießen. Sie können nicht weiter gefüttert werden, und ihr Fleisch ist als Hundefutter wertvoll. Schon am 14. Dezember 1911 erreichen Amundsen und seine Begleiter den Pol. Kein Zeichen, keine Spur, nichts zu sehen von Scott. Amundsen hat den Sieg – aber keine Genugtuung. Je weiter er auf der Rückreise vom Pol weg ist, umso weniger kann er mit seinem Südpol etwas anfangen. Jetzt überwiegt mehr und mehr das Gefühl, am falschen Pol gewesen zu sein – war nicht der Nordpol sein Ziel gewesen? Ohne Schwierigkeiten kehren die Norweger am 25. Januar 1912 mit elf Hunden und zwei Schlitten zur Basis an der Walfischbucht zurück. Für die 2600 Kilometer Luftlinie hin und zurück hatten sie 99 Tage gebraucht. Ihre Durchschnittsleistung von fast dreißig Kilometern pro Tag ist nicht nur außerordentlich, Amundsens Südpolexpedition wird bis in unsere Tage die schnellste Hundeschlittenreise dieser Art bleiben.

Als Scott den Beardmore-Gletscher erreicht, hat er von seinen zehn Ponys fünf verloren. Die restlichen lässt er erschießen, legt mit dem Fleisch ein Depot an – für den Rückmarsch. Nach dem gefährlichen Aufstieg auf das 3000 Meter hohe Plateau schickt Scott die Hilfsmannschaft zurück. Mit zwei Schlitten marschieren sieben Mann zu Fuß weiter. Stürme und stumpfer Schnee bremsen das Vorankommen. Ja, es wäre jetzt vernünftig umzukehren. Aber was heißt Vernunft? Scott muss weiter, Shackleton übertreffen. Er will mehr als den Pol, er will seinen Rivalen bloßstellen. So laufen die Briten zuletzt ins Verderben.

Amundsen hat nur den Pol erreichen wollen und den Ruhm, Erster zu sein. Scott will Heldentum. Sein Handeln ist weniger vom Gesetz des physischen Wettkampfs getragen als vielmehr von der Rivalität zweier Männer, die damals in Großbritannien um Anerkennung kämpften! Zudem will er beweisen, dass Briten Helden sind, für ›ihre Sache‹ zu sterben bereit. ›Die Reise hat wieder einmal gezeigt, dass Engländer Mühsale ertragen, helfen und dem Tod tapfer ins Auge sehen können wie in der Vergangenheit‹, schreibt Scott in sein Tagebuch. Diese Art der Selbstaufopferung, wie krankhaft sie auch sein mag, ist auf der Südpolarebene zwar überlebensnotwendig, zugleich aber tödlich. Denn Scotts Mannschaft ist inzwischen ein maroder Haufen. Am 4. Januar 1912 teilt Scott seine kleine Truppe ein letztes Mal. Mit nur noch einem Schlitten und vier Mann geht er weiter nach Süden – gegen jede Vernunft. Endlich, am 17. Januar 1912, ist Scott am Pol. Ja, er hat Shackleton geschlagen, Amundsen aber ist ihm zuvorgekommen. Neben die norwegische Flagge, die am spitzen Zelt am Pol flattert, pflanzt Scott den Union Jack.

Der Rückmarsch der demoralisierten Engländer wird zur Katastrophe. Zuerst sterben Evans und Oates, dreizehn Kilometer vor dem rettenden Depot die anderen drei. Scott inszeniert seinen Heldentod. Als man die Leichname acht Monate später findet, entdeckt man Scotts Tagebuch, das ihn ›unsterblich‹ machen wird. Scotts Fähigkeit, den Opfermut seiner Kameraden und seine eigenen Leiden plastisch zu erzählen, befriedigt bis heute das Bedürfnis nach tragischen Helden. Ich selbst aber wollte dieser Haltung nicht verfallen.

Vor dieser Schilderung von Leiden und Sterben verstummten alle Fragen über die unbrauchbaren Transportmittel, die unzureichende Planung und das Heldengehabe der britischen Südpolfahrer. Nicht zum Nachmachen geeignet, sagte ich mir.

Scotts Heldentum treibt Shackleton 1914 wieder in die Antarktis, zu jener ›Endurance-Expedition‹, die mir 75 Jahre später als Vorlage für die Antarktis-Durchquerung mit Arved Fuchs dienen sollte. Dabei griffen wir auf die Erfahrungen aller Polarfahrer – Amundsen, Scott und Shackleton – zurück, sollten aber bald erkennen, dass die Motive für eine Reise zum Ende der Welt so verschieden sein können wie die Charaktere der jeweiligen Akteure. Ich zum Beispiel wollte Shackletons Plan vollenden, Arved beide Pole innert Jahresfrist erreichen. Auch unser Marsch quer über die Antarktis wurde so zum Spiel mit Zielen und Motiven. Als ob der Irrläufe kein Ende wäre.«

25 Yeti-Nachwehen

»Zuerst ignorieren sie Dich,
dann lachen sie über Dich,
dann bekämpfen sie Dich,
und dann gewinnst Du.«

MAHATMA GHANDI (ZUGESCHRIEBEN)

Mit meinem Buch zum Yeti »Legende und Wirklichkeit« (1998) begann die »Yeti-Dämmerung«, so der Titel von Axel Klemmers Kommentar dazu im Magazin *Alpin:*

»Stell dir vor, Reinhold Messner knipst den Yeti, und alle sehen Jan Ullrich. 23 Jahre jung, rasierte Beine, Sommersprossen um die Nase, das Ohrläppchen kess beringt: der Held der welschen Straßen, unser Jan – erster Deutscher, der die Tour de France gewann!

Ungerechte Welt. Da macht der gelbe Jan nichts anderes als die Pedale treten und fährt Tag für Tag auf Seite eins in jeder Zeitung. Und Reinhold Messner? Ins ›Vermischte‹ gekippt, nach hinten. Wie aus Absicht stellte die *Süddeutsche Zeitung* die paar Zeilen vom Schneemenschen und seinem Erforscher neben die nette Anekdote vom Fußballphilosophen Lothar Matthäus, den die Satire-Zeitschrift *Titanic* geleimt hatte.

Matthäus und Messner: Zwei, die mal wer waren, machen den Kasper. Es ist traurig. Auf *Bayern drei* dozierte der Südtiroler über das Leben im Yeti-Volk, dass es zum Bauchhalten war. Und der Moderator, heiter-beherrscht, fragte, ob sein, Messners, Gehirn in der Höhe auch genug Sauerstoff bekommen habe. Hei, da wurde Messner böse; sein Gehirn kriege mehr Sauerstoff als das manchen Radioreporters. Wohl wahr. Aber sonst? Er merkt es nicht mehr. Dabei wäre es so leicht. Ein Foto hat er gemacht, ›gestochen scharf‹, das sollen wir sehen – in zwei Jahren! Da will einer die Öffentlichkeit faszinieren und vergisst, dass er ihr nur noch fürs ›Vermischte‹ taugt, hinten, zwischen Lothar Matthäus und den Quoten im Mittwochslotto. Das Foto auf dem Tisch, und am nächsten Tag wäre Medienalarm gewesen auf Juval. *New York Times, Le Monde,* der *Bergsteiger:* Alle wären sie gekommen, hätten Schneemann oder -frau über die Titelseite schlurfen lassen. Ein Yeti-Heim hätte Messner stiften können, Gutes tun, grenzgehen bis an seines Lebens Ende. Nie mehr Sorge ums Geld. Doch was sah das Volk? Jan Ullrich.

Der Yeti, wir erinnern uns, ist einer der letzten Träume des zivilisierten Menschen: Mythos gewordenes Sehnen nach den verlorenen Geheimnissen der Kindheit: ein Ding wie Nessie, zum lustvollen Fürchten. Wie rissen sich all die verzweifelten Redakteure um das haarige Original! Wo sie schon ›Sensation‹ brüllen müssen, tagelang, wenn ein Marsauto computerdoof gegen rote Steine bumst. Aber keiner kam zu dem Südtiroler, der sie alle erwartete. Das Bild in der Tasche, das er zwei Jahre später ...

Fußnoten für die Nachwelt: Nanga Parbat solo, Everest solo, siebter Grad, alle vierzehn Achttausender. Als Bergsteiger ist Reinhold Messner Legende. Als Medienereignis wird er zunehmend - tragisch. Noch hat er eine treue Gefolgschaft. Zu ihr herab steigt er, vor ihr verkündigt er, ihr verkauft er seine Bücher. Da gibt es nichts zu lachen. Die anderen aber schauen auf den rasierten Jan Ullrich. Und haben zwei Sekunden später vergessen, was ihnen ein Bärtiger in zwanzig oder 200 Jahren zeigen will - eigentlich schade.«

In einem Brief an Stefan Aust, zu der Zeit Chefredakteur des *Spiegel,* versuchte ich damals Sachlichkeit anzumahnen. Vergeblich. Die Häme zur Yeti-Geschichte, das Ungeheuer sei ein Bär und ich ein Kasper, war zu verkraften – da war ich selbst schuld –; die Erkenntnis aber, dass die Legende, seit Jahrhunderten überliefert, eine zoologische Entsprechung hat, war bewusst unterschlagen worden, und allein das war meine Entdeckung.

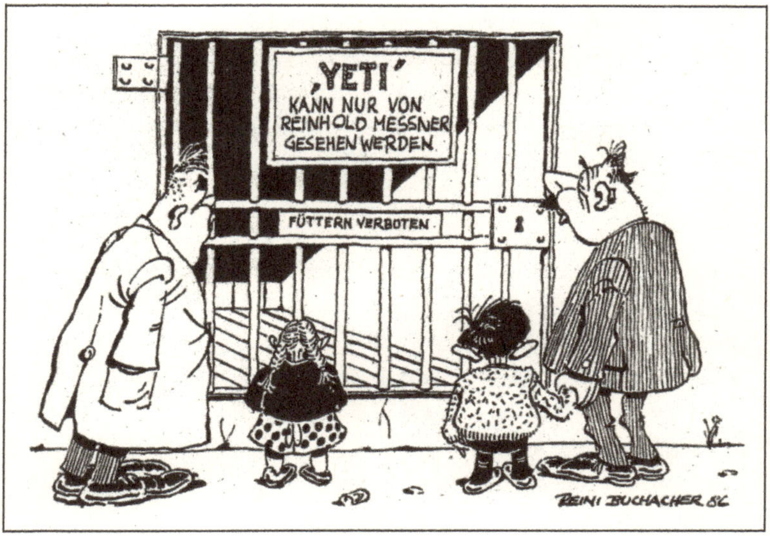

»Wie auch immer die Geschichte ins Blatt kam, sie ist abgeschrieben, nicht recherchiert und voller Vorurteile. Der Verfasser hat weder mein Buch gelesen noch bei mir nachgefragt. Mir geht es nicht um freundlich oder unfreundlich, es geht um die Sache. Sie haben sicher Verständnis dafür, dass ich auf die Lawine von Häme – ›Messner hat uns einen Bären aufgebunden‹ – reagiere, die der *Spiegel* damit im deutschen Blätterwald losgetreten hat.
Die drei Geschichten zu ›Messner und der Yeti‹, die in den letzten dreizehn Jahren im *Spiegel* erschienen, werden dem Thema nicht gerecht. Die erste ist aus der Welt geschafft worden durch ein TV-Gespräch mit Henry Glas. Die zwei anderen stehen als ein einziger Widerspruch im virtuellen Raum. Die letzte haben Sie als Chefredakteur zu verantworten, und ich freue mich, wenn wir uns im Fernsehen live darüber unterhalten können. Aber auch eine Buchbesprechung bzw. ein *Spiegel*-Gespräch zum Thema und der Art, wie es niedergemacht wurde, wäre eine Gelegenheit, die Vorurteile, die damit geschürt wurden, zu relativieren.

Als alter *Spiegel*-Leser zweifle ich bei der Yeti-Geschichte nach wie vor am guten Willen der *Spiegel*-Redaktion. Nichts gegen Kritik, nichts gegen investigativen Journalismus, aber in einen Spiegel aus Zynismus und Vorurteilen möchte ich nicht weiter schauen. Gezieltem Rufmord begegne ich übrigens mit Wut und nicht mit Unterwürfigkeit.«

In seiner Glosse in *Alpin* mahnte Clemens Kratzer das Narrativ zum Thema Alpinismus an, vergaß aber, dass auch der Yeti dazugehört:

»Der Yeti ist also kein Neandertaler, kein Schneemensch.
Die Sensationspresse verteilt Häme, und der Rest der Welt ist frustriert. Die Menschheit wird sich wohl von ihm abwenden. Von diesem Yeti. Der hat jetzt seine Ruhe. Hoffentlich. Wird sich die Menschheit auch von Messner abwenden? Kaum.
Zuwenden, so hoffen viele Alpinisten, sollte sich Reinhold Messner dem, was seinen Stempel trägt. Dem Alpinismus. Der Geschichte des Bergsteigens, verständlich gemacht, auch für die vielen Menschen, denen diese Materie zu abstrakt erscheint. Wer wäre besser geeignet als R. M., diese zu sammeln, zu dokumentieren, zu schreiben, zu verewigen? Bevor das ganze Wissen und die vielen großen und kleinen Taten auseinanderbrechen und vor der Welt nicht wieder auffindbar sind.
Mag nun ein anderer Grenzgänger losziehen, um werbewirksam die Spuren des Schneemenschen Yeti aufzulesen, ein Bärendienst, etwas für Balkenüberschriften.
Der Alpinismus braucht die Natur, die Unberührtheit, die Ehrlichkeit der Berge. Eine Welt, in der noch Träume, Wunder und Yetis möglich erscheinen.
Denn was eine Zukunft haben soll, muss auch eine Geschichte haben! Messner als brillanter Chronist und ehrlicher, auch mahnender Verwalter des Alpinismus, das wäre schön.
Und der Yeti? Die Legende und die Wirklichkeit?

Vielleicht ist es so wie mit Heinrich Spoerls ›Feuerzangenbowle‹: Wahr sind an allen Geschichten nur unsere Träume ...«

In einem *Focus*-Interview – »Die Wildnis verändert die Sicht der Dinge« – habe ich versucht, diese Haltung zu vertiefen.

F: »Haben Sie vor Ihrer ersten Begegnung an den Yeti geglaubt?«

RM: »Nein, vorher glaubte ich, der Yeti sei nur ein Hirngespinst.«

F: »Und nun soll der Yeti ein simpler Bär sein?«

RM: »Der Yeti ist nichts als ein Mythos, die Summe aus Tier und Legende. Ich schätze, dass der Yeti weltweit etwa einer Milliarde Menschen ein Begriff ist. Für mich ist der Yeti das wilde Gegenüber des Menschen im Spannungsfeld zwischen Zivilisation und Wildnis.«

F: »Wem sind Sie dann in der Wildnis begegnet?«

RM: »Die Himalaja-Bewohner sprechen von Chemo, Dremo oder Yethe. Es gibt viele Namen für das Ungeheuer. Yeti ist der Überbegriff. Zoologisch gesehen ist der Yeti ein Braunbär mit menschlichen Eigenschaften. Dieser Ursus arctos ist nicht zu verwechseln mit dem Kragenbär, den es dort auch gibt.«

F: »Ist es nicht trotzdem ein simpler Bär?«

RM: »Bei Tageslicht betrachtet, schon. Wenn Ihnen das Vieh aber mitten im unzugänglichen Hochgebirge und bei Nacht gegenübertritt, verändert sich die Sicht der Dinge. Die Welt wird plötzlich eine andere. Das Tier ist viel größer und zehnmal so stark wie Sie – und Sie haben keine Waffe bei sich. Sie sind chancenlos. Hätte der Chemo mich angegriffen, er hätte mich in Stücke gerissen.«

F: »Wo lebt der Yeti?«

RM: »Im gesamten Himalaja-Gebiet und im Karakorum, aber auch aus Sibirien und der Mongolei gibt es ähnliche Berichte. Ich gebe keine genauen Ortsangaben, damit nicht die Jagd auf ihn losgeht.«

F: »Könnte der Yeti nicht auch eine Art menschliches Wesen oder eine Affenart sein?«

RM: »Ich schließe das aus. Alle Geschichten, die mir Einheimische über den Chemo oder Dremo erzählt haben, decken sich mit den Beschreibungen zum Yeti, auch meine Beobachtungen, die Spuren, die Pfiffe weisen auf ein und dasselbe Tier hin.«

F: »Wie oder was pfeift der Yeti denn?«

RM: »Es klingt wie der Warnruf von Gämsen. Die Einheimischen haben mir immer wieder erzählt, ein pfeifender Yeti bedeutet Gefahr.«

Endlich, am 24.9.1998, las ich in der *Süddeutschen Zeitung* eine versöhnliche Stellungnahme unter dem Titel »Ein Bär zum Aufbinden: Reinhold Messner und der Yeti«:

»Alles Masche? Wie man's nimmt. Reinhold Messner gilt auch darum als Pionier, weil er seine persönliche Leidenschaft fürs Abenteuer konsequent zum Beruf gemacht hat. Den Umgang mit den Medien beherrscht er nicht weniger als den mit Seil und Haken, und so minutiös wie seine Expedition plant er seine Marketingkampagnen voraus. Doch eben als sein eigener Vermarkter steht Messner seit einiger Zeit vor einem Problem: der ohnehin schon vielfach gewendete Stoff geht ihm aus; und Nachschub lässt sich so ohne Weiteres nicht organisieren, auch weil er mit 54 mittlerweile in einem Alter steht, in dem selbst einem wie ihm bahnbrechende Eroberertaten nicht mehr in den Schoß fallen.

Aus dieser Lage konnte den Reinhold Messner eigentlich nur der Yeti retten. Die erste Beschreibung jenes zottig behaarten, doch gleichwohl aufrecht gehenden Untiers oder Unmenschen stammt aus dem späten Mittelalter; europäische Söldner waren dem mysteriösen Lebewesen angeblich in der Mongolei begegnet. In unserem Jahrhundert waren es vor allem englische Soldaten und Bergsteiger, die an den Abhängen des Himalajas von Neuem auf die Spur des Yetis stießen, im wahren Sinne des Wortes: Sie entdeckten, zeichneten und fotografierten immer wieder die merkwürdigen Fußspuren, die der große Geheimnisvolle hinterließ.

Manch einer behauptet gar, den Yeti selbst gesehen zu haben. Die Beschreibungen ähnelten sich, zur Freude zahlreicher Verfechter von spekulativen ›Der-Yeti-lebt‹-Theorien – und fielen doch allzu ungenau aus, um seriösen Zoologen eine exakte Einordnung des fabelhaften Wesens zu erlauben. Orang-Utan? Bär? Oder tatsächlich das lang gesuchte *missing link* zwischen Affe und Mensch? Forscher wie Laien zeigten sich zumindest irritiert über die ständig wiederkehrenden Yeti-Berichte – und aus dieser Lage konnte sie eigentlich nur Reinhold Messner retten. Wie, wenn er den Yeti entdeckte?«

Dass ausgerechnet ich es war, der die Legende aufklären könnte, wurde mir wieder einmal zum Verhängnis und als clevere Geschäftemacherei abgetan.

Vier Tage später, in seiner Randspalte im Feuilleton der *FAZ* vom 28.9.1998, zog Freddy Langer einen weisen Schlussstrich unter die Debatte:

»Den Yeti entdeckt zu haben scheint deshalb die falsche Bezeichnung für Messners dreizehn Jahre dauernde Forschungsarbeit; eher sollte man sagen, er habe ihn identifiziert. Das würde auch halbwegs würdig begründen, geschäftliche Interessen nicht ausgeschlossen, weshalb Reinhold Messner seit gut einem halben Jahr jede Frage nach dem Yeti mit einem Verweis auf sein 250 Seiten dickes Buch beantwortet. Es soll dieser Tage erscheinen und wird über die ausgeschmückten Legenden der Bauern und Nomaden des Himalajas die nüchterne, zoologische Wirklichkeit legen. Doch der Schlüssel zum Yeti kann der possierliche Yettybär auf den drei Farbfotografien letztlich nicht sein. Der liege, sagt selbst Messner, ›ausschließlich im Verhältnis der Bergbewohner zu ihren Bären‹. Denn ihnen soll er immer schon beides gewesen sein: Bär, wenn sie ihm tagsüber begegneten; die märchenhafte Figur des Schneemenschen hingegen nachts, im Wald, auf den Weiden und in einer Fantasie, die nicht zuletzt erotische Visionen bis in die Bärenhöhle trägt, den Yeti gleichsam zum eigenen animalischen Spiegelbild macht. Ein Wunder weniger also in unserer unpoetischen Welt? Nein, tröstete Messner und bestätigt einmal mehr, dass Aufklärung zum Letzten zählt, wonach den Menschen der Sinn steht. Bär hin, Yeti her. Der Mythos wird weiterleben, die irrationale Jagd auf den Schneemenschen weitergehen.«

26 Ötzi und die Folgen

»Allein bei seiner Lampe sitzen und Bücher vor sich aufgeschlagen haben, mit Menschen, die nicht mehr auf Erden weilen, auf diese Weise Freundschaft halten – nichts Tröstlicheres kann es für uns in diesem Leben geben.«

KONFUZIUS ODER JOHANN WOLFGANG VON GOETHE (ZUGESCHRIEBEN)

Im Herbst 1991 umrundete ich mit Hans Kammerlander Südtirol. Immer der Grenze entlang. Der Trip war als Frage nach unserem Selbstverständnis gedacht: Wer sind wir Südtiroler? Beim Blick nach innen und dem nach außen?

Dabei kamen wir in den Ötztaler Alpen auf der Similaun-Hütte vorbei. Der Wirt erzählte mir, dass zwei Tage zuvor eine Eisleiche zum Vorschein gekommen war, am Hauslabjoch, knapp neben der Grenze zu Österreich. Genau dort waren Hans und ich vorbeigekommen, hatten aber nichts gesehen.

Als Markus Pirpamer, der junge Wirt, mir die Axt der Mumie aufzeichnete – Holzschaft mit Eisenklinge, wie er erklärte –, wurde ich hellhörig. Genau so sahen die Äxte aus, die ich bei den Damis in Neuguinea eingetauscht hatte, 1971, gegen unsere Beile zum Holzspalten.

Mit Hans ging ich also zum Fundort, der uns beim Vorbeikommen im Nebel verborgen geblieben war, und wirklich: Da lag, im Schmelzwasser, wie in einem offenen Grab, eine spindeldürre Mumie, ausgepickelt, zum Teil immer noch festgefroren. Wir meldeten – zurück in der Hütte – unsere Sichtung bei den Carabinieri.

Im Tal fehle niemand, war die Antwort.

Theoretisch, dachte ich, könnte der Tote aus dem Beginn der Eisenzeit stammen, das Beil aber war von der österreichischen

Gendarmerie mitgenommen worden, für mich also nicht zu begutachten. War er 500, 2000 oder mehr Jahre alt? Alles Fragen, die ad hoc nicht zu beantworten waren. Nur eines war gewiss: Es war ein archäologischer Fund, und er lag auf unserer, der Südtiroler Seite, an der Grenze zwischen Italien und Österreich, an der Hans und ich entlanggekommen waren.

In den lokalen Medien wurden meine Aussagen belächelt, im Ausland sofort mit der Yeti-Sache in Verbindung gebracht. Wie im *Kurier* vom 24.9.91 zu lesen war: »Da zufällig Reinhold Messner – der ›Entdecker‹ des Himalaja-Yetis – im Rahmen einer Bergwanderung vorbeikam, wurde ihm der Fund gezeigt.« Zwei Tage später, in der *Abendzeitung,* dieselben Vorurteile: »Hat sich da jemand einen makabren Scherz erlaubt, eine Mumie im Eis deponiert? Dass ausgerechnet Reinhold Messner zur Stelle war, der auch schon den Yeti gesehen haben will, trägt nicht gerade zur Beruhigung der Zweifler bei.«

Im *Kurier* ging es weiter, die Geschichte von der Gletscherleiche wurde immer bizarrer:

»In die Rubrik Heiterkeit passen jene Gerüchte, die jetzt im Zusammenhang mit diesem archäologischen Fund kursieren: Man hätte dem Extrembergsteiger Reinhold Messner, der sich seinerzeit schon mit seiner Yeti-Geschichte - die *Krone* berichtete exklusiv - blamiert hatte, eine ›Leiche vor die Tür gelegt‹. Er hielt sich bekanntlich während seiner Wanderung durch die Berge Tirols in der Similaun-Berghütte auf und machte die ganze Sache durch sein cleveres Management publik.

Wer jedoch sollte, und vor allem wo, einen sehr alten Toten stehlen, sich Bronzezeit-Werkzeuge beschaffen - nur um Messner hereinzulegen? ›Hat sich da jemand einen makabren Scherz erlaubt, eine Mumie im Eis deponiert?‹, fragt auch die *Münchner Abendzeitung* in ihrer gestrigen Ausgabe und meint damit den ›Yetiisten‹ Messner ...

Ein sinnloser Streit ist indessen auch um die Frage entbrannt: Wem gehört der ›Gletschermann‹? Der Bürgermeister von

Sölden im Ötztal, auf dessen Gemeindegebiet die Mumie gefunden wurde, erhebt Ansprüche, ebenso die Republik Österreich via ›Bundesforste‹, die dort Grundeigentümer ist.‹«

Als Universitätsprofessor Dr.Konrad Spindler vom Institut für Ur- und Frühgeschichte an der Universität Innsbruck sich betreff Gletschermumie vom Hauslabjoch bei mir meldete, bekam ich eine Stimme und meine Aussage Gewicht. Als Fundort war inzwischen die Südtiroler Seite bestätigt worden, und Dr.Spindler bat um meine Mithilfe bei der Aufklärung der Sache:

»Wie wir aus verschiedenen Presseberichten erfahren haben, sind Sie während Ihrer ›Südtirol-Umwanderung‹ mit Ihrem Bergkameraden Hans Kammerlander kurz nach Entdeckung der Gletscherleiche am Fundort gewesen.
Sie waren damals der Erste, der das hohe Alter des Fundes richtig erkannte und ihm eine außergewöhnliche archäologische Bedeutung zumaß. Insbesondere diese Ihre Äußerung, die wir der Presse entnommen haben, veranlasste uns, uns frühzeitig mit den für die Bergung der Leiche beauftragten Gerichtsmedizinern in Verbindung zu setzen, um die wissenschaftliche Bearbeitung der Leiche und ihrer Befunde in die Wege zu leiten.
Zu diesem Zweck ist an unserem Institut im Auftrag der Südtiroler Landesregierung eine zentrale Dokumentationsstelle eingerichtet worden, die von unserer Mitarbeiterin Mag. Zissernig Elisabeth geleitet wird. Diese Stelle hat unter anderem den Auftrag, alle Vorgänge, die im Zusammenhang mit diesem Fund von seiner Entdeckung bis zur Überführung in die Innsbrucker Gerichtsmedizin stehen, zu klären, soweit sie von wissenschaftlichem Belang sind.
Wir wären Ihnen daher sehr zu Dank verpflichtet, wenn Sie uns Gelegenheit gäben, zu einem noch zu vereinbarenden Zeitpunkt Ihre Beobachtungen an der Fundstelle unserer Frau Zissernig mitzuteilen.

Frau Zissernig wird sich dieserhalb in den nächsten Tagen telefonisch mit Ihnen in Verbindung setzen, um Ort und Zeitpunkt einer solchen Begegnung zu vereinbaren. Bitte lassen Sie uns eine Verbindungsmöglichkeit mit Ihnen wissen. Entstehende Unkosten werden Ihnen selbstverständlich vergütet.«

Am 3.12.1991 zwischen 10.00 und 11.30 Uhr kam es in München zum angefragten Gespräch mit Frau Zissernig, das wie folgt festgehalten wurde:

»Am Samstag, dem 21.9.91 kam Messner gegen 16.00 Uhr im Zuge seiner Südtirol-Umrundung gemeinsam mit seinem Bergsteigerkollegen, Hans Kammerlander, und einem lokalen Etappenbegleiter, Kurt Fritz, zur Similaun-Hütte.

Gleich bei der Ankunft erzählte der Hüttenwirt, Markus Pirpamer, von einem verunglückten Bergsteiger mit einem sonderbaren Eispickel. Er fertigte auch eine Skizze dieses Geräts an. Der Beschreibung nach war die Klinge des Pickels aus Eisen, was Messner an ein Gerät aus der Eisenzeit denken ließ. Es herrschte große Aufregung, alle möglichen Vermutungen wurden ausgesprochen, bis man sich gegen 17.00/18.00 Uhr entschloss, zur Fundstelle aufzubrechen.

Der Heimatforscher Hans Haid und seine Gattin Gerlinde Haid, die sich zu diesem Zeitpunkt auch in der Similaun-Hütte aufhielten, um sich mit Messner zu treffen, schlossen sich den drei Bergsteigern an. Das Tempo konnten sie jedoch nicht halten und trafen somit erst später am Fundort ein.

Messner benötigte für den Aufstieg circa eine halbe Stunde. So trafen die drei Bergsteiger gegen 17.30/18.30 Uhr an der von M. Pirpamer beschriebenen Stelle ein.

Wie erwartet fanden sie eine schwarze Plastikfolie vor. Messner und Kammerlander hoben sie zur Seite, und es bot sich folgender Anblick:

Vor ihnen lag, mit dem Gesicht nach unten, eine perfekt konservierte Mumie. Bis zur Hüfte war sie bereits aus dem Eis herausgepickelt. Die freien Körperteile waren komplett nackt.

Nicht einmal Haare waren zu sehen. Am Hinterkopf wies der Leichnam eine Verletzung auf. Hier war die Haut abgeplatzt, was Messner veranlasste, an einen Schlag auf den Hinterkopf zu denken. Unter dem Kinn befanden sich Schnüre oder ein Geflecht aus Spagat, was beim Aufheben des Kopfes gesehen werden konnte [...]. Am Rücken wurden Brandmale beobachtet.

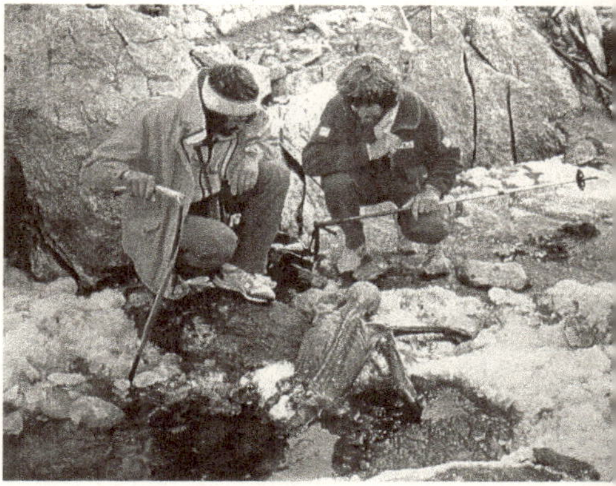

Mit Hans Kammerlander an der Ötzi-Fundstelle

Die Arme waren freier als am Foto von Anton Koler, welches am Vortag aufgenommen wurde. Der rechte Arm war sogar fast gänzlich sichtbar, sodass festgestellt werden konnte, dass der Tote nichts in der Hand hielt. Ein Teil der Hüfte war schon aus dem Eis befreit. Die Beine jedoch waren von Wasser und einer dünnen Eisschicht bedeckt. Eine Art Fell- oder Lederbekleidung konnte aber dennoch festgestellt werden. Stoffreste wurden nicht beobachtet. Im Bereich der Füße befand sich Heu, was Messner stark an die Schuhbekleidung der Lappen erinnerte. Er sah allerdings nur einen Schuh, da die Beine leicht übereinanderlagen.
Unmittelbar bei der Leiche lag ein Hölzchen mit Löchern. Es wurde von Messner als Korbverstärkung gedeutet.
Ungefähr zwei Meter vor dem Kopf des Toten lag Birkenrinde, die dem vorher in der Similaun-Hütte von M. Pirpamer gezeigten Stück sehr ähnlich war.
Noch ein Stückchen weiter in derselben Richtung, circa drei Meter vom Kopf des Toten entfernt, wurden etwas erhöht auf einem Felsen weitere Gegenstände beobachtet: Schräg im Eis steckend (früher vielleicht am Fels lehnend?) und mit einem Ende fest im Eis, befand sich ein Stab, der Bearbeitungsspu-

ren aufwies. Man versuchte, ihn aus dem Eis herauszupickeln, was aber nicht gelang, da das Wasser andauernd nachfloss. Dieses Stück erinnerte Messner an Bögen in Neuguinea. Man fragte sich, wie man mit einem Eisenbeil dieses Holz wohl bearbeitet haben könnte. Ein Schweizer Taschenmesser schien in diesem Fall als Bearbeitungswerkzeug einleuchtender.

Weiters befanden sich in einem Spalt Fellreste und jede Menge Schnüre. Die Holzreste der sogenannten Trage konnten von Messner nicht beobachtet werden.

Inzwischen war auch das Ehepaar Haid eingetroffen. Man diskutierte, fotografierte und stellte so manche Überlegungen zur Todesursache an.

Nach ungefähr einer Stunde Aufenthalt, gegen 18.30/19.30 Uhr, brachen alle fünf Personen, Messner, Kammerlander, Fritz, H. u. G. Haid, zum Rückweg auf. Zuvor wurde die Leiche wieder sorgfältig mit der schwarzen Plastikfolie zugedeckt.«

1992 wurde behauptet, ich hätte den Ötzi »kastriert« und Beifunde zerstört, lauter Aussagen, denen Professor Spindler entschieden widersprach. Die *Bild*-Zeitung aber fragte weiter: »Hat Messner selbst den Gletschermann ins Eis gelegt?« und »ein ›komischer Zufall‹, dass ausgerechnet Gipfelstürmer Messner so nahe an Ötzis Fundort war. […] Ötzi ist vielleicht sogar eine ägyptische Mumie. Hat sie gar Messner dort hingelegt?« Lauter Kolportagen.

1993 erschien das Buch »Die Ötztal-Fälschung«, in dem Michael Heim – ein Historiker – und Werner Nosko behaupteten, Ötzi sei eine Fälschung.

»Wieso tauchte ausgerechnet der Alpenhallodri Reinhold Messner als einer der ersten Augenzeugen am Fundort auf?«, so eine weitere Beleidigung.

Sollte ich darauf noch antworten?

Der Höhepunkt war »Die Botschaft aus dem Eis«, so der Untertitel des Buchs mit dem Titel: »Ich war Ötzi«. Burkhard Hickisch und Renate Spieckermann erzählten die Geschichte einer Reinkarnation, und niemand wollte erkennen, warum Fälschungen und dieser Humbug lieber gelesen werden als meine laienhaften Erkenntnisse.

Mit Yeti und Ötzi wurde klar, dass mit meinem Namen und auf meinem Rücken jeder Unsinn zu verkaufen war. Mehr nicht.

27 Solardach, Bürokratie und Eigenverantwortung

»Die Heimatpfleger, diese Vereine mit diesem zwanghaften Hang, alles pflegen zu wollen, sind die kleinste totalitäre Einheit, die ein Staat, ein Land, ein Volk hervorzubringen imstande ist.«

Elsbeth Wallnöfer

In den Siebzigerjahren des vergangenen Jahrhunderts war es ein bürokratischer Kraftakt, eine Genehmigung für die Besteigung eines Achttausenders zu bekommen. Ob in Indien, Nepal oder Pakistan. Ein entsprechendes Ansuchen war mit Reisen nach Rom, Vorsprache in entsprechenden Botschaften und oft mit jahrelangem Briefverkehr verbunden.

Gegen Ende des Jahrtausends aber hatte unsere europäische Bürokratie jene in den Entwicklungsländern überholt. Ich erfuhr es 1993 bis 1994, beim Sanieren eines kleinen Nebengebäudes von Schloss Juval. Zuerst erhielt ich die sofortige Arbeitseinstellung. Es folgte die Anordnung zur Wiederherstellung des ursprünglichen Zustandes des Gebäudes.

Ich reagierte mit einem handschriftlichen Brief an den Bürgermeister von Kastelbell und mit einem Einschreiben an den Landesrat für Landschaftsschutz in Bozen.

Reinhold Messner - Juval, 18.11.93

»An die Baukommission Kastelbell
Zu Hd. des Herrn Bürgermeisters,
Betrifft: Wiederinstandsetzung des ›Häusls‹ auf Juval

Nachdem ich im Frühling 1993 einen Teil des Schlossfelsens, die Zufahrt und damit auch das ›Häusl‹, das als Baumanns-Häusl in alten Schriften vermerkt ist und mit Unterbrechungen bewohnt war, erworben habe, beeilte ich mich, durch Wiederinstandsetzung des Daches dem weiteren Verfall vorzugreifen.

Damit bitte ich die Baukommission von Kastelbell, die Restaurierung dieses ›Häusls‹ in der gegebenen Form mit den hergebrachten Materialien (Stein, Holz, Schindeldach) zu genehmigen.
Im guten Glauben, für reine Erhaltungs- und Wiederinstandsetzungsarbeiten keine Baugenehmigung zu brauchen, habe ich mit den Arbeiten bereits angefangen. Ich bitte, mir dies nachzusehen.
Mit besten Grüßen
R. Messner«

Reinhold Messner - Juval, 19.11.93

»Herrn Landesrat
Dr. Erwin Achmüller
Verwaltungsamt für Landschaftsschutz
»Betrifft: Wiederinstandsetzung des ›Baumann-‹, ›Tagwerker-‹, ›Wegmacherhäusl‹ auf dem Hügel von Juval, das ›Häusl‹ genannt wird.
Vorausgeschickt, dass
1) die mir für das Schloss Juval zustehende Zufahrt in den unteren Schlosshof (für Holz- und Materialtransport) zehn Jahre lang verweigert worden war, war ich gezwungen, diese käuflich zu erwerben. Damit fiel auch die zweite Hälfte des ›Schlossbergs‹ und das ehemalige ›Baumann-‹, auch ›Tagwerker-‹, oder ›Wegmacherhäusl‹ an mich. (Kaufvertrag vom 13. April 1993; Zustimmung der Höfekommission vom 1. März 1993);
2) dieses ›Häusl‹ einer Urkunde, mehreren Zeugenaussagen, der Anlage und Architektur entsprechend als Wohnhaus gebaut und genutzt worden war. (Die Zweckentfremdung in den letzten Jahren widerspricht dem nicht.) Stadl war das Gebäude nie;
3) das alte, total morsche Futterhaus des Unteren Schlossbauern abgetragen werden soll, wenn an günstigerer Stelle ein neues erstellt sein wird;

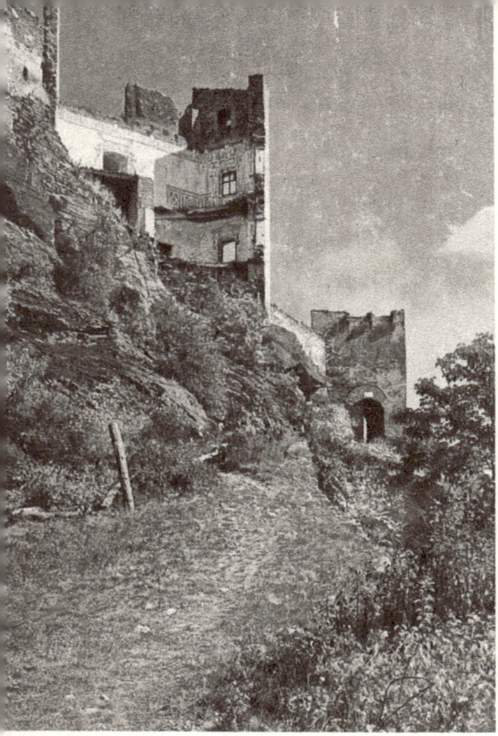

habe ich im guten Glauben, für reine Wiederinstandsetzungsarbeiten keine behördliche Genehmigung zu brauchen, unser ›Häusl‹ genau so wiederhergestellt, wie es war bzw. gebaut worden sein dürfte. Auch benützte ich dieselben Materialien (Stein, Holz, Schindeldach) wie einst.
Einzig die Solaranlage auf dem Südostflügel des Satteldaches ist ein modernes Element. Als umweltbewusster Südtiroler kann ich auf dem sonnenreichen Hügel von Juval eine andere als diese Form der Warmwasseraufbereitung nicht vertreten. Ich bitte, diesen Aspekt bei der Diskussion um die nachträgliche Genehmigung zu berücksichtigen.
Nach der Wiederinstandsetzung der Halbruine Schloss Juval, der Rettung des Oberortlhofes vor dem totalen Zerfall wollte ich dem Niedergang des ›Häusls‹, das einst zum Schlossbesitz gehört hatte und bewohnt gewesen war, vorbeugen, um alle meine Gebäude im Einsichtsbereich des Schlosses in ihrer ehemaligen Bausubstanz, Form und Ausstrahlung zu bewahren.
Mir geht es auf Juval nicht um einen romantischen Spleen, sondern um das Erhalten und Beleben einer Kulturlandschaft, die in ihrer Harmonie einmalig ist und bleiben muss.
Ich bin mir inzwischen bewusst, dass ich mit meinem letzten Schritt eines Wiederherstellungsversuches von Juval bürokratisch gesehen Fehler gemacht habe. Trotzdem habe ich wenig Verständnis dafür, wenn im Landesamt für Umwelt-

schutz eine öffentliche Hatz auf den ›Bau- und Umweltsünder Messner‹ beginnt, ohne dass vorher eine Rücksprache mit mir gesucht wird. Und das alles für einen Einsatz, der das Gegenteil bewirkte.

Es gibt noch viel zu tun auf Juval. Die Aufräumarbeiten und die Pflaster- und Grünanlagengestaltung werden weitere fünf Jahre dauern. Sollte es mir trotz aller Widerstände gelingen, mein Konzept vom ›Gesamtkunstwerk Juval‹ zu verwirklichen, erwarte ich keinerlei Anerkennung. Ich erwarte mir hier und jetzt den Respekt all jener, denen Kultur und Landschaft wichtig sind. Ich erwarte mir auch den Respekt der Landesregierung.

In diesem Sinne erbitte ich die Rücknahme der Baueinstellung und erwarte Ihre Anweisung zur Behebung des Falles.«

Ein halbes Jahr lang habe ich mich mit dieser Sache – Baukonzession, Wiederinstandsetzung, Flächenwidmung – geplagt, Anwälte beschäftigt, viel Zeit verloren, alles nur, um der Bürokratie zu entsprechen.

Das Häuschen – inzwischen hat sich herausgestellt, dass es schon im 18. Jahrhundert als Wohnung für die Verwalterfamilie des Schlosses genutzt worden war – war in Form und Größe unverändert geblieben. Nur Schindeldachdeckung und Isolation waren erneuert worden.

Zuletzt wurde die Wiederinstandsetzung genehmigt, aus landschaftlichen Gründen aber wurde empfohlen, die auf dem Dach installierte Solaranlage abzubauen.

Meine Reaktion:

»Betreff Solaranlage auf dem ›Tagwerkerhäusl‹

[...] Nachdem ich das ›Tagwerkerhäusl‹ auf Juval, das nachweislich seit Jahrhunderten als Wohnhaus für Verwalter bzw. Tagwerker der umliegenden Höfe gedient hatte, gegen Anzeigen und Abbruchverfügung habe verteidigen können, sehe ich mich nach Ihrem Bescheid vom 11. 4. 94 (Prot.

Nr. 28.2 CA/cv/1915) gezwungen, die kleine Solaranlage auf dem SO-Flügel des Satteldaches abzubauen.
Ich möchte in diesem Zusammenhang nicht auf die ›Vergewaltigungen‹ eingehen, die, was den Landschaftsschutz in Südtirol betrifft, fast täglich verbrochen werden. In Juval, das gilt für Burg und Höfe gleichermaßen, habe ich mir, meinen Besitz betreffend, strengere Auflagen gemacht, als sie die Landesregierung erlassen hat. Und dies nicht nur, weil ich in Sachen Umweltschutz und Landschaftsschutz vorbildlich bauen und arbeiten will, in erster Linie aus Respekt für die Natur und die einmalige kleinräumige Kulturlandschaft vor Ort.
Obwohl die oben genannte Solaranlage vom ökologischen Standpunkt aus betrachtet bleiben müsste und ästhetisch nicht stört (es ist eine Erziehungsfrage, sich an neue Baustoffe zu gewöhnen), beuge ich mich Ihrem Bescheid und damit einem alten Sprichwort: ›Gegen Dummheit ist kein Kraut gewachsen.‹
Es ist mir wohl bewusst, dass die hier diskutierte Angelegenheit von Beginn an nur im Nährboden einer Neidgesellschaft zu einer Bedeutung hochgespielt werden konnte, die ihr nie zustand. Auch ist es augenscheinlich, dass die Solaranlage einer Rechthaberei zum Opfer fällt, die Ihren Beamten über die Sache geht.
Nachdem ich aber müde geworden bin, Beschwerden zu führen, räume ich mein Dach. Das Feld aber räume ich nicht. Umweltschutz geht bei mir vor. Eine letzte Eingabe: Da ich nach Ihrer Anzeige italienweit als Umwelt- und Bausünder gebrandmarkt worden bin, muss ich in einer etwaigen Publikation, Juval betreffend, auf den Vorgang ›Wegmacherhäusl‹ ebenso eingehen wie auf die verbotene Solaranlage. Denn meine Burg mit den Zugebäuden wird in naher Zukunft öffentlich zugänglich sein.«

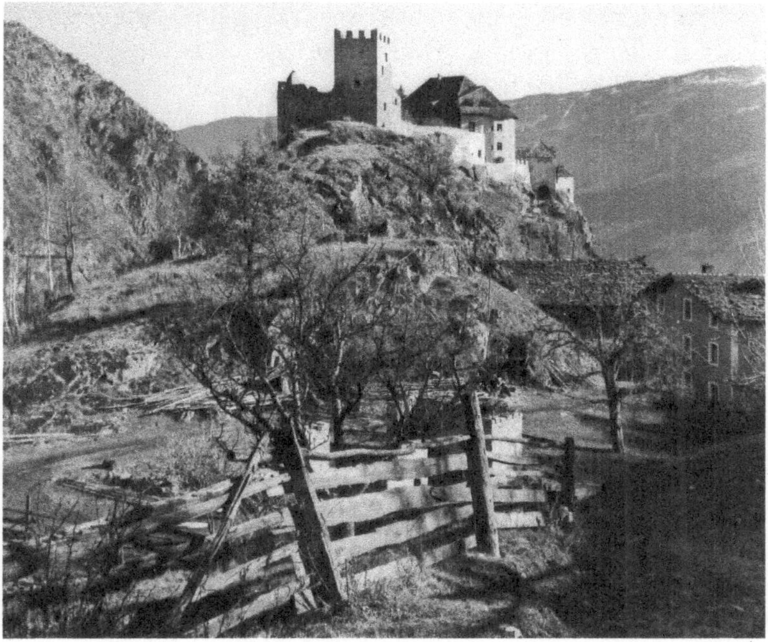

Ein nächstes Verbot kam vom Amt für Jagd und Fischerei. Meine kleine Yakherde, die ich seit Jahren in Sulden am Ortler hielt, sollte von der Sommerweide abgetrieben und beim Bauernhof im Tal hinter doppelten Zäunen gehalten werden, bis eine endgültige Klärung durch das Umweltministerium in Rom getroffen sei, denn ich hatte für »Wildtiere« keine Zoogenehmigung.

Meine erste Reaktion galt wieder der Aufklärung:

»Die Herren in Rom scheinen leider nicht zu wissen, dass es einen Unterschied gibt zwischen Wildyaks (›Bos mutus‹) und domestizierten Yaks/Haustieryaks (›Bos mutus grunniens‹), wie Sie aus beiliegenden Unterlagen ersehen können. Wir halten in Sulden domestizierte Yaks und bitten dies zu berücksichtigen.«

Ich legte Unterlagen der deutschen »Yak-Kamel-Stiftung« bei und bat, meinen Yaks ihr Habitat zu lassen, das in Sulden am Ortler dem in Tibet nahekommt:

»Der Yak, ein Hochgebirgsrind, ist von lebenswichtiger Bedeutung für die Bergregionen Zentralasiens. Yaks haben sich an die steilen Hänge der Bergweiden und die extremen Hochgebirgstemperaturen optimal angepasst. Sie sind ausgezeichnete Tragtiere. Sie produzieren Milch und andere lebensnotwendige Produkte für die asiatischen Bergbauern und Nomaden, die in den Hochebenen Zentralasiens leben. Da Informationen über diese Tierart nur sehr begrenzt zur Verfügung stehen, soll dieser Beitrag zum Verständnis einer Tierart beitragen, ohne die ein Überleben der Menschen in den Hochgebirgsregionen Asiens nicht möglich ist.

In China leben zwölf Millionen, in der Mongolei 50000 Yaks, und sie bilden zusammen über neunzig Prozent des Weltyakbestandes.

Der Yak wird als Haustier hauptsächlich auf den Hochebenen von Qinghai und in Tibet gehalten, die vom Himalaja umrahmt werden. Zu diesen Gebieten gehören die Provinzen Gansu, Qinghai, Sichuan und Yunnan sowie die autonomen Gebiete Tibet und Xinjiang Uygur. Durch den Yak werden circa 88 Millionen Hektar hoher Gebirgsweiden wirtschaftlich genutzt, die anderweitig nicht oder nur bedingt Verwendung finden können. Damit steht dem chinesischen Yak ein Drittel der gesamten Weidefläche Chinas zur Verfügung, und er verfügt über eine unermessliche Nahrungsquelle.

Der Yak gehört zur Spezies ›Bos grunniens‹ des Genus Bos. Wenn man alten Überlieferungen Glauben schenken darf, so stammen die heutigen Haustier-Yaks von den wilden Yaks ab, die circa 2500 v. Chr. domestiziert wurden. Die frühesten Orte der Domestikation waren Tibet und die Nordhänge des Himalajas. Man findet heute noch wilde Yaks auf den Hochebenen von Tibet und Qinghai. Sie sind eine der wenigen wild lebenden Rinderspezies in China.

Der Yak ist ein Vielzweckrind. Er verfügt über vier wirtschaftliche Potenziale: Arbeitskraft, Milch, Fleisch, Wolle.
Adaptionsfähigkeit und Arbeitskraft: Die Yaks zeichnen sich aus durch eine hohe Adaptionsfähigkeit an große Höhen, an einen geringen Luftdruck und an einen niedrigen Sauerstoffgehalt der Luft. Bedingungen, wie man sie auf den Hochplateaus vorfindet. Ihr Lebensraum sind Bergweiden, die 3000 Meter über dem Meeresspiegel liegen. Die Sommerweiden in Tibet erreichen sogar Höhen bis zu 5500 Meter.
Die Yaks verfügen über einen sehr breiten, tiefen Thoraxbereich mit langen, gebogenen Rippen. Die Luftröhre ist auffallend dick und groß, und der Abstand zwischen zwei Knorpeln ist beträchtlich, sodass sie sich in hohem Maße an eine beschleunigte Atmungsfrequenz anpassen können.«

Ich war damals auf Expedition, der Sommer verging, unsere Tiere mussten im Tal bleiben, und ich war – zurück in Südtirol – erstaunt darüber, wie viel Energie die Bürokratie ihnen widmete ... Wie viel Zeit hätte ich in Visionen stecken wollen, die die Welt hätten verbessern können, wenn man mich nicht mit Verboten gebremst hätte. Oft war es zum Verzweifeln.

Auch ein letzter Versuch, die Sache zu bereinigen, scheiterte:
»Im letzten Dezember wurden wir leider falsch beraten, und so ist uns der Fehler unterlaufen, die Yaks in Sulden als ›Bos mutus‹ beim Amt für Jagd und Fischerei im Sinne des Ministerialdekretes vom 19. April 1996 anzumelden, obwohl es sich bei unseren Tieren natürlich nur um ›Bos mutus grunniens‹ (domestizierte Yaks) handeln kann, demzufolge sie dem obgenannten Dekret nicht unterliegen. Zur Richtigstellung ziehen wir hiermit unsere Anmeldung vom 17.12.1996 zurück und erachten den gesamten Briefverkehr zu dieser Angelegenheit als gegenstandslos.
Damit hoffen wir, dass das Gesuch der Seilbahnen Sulden GmbH um Weidegenehmigung unserer Tiere im Bereich der Seilbahn-Bergstation positiv behandelt wird.

Im Zuge der Bauarbeiten auf meinem Hof in Sulden werden wir sowieso auf dem Gelände, wo die Yaks gehalten werden, einen stabilen Holzzaun errichten und bei den Tieren die vorgeschriebenen tierärztlichen Untersuchungen vornehmen.«

Endlich, am 22. September, kam die Genehmigung vom Umweltministerium: Unsere Yaks seien nicht zu den gefährlichen Tieren zu zählen. Unterschrieben war das Dokument vom italienischen Umweltminister Edo Ronchi.

Wie viel Kreativität, Energie und Lebensfreude gehen mit der wachsenden Bürokratie in ganz Europa verloren? Als wäre es eine ansteckende Krankheit – unheilbar dazu –, nimmt diese Bürokratie aber ständig zu.

Man redet in den Parlamenten zwar von Bürokratieabbau, von schnelleren Genehmigungsverfahren, von klareren Gesetzestexten – das Gegenteil aber ist der Fall.

Wo bleiben die Selbstverantwortung der Bürger, der Hausverstand, der Spielraum für Alternativen?

Als Bergsteiger und Abenteurer war ich ein Leben lang den Gesetzen der Natur, der Wildnis verpflichtet, ihren Gefahren ausgeliefert. – »Keine Macht für niemanden« hieß meine Form der Anarchie. In der bürgerlichen Welt hingegen sah ich mich meiner Freiräume beraubt, immerzu eingeschränkt.

Zurück von Expeditionen war es besonders bitter. Mich mit Verboten und Verfahren herumzuschlagen, die zuletzt eingestellt werden mussten, nahm mir viel Kraft, oft auch, weil ich es besser zu machen wusste, als der Gesetzgeber es sich ausgedacht hatte.

28 Expo Hannover und Mitglied des Europaparlaments

»Wähle einen Beruf, den Du liebst - und Du brauchst keinen Tag in Deinem Leben mehr zu arbeiten.«

KONFUZIUS

1999 wurde ich als Parteiloser (Südtiroler) auf einer grünen Liste in Nordostitalien ins Europaparlament gewählt. Als Quereinsteiger hatte ich kaum politische Erfahrung und gab mich mit der Rolle eines Hinterbänklers zufrieden. Aber schon im Jahre 2000, anlässlich der Expo in Hannover, wurde ich daheim mit den Machtspielen der Politik konfrontiert.

Die Europaregion Tirol-Euregio – Tirol-Südtirol–Trentino – warb zur Expo 2000 – ohne mein Einverständnis – in Hannover mit meinem Namen. Eine so weitgehende Mitarbeit aber konnte nur mit meinem Einverständnis erfolgen, denn ich wollte nicht »auf zwei Hochzeiten tanzen«. Also bat ich die Organisatoren, weder meinen Namen noch mein Bild in irgendeinem Zusammenhang für PR-Zwecke auf dieser Expo zu nutzen: »Da ich mich und meinen Namen bei der Expo 2000 ausschließlich in der Mittelstation des Leitner-Lifts einbringe, bitte ich Sie, meinen Namen aus all Ihren Publikationen fernzuhalten.«

Der Trick des offiziellen Südtirol-Auftritts auf der Expo war der, mich vor Ort werbetechnisch zu nutzen und meinen Einsatz daheim in Südtirol zu verschweigen. Dem wollte ich widersprechen. Deshalb folgender Vorschlag, nachdem die Expo 2000 in Hannover nur schleppend angelaufen war:

»Nachdem die oberste Plattform der Mittelstation des Skyliners (Firma Leitner, Sterzing) zu einem der meist besuchten Plätze auf der Expo 2000 geworden ist (circa 45 Prozent der Expo-Besucher kommen dort vorbei), wäre ein Hinweis dort die beste Werbung für den Euregio-Pavillon und unser Land. Unser Vorschlag – mit Michael Seeber von der Firma Leitner allerdings erst abzusprechen – ist, dort das berühmte ›Wildspitz-Panorama‹ (5 Meter x 2,5 Meter) von Diemer/ Malfatti zu hängen. Wir Trentiner, Tiroler, Südtiroler müssen das Thema Berg besetzen und dabei auf Qualität achten, besonders auf der Expo! Denn eine Weltausstellung kennt nur flüchtige Besucher, und diese werden überfüttert mit Eindrücken. Dabei bleibt nur eine klare Message, eine starke Emotion hängen. Schade wäre nur, wenn für den Tourismus von der Expo keine Resonanz käme.«

Das Malfatti-Bild hängt heute im Museum über die Bergbevölkerung in Bruneck, die Zusammenarbeit im Rahmen der Expo 2000 wurde bis zuletzt verschwiegen. TV und Printmedien in Südtirol berichteten nicht darüber.

Meine Pressemitteilung dazu vom 7.6.2000:

»Obwohl sich der Euregio-Stand auf der Expo 2000, vom Land mitfinanziert, als Fiasko erwiesen hat, weigern sich die offiziellen Medien in Südtirol weiter hartnäckig, über die Begegnungsstätte ›Mount & Mystery‹ von Reinhold Messner zu berichten. Dabei ist diese Ausstellung auf der Mittelstation des Skyliners der Firma Leitner, der zu einer der Attraktionen der Expo geworden ist, eine hochwertige Auseinandersetzung mit dem Thema Berg und damit ein Aushängeschild für Südtirol sowie die gesamte Euregio.«

29 Hinterbänkler in Brüssel

»Politik, die Kunst des Kompromisses und der Überzeugungsarbeit, war nie mein Lebensinhalt. Im EU-Parlament gelandet, waren mir Europa und der Bürokratieabbau wichtig, ohne zuletzt etwas ausrichten zu können.«

REINHOLD MESSNER

1995, angeregt durch unseren Erfolg in Grönland, wagten mein Bruder Hubert und ich eine Expedition ins nördliche Polarmeer. Unser Plan: ohne jede Unterstützung von Sibirien über den Nordpol nach Kanada zu kommen.

Am ersten Marschtag – arktische Nacht, minus 52 °Celsius, dünnes Meereis – verfolgte uns ein Eisbär. In der zweiten Nacht brach das Eis um uns, wir hatten nur noch eine Chance: zurück aufs Festland! Hubert fiel ins Wasser, Nahtoderlebnisse, Eisschollen, die uns zu zermalmen drohten – wir hatten Glück, überlebten.

Wieder zurück in Juval – Regen, jemand hatte den Torschlüssel abgezogen –, kletterte ich über die Umfriedungsmauer der Burg und stürzte in den Innenhof. Ich war an einem regennassen Griff abgerutscht, konnte in der Dunkelheit nichts sehen, auch nicht instinktiv reagieren, und schlug mit dem rechten Fuß auf einer Granitstufe auf. Die Folge: ein offener Fersenbeinbruch. Das Ende meiner Zeit als Abenteurer?

Nach einer schwierigen Operation hatte ich viel Spott und noch mehr Häme zu ertragen. Selbst schuld! Wieder hatte ich mich dem Invalidendasein zu stellen. Aufgeben aber konnte ich nicht: Ein gelingendes Leben hing immer noch vom Mut ab, es auch zu wagen. Meine Reisen galten künftig dem Studium der heiligen Berge, meine neue Aufgabe sah ich im Sichern des Narrativs zum traditionellen Alpinismus.

Bevor ich beim Land Südtirol um die Ruine Sigmundskron als Sitz für ein Bergmuseum anfragte, wollte ich wissen, ob und wie ein solcher Begegnungsraum funktionieren könnte. In jeder Hinsicht. Im Schloss Juval – einst auch Burgruine – testete ich dafür verschiedene Formen des musealen Erzählens.

Die Begeisterung im Land für ein solches Projekt aber blieb verhalten, obwohl der Bürgermeister von Bozen und der Südtiroler Landeshauptmann Interesse dafür zeigten. Ich gab nicht auf.

2004 trat ich nicht wieder zur Europawahl an, weil ich mein Museumsprojekt gefährdet sah. Die Gegnerschaft und meine Heimatverbundenheit für Südtirol standen sich gegenüber.

Unter dem Titel »Ich habe fertig« erschien damals ein Interview mit Florian Kronpichler in der Wochenzeitschrift *ff* in Südtirol:

ff: »Herr Messner, Sie haben dem Landeshauptmann das Thema für seine Sommer-Pressekonferenz vorgegeben: Südtirol - ein verkorkstes, spießiges, undemokratisches Nest.«

RM: »So sehe ich es, auch wenn es der Landeshauptmann bestreitet. Er teilt meine Diagnose nicht, gibt mir bezeichnenderweise aber recht in der Therapie. ›Südtirol muss sich öffnen.‹«

ff: »Und Sie brauchen nicht mehr auszuwandern aus Südtirol, so wie Sie das letzte Woche angekündigt haben?«

RM: »Doch, ich werde auswandern. Mehr noch: Ich bin gar nicht mehr da. Ich bin auf dem Weg in die innere Emigration. Ich habe ein Jahrzehnt lang versucht, mich in dieses Land einzubringen. Mit allem, was ich kann. Zum Nutzen dieses Landes. Es nützt nichts. Man glaubt, meine Ratschläge und meine Person lächerlich machen zu müssen. Ich bin es leid, für dieses Land im Ausland zu werben und daheim der Trottel zu sein.«

ff: »Sie haben von diesem Land immerhin ein politisches Mandat, das Sie verpflichtet.«

RM: »Ich hatte ein europäisches Mandat und bin kein Südtirol- oder Italienpolitiker. Ich weiß nicht, wer mich gewählt hat. Wer weiß das? Ich habe mein Mandat zum europäischen Parlament keinen Moment lang so verstanden, dass ich damit verpflichtet wäre, Geld oder was weiß ich was für Südtirol herauszuholen. Ich weiß schon, dass die allermeisten das so sehen, aber genau deswegen ist Europa und das Europaparlament das, was es ist: ein Marktplatz für Partikularinteressen und ein steriler Debattierklub.«
ff: »Sie beteiligen sich ja nicht gerade übereifrig am europäischen Parlamentarismus.«
RM: »Ich verhocke meine Zeit nicht mit parlamentarischem Geschwätz. Ich leiste Aufklärungsarbeit draußen. Michl Ebner darf ruhig stänkern. Ich gestehe ihm zu, dass er unendlich fleißig ist, so wie es die meisten anderen Kollegen im Parlament auch sind. Sie sitzen von 6 Uhr in der Früh bis 11 Uhr in der Nacht da und arbeiten. Sie produzieren viele Papiere ...«
ff: »Haben Sie das Gefühl, Sie verlieren Ihre Zeit?«
RM: »Nein, ich lerne und ärgere mich. Mich macht es wahnsinnig, wenn diese Herrschaften fünf Stunden lang reden und sagen: Der Verkehr muss von der Straße auf die Schiene. Alle sind wir uns einig, aber passieren tut nichts. Umgekehrt, der Schwerverkehr auf der Straße nimmt zu.«
ff: »Sie sagen, Sie wollen nicht mehr Südtiroler sein?«
RM: »Ich bin und bleibe Südtiroler, Optantenkind, ein Zerrissener. Bauer bin ich sogar. Ich habe zwei Bauernhöfe, als wäre ich mit einem allein nicht Südtiroler genug. Ein Bauernhof ist eine ewige Sorge und bringt nichts. Aber wir sind eben so: Ich möchte wie die meisten Südtiroler Bauer sein, verwurzelt sein, dazugehören, ja. Der Hof ist die beste Altersversorgung und zugleich ein Gefängnis.«
ff: »Nun gibt es aber doch einen Teil, heißen wir ihn: einen aufgeklärten Teil Südtiroler, die den Wert des Reinhold Messner für Südtirol zu schätzen wissen?«

RM: »Den Messner als Produkt schätzen sie. Und dieses Produkt hatten sie bisher umsonst. Im Ausland war ich sogar durchwegs Südtirol-Verteidiger, intern aber habe ich den Finger in Wunden gelegt ... Wenn mir im Land zu verstehen gegeben wird, Messner ist nichts wert, bitte, dann soll sich dieses Land seine Eigenwerbung selbst bezahlen.«
ff: »Sie wollen Südtirol bestrafen?«
RM: »Südtirol absichtlich schädigen, nein, das nicht. Ich lass mir aber unsere Zukunft kein Anliegen mehr sein. Basta.«

In der *Tiroler Tageszeitung* schrieb ich damals:

»Im August kam ich vom Nanga Parbat zurück. Daheim in Südtirol erschien mir unser kleines Land oft merkwürdig eng. Die Abstände zwischen den Menschen aber waren größer als anderswo und ihr Verhalten seltsam irrational. So viel Unverständnis! Kaum Mut zur eigenen Meinung. Als wären die Zwischenräume des Nichtwissens in meiner Abwesenheit angewachsen. Auch Misstrauen und eine undefinierte Angst schienen mehr zu sein als ein paar Monate zuvor. Die Zeit hingegen schien fragmentiert. Waren die Zeiträume zwischen den Augenblicken kürzer als im Himalaja?

Als gäbe es nur noch Einzelne und darüber eine Stimme, mit der man sich identifizierte oder arrangierte und die alle fürchteten zugleich, saß ich plötzlich wieder zwischen den Welten. Die Diskrepanz, die auch zwischen anderen Südtirolern und ihren Sprechern zu bestehen scheint, löste bei mir zuerst Staunen, dann Wut, zuletzt Trauer aus. Ich war nicht darauf vorbereitet und fühlte mich unter dem jeweiligen Ausschnitt des Südtiroler Himmels deshalb fehl am Platz. Eine Befindlichkeit, die Unbehagen auslöste.

Nein, nicht weil Menschen in Südtirol seltsam unwirklich an den Berghängen oder in tiefen Tälern leben und einen oft unverständlichen Dialekt, ihre Sprache, sprechen, fühle ich mich im Abseits – nicht dazuzugehören zur Mehrheit, die Minderheiten gerne ›Nestbeschmutzer‹ nennt oder sie nur als Fremd-

körper duldet, ist das Dilemma. Müssen wir uns denn alle verbiegen, um die Sonderrechte in Südtirol beanspruchen zu können – die Autonomie? Wo durch diese Autonomie der Minderheitenschutz – also Heimatrecht und Wohlstand aller – garantiert wird, ist augenscheinlich nicht mehr Solidarität, mehr Miteinander, mehr Menschlichkeit gewachsen, nein, im Gegenteil, mehr Neid, mehr Feindseligkeit, mehr Missgunst ist aufgekommen. Vor allem viel Misstrauen. Als ob der Sonderstatus, in dem wir Südtiroler heute leben, den Egoismus auch des Einzelnen fördere. Und dies, obwohl Zeit und Mensch seit Jahrhunderten hier stehen geblieben sind. In vielerlei Hinsicht. Vielleicht spüren nur die Minderheiten in der ›Minderheit‹ dieses Unbehagen – die italienisch sprechenden Südtiroler, ein paar Ladiner und die wenigen Unangepassten im Lande, die keine Lobby haben –, jene vor allem, denen ein Heimatrecht öffentlich abgesprochen wird.
Ein paar Bürgersöhnchen nun, die bereit stehen, sich das Land zur Beute zu machen, wollen kein Ende dieses Status quo. Oder das andere Extrem: Sie zeigen ihrer Clique, was für Kerle sie sind, und rasen am Wochenende mit Vaters Sechszylinder besoffen über Dorfstraßen. Missbrauchte Autonomie wirft Schatten!
Trotz allem, diese Autonomie hat sich nicht aufgebraucht. Noch nicht. Denn emotionaler, ideologischer, ja auch politischer Kern dieser autonomen Volksgemeinschaft bleibt ›die Heimat‹. Nicht mehr ›die Heimat aus Gottes Hand‹, die Heimat als ›Wirgefühl‹. Auf diese ›Heimat‹, Ursprung aller Legitimation, berufen sich ›Zeitung‹, und ›Partei‹. Sie wurde so zum Angelpunkt des Systems.
In diesem Land regiert – wie einst der Kaiser? – seit einem halben Jahrhundert de facto diese eine Partei, die Volkspartei, der diese Heimat also auch allein ›gehört‹. Nein, verstehen Sie mich nicht falsch, wir zahlen keinen ›Zehent‹, wir zahlen Steuern nach Rom und kriegen Subventionen vom Land, was die Güte der Landesväter noch unterstreicht.

Die zweite Säule dieses Systems ist das sorgfältig gehütete Informationsmonopol. Nur ein Verlagshaus bestimmt seit Generationen über Gut und Böse, und seinem Wert von ›Heimat‹ – die Einheit Tirols, die Kirche, das eigene Haus – zu widersprechen bedeutet oft das Ende eines Lebensweges. Totgeschwiegen, verleumdet, ausgegrenzt verschwindet zuerst das Bild Andersdenkender aus den Zeitungsspalten, dann ist ihre Glaubwürdigkeit dahin, am Ende ihre Kraft. Die ›Zeitung‹ also erzwingt, was Verführung durch Parteipropaganda und Subvention nicht vermögen. Sie schafft so jenes Klima, das eine und tausend kleinere Minderheiten lähmt. Und genau das ist die Tragödie.

Daher mein Unbehagen, meine Verzweiflung. Das System Autonomie ist zur Falle geworden. Wehe denen, die nicht dazugehören.

Um diese Befindlichkeit nachvollziehen zu können, ist es wichtig, zu wissen, dass ich mit jeder meiner Expeditionen die Welt hinter mir lasse. Mein Zurückkommen aber – ist es nur eine Ahnung, ist es mehr? – wird mit zunehmendem Alter schwieriger und gleichzeitig aufschlussreicher. Wenn mich nachts Albträume plagen – tagsüber unausgesprochenen Fragen, Aggressionen, Hoffnungslosigkeit ausgesetzt –, glaube ich zu wissen, woher so viel Unbehagen kommt. Und immer wieder frage ich mich, ob es Abhilfe geben könnte.

Was ich in diesem Zusammenhang im heutigen Südtirol am meisten vermisse, ist der Wettbewerb der Ideen. Ohne diesen Wettbewerb aber gibt es keine Veränderung und auf lange Sicht keine Erneuerung. Gibt es also kein bisschen Hoffnung? Noch nicht. Denn wenn Aufträge, Anerkennung und Subventionen nur an Angepasste gehen und in den *Dolomiten* nur Vorurteile widerhallen, ist Stillstand. Urteile sind widerlegbar, Vorurteile nicht.

Wie oft habe auch ich versucht, zu einer Einstellung zu kommen, die mir das Bleiben und Mitmachen erträglich machen sollte! Aber so oft ich auf die Leute zuging, so oft brachten die monopolverwöhnten Medien sie gegen mich auf. Ein Rätsel, für das ich keine Antwort habe. Warum so viel Desinformation, Ächtung, Häme? Wollte ich mich nicht selbst verleugnen, musste ich also draußen bleiben. Vielleicht liegt die endgültige Antwort auf diese Fragen außerhalb meiner Reichweite, oder die Dinge, die ich ansprach, durften nicht gesagt werden. Es wurde Jahr für Jahr schlimmer, zuletzt unerträglich. Die Erbärmlichkeit der Meinungsmacher nämlich kann eine Größe erreichen, die allgegenwärtig und so schrecklich ist, dass im Schrecken vor ihr alles schweigt. Aber ich kann nicht schweigen bei so viel Ungerechtigkeit, auch wenn unser tüchtiger Landeshauptmann mein Aufbegehren als ›Komplex‹ deutet.

Im nächsten Jahr werde ich wieder nur ein Jahr älter sein und wieder nicht verstanden, akzeptiert oder integriert, vielleicht benutzt – als Feigenblatt für die ›Offenheit‹ eines in Wahrheit geschlossenen Systems. Wer die Wertediskussion anführt, ist längst beschlossene Sache, und Freigeister sind bei uns ›politikunfähig‹, ›hinterhältig‹, ›lächerlich‹. Selbst nicht fähig, Werte vorzugeben, gibt der oberste Meinungsmacher im Lande zwar nur Phrasen von sich, die allerwenigsten aber wagen es, dem Allgegenwärtigen zu widersprechen. Feigheit? Nicht nur. Zu so viel Unterwürfigkeit gehört Mut, der Mut zur Selbstverleugnung. Hier aber endet meine Duldsamkeit. Denn auch mein Leben ist ein Leben und kein Witz, über den man beim Watten über den Tisch hin lachen kann. Auch wenn ich die Situation nicht ändern kann, ich will sie wenigstens beschreiben.

Ich habe zwanzig Jahre Jugend, zwanzig Jahre als Kämpfer und bald zwanzig Jahre als Familienvater in diesem Land hinter mir und hätte meine letzten zwanzig Jahre gerne damit verbracht, unser geistiges Erbe zu pflegen. Dieses aber haben sich Geschichtsklitterer und Jasager längst unter sich aufgeteilt. Wo die ›Partei‹ aufhört, ist Wüste. Wer in sie hineingeht, kommt nicht wieder. Wo ist die viel gepriesene Mul-

tikultur geblieben nach einer ersten Öffnung mit Luis Durnwalder als Landeshauptmann? Immer noch Sprachgruppenzugehörigkeitserklärung statt allgemeiner Zweisprachigkeit! Viel zu viel Vernünftelei, Besserwisserei, zu viel Meinungsdiktatur.
Und sonst? Das Land meiner Kindheit ist kaum wiederzuerkennen, so sehr sind die Dörfer gewachsen, die Obstwiesen und Weinberge, die Feuerwehrhallen und Stadttheater. Fürwahr ein reiches Land! Reich an allem, nur nicht an Wissen, Selbstkritik, Veränderungskraft. Jede(r) für sich und die EU gegen alle, heißt die Devise. Als wäre es beim Paket nicht nur um Rechte in Rom gegangen. Wo ist die Autonomie des/der Einzelnen geblieben?
Höre nur ich diese schreiende Stille im Untergrund, in der Nacht? So viel Ungewissheit, die totgeschwiegen; Ideen, die zu Fall gebracht; Visionen, die im Keim erstickt werden! Warum sind die Stimmen der Alternativen in diesem Land so verhalten? Warum unser Image so klischeehaft?
Mit Südtirol wird zwar immer noch der Mythos des friedlichen Zusammenlebens, der Ehrlichkeit, Leidensfähigkeit und Charakterstärke verbunden, im Namen dieser ›Heimat Südtirol‹ aber wird Tag für Tag Recht gebrochen, Rufmord betrieben, getrickst. Vor allem von jenen, die ihre ›alles geliebte Heimat‹, ›dieses unser Land‹, meistbietend verkaufen, verschandeln, verschleudern. Und mit Gott, zu dem die allermeisten immer brav gebetet haben, ist es wie mit der ›Partei‹. Irgendwie weiß man, wird er/sie es schon richten, auch wenn man nicht an ihn oder sie glaubt.
Zum Glück geht es mit mir so und so bergab. Also nur noch abwärts, und ich kann damit leben. Ja, mein Abstieg hat begonnen! Müde, ein bisschen fußkrank, manchmal erschöpft suche ich meinen Weg auf einem langen Heimgang. Mitstreiter suche ich noch und Orientierungshilfen, Brücken und Übergänge. Aber nichts. Nein, solange von den Brücken nur geredet wird – zwischen Kulturen, Generationen, zwischen Ökonomie und Ökologie –, bin ich nicht zu Hause, sind wir

nicht zukunftsfähig, suche ich weiter nach meinem Weg zurück. Zurück in den Aufbruch. Wann wird aus der Volkspartei die Autonomiepartei, in der alle drei Sprachgruppen Einfluss haben?
Warum läuft in diesem schönen Land ein Trauerspiel als Lustspiel? Trotz seiner berühmten Kulissen nur Tristesse, die mich allerorts anschreit.
Als müsste dieses Land um sich selbst weinen.
Verdammt – zu diesem Land gehört doch auch das Leid der Ausgegrenzten! Seit Jahrhunderten kein Ton dazu, keine Klage, keinerlei Antworten.
Dabei hat Südtirol Anteil an den schönsten Landschaften dieser Erde. Wer es nur in den Ferien erlebt, kann genießen, entspannen, wird verwöhnt. Ja, wir sind gute Gastgeber.
Auch mir erscheint diese Welt manchmal friedlich und still. Als wäre sie gemalt. Wie auf Postkarten oder Werbeseiten gedruckt sieht sie dann aus, und ich stehe da und merke, dass ich immer schon dagestanden habe. Seit zehn Jahren bin ich keinen Schritt weitergekommen. Nichts geschieht. Und wir alle bleiben mit unseren Vermutungen, Vorurteilen, der Einsamkeit allein. Überschaubar ist dieses Land, unermesslich nur die Sprachlosigkeit.
Denn auch in unserem Land, wo nichts die Jahreszeiten verschleiert, der Handschlag als Vertrag und die Heimatliebe als oberste Tugend gilt, ist die Wahrhaftigkeit wie Wind und Wetter. Fast alles wird dem Profit geopfert, auch das Manselbst-Sein. Man ist ja immer brav wie alle.
Nein, auf die wichtigen Fragen gibt die ›Partei‹ keine Antworten, und das Allermeiste, was in der ›Zeitung‹ steht, ist manipuliert. Also nichts wie weg. Auf und davon! Ich habe schon zu lange versucht mitzumachen. Weil ich meine Geisteshaltung nicht aufgeben will, werde ich nicht nur verleumdet, fehlinterpretiert, verhöhnt, ich soll verurteilt bleiben für immer. Ich bin es zwar nicht gewohnt, als ›Angeklagter‹ zu leben, von den Schuhputzern der wahren Verbrecher aber zum Ver-

brecher gestempelt, lebt es sich vogelfrei, also gar nicht so schlecht. Allerdings nicht mehr mit dem Selbstverständnis des ›unverdorbenen, echten‹ Südtirolers.
Nichts mehr zu verlieren, was nicht schon verloren wäre, gehst du freiwillig ins Exil, in deine innere Wüste, wo alle Anzeichen menschlicher Existenz zwar irritierend, aber doch erfreulich sind.
Nur eins kann ich nicht: Ohne zu kämpfen wegzugehen liegt mir nicht. Hoffen nicht zigtausend neugieriger junger Menschen auf ein anderes Südtirol? Ohne Vision zu hoffen ist sonst nicht meine Lebenshaltung. Es ist vorerst aber die einzige Alternative. Südtirol – eine ewige Herausforderung. Ich kann nicht anders.«

30 White Wilderness

»Macht der Mensch die Zeit oder die Zeit den Menschen? Ist der Menschengeist wirklich frei oder an Zeit und Ort gebunden? Gelingt es einem Menschen, die Grenzen seiner Zeit zu überschreiten, wird er von der Mitwelt nicht anerkannt oder gar für verrückt erklärt.
Ich spinne mich in meiner Puppe ein und überlasse es der Zeit, was aus diesem Gespinst herauskommen wird, ob eine Made oder ein Schmetterling.«

CASPAR DAVID FRIEDRICH

Wer braucht Wildnis? Wozu ist sie gut? In Zeiten des »globalen Dorfes«, des Internets und der Satellitennavigation über diese Fragen nachzudenken erscheint vielleicht anachronistisch, sinnlos ist es nicht.

Die Wildnis, scheinbar wertlos, ist ein Gut, das über die Menschenzeit hinausweist. Wir brauchen sie alle, wenn auch nicht unmittelbar, sind wir doch in der Wildnis zu Menschen geworden und ohne sie so arm in unserem Vorstellungsvermögen wie andere virtuelle Monster auch. Je mehr von uns in einem Menschenpark leben, umso mehr muss es draußen Wildnis geben, jene unzivilisierte Welt, die uns Menschen mit ihren Geheimnissen, ihrer Gefahr, ihrer Erhabenheit erschüttert. Wie schon vor Jahrtausenden. Das soll nicht heißen, dass wir alle und ohne Unterbrechung über unsere Gartenzäune hinweg in die Wildnis gehen sollen, nein, wenn es sie aber nicht mehr gäbe, wären wir ärmer. Die Wildnis gehört allen, auch jenen, die sie meiden. All jenen, die vorgeben, sie zu lieben, rate ich, ohne Infrastruktur dorthin aufzubrechen, sie so kennenzulernen. Weil der Mensch sonst rasch zum Zerstörer all dessen wird, was Wildnis ausmacht: Stille, Weite, Entschleunigung.

»Wilderness« ist ein Ausdruck, der sich nicht übersetzen lässt. Wir in Europa haben ihr lange keinen oder nur einen zu erobernden Wert beigemessen: der Nordpol, die Antarktis, das Inlandeis von Grönland, Chang Tang in Tibet. Was wären sie, wenn wir die potenziellen Erdöl-, Gold-, Uranvorkommen dort vergessen: Fluchtpunkt unserer Eitelkeiten oder mehr? Der Mensch eignet sich die Wirklichkeit durch subjektives Erleben an, im Gegensatz zur Wissenschaft, die mit Versuch und Irrtum forscht, wobei immer wieder neue Erkenntnisse über die Welt an die Stelle der alten treten. Unter diesem Gesichtspunkt bekommt die »Wilderness« eine völlig neue Bedeutung. Die Umkehrung der Eroberungsmentalität führt zur Idee der »White Wilderness«, wobei Werte wie Stille, Unendlichkeit, Langsamkeit wieder wichtig werden, wenn wir sie nicht zerstückeln, erobern und unter uns aufteilen. Jahrtausende hindurch waren einzelne Orte dem Menschen heilig und unantastbar. Dort wohnten die Götter, dort war das Nichts, dort lagen – meist versteckt oder nur Ausgewählten zugänglich – die Erkenntnisse.

Zu Beginn des letzten Jahrhunderts hat es sich der Mensch zur Aufgabe gemacht, die letzten wilden Landstriche auf dieser Erde zu erkunden. Die »weißen Flecken« auf dem Globus sollten erforscht und damit ausgelöscht werden.

Mit den unendlich vielfältigen Möglichkeiten der Technologie kommt der Mensch heute überallhin und erschließt diese »heiligen Orte« für profane Zwecke. Er erschließt sie von Satelliten aus, treibt ihnen so ihren Geist aus. Dabei zerstört er sein wichtigstes Medium, das Jenseitige.

Die »Eroberung des Nutzlosen« macht heute keinen Sinn mehr. Nur wenn wir auf jede Form der Erschließung verzichten, um die scheinbar nutzlose Wilderness zu erhalten, bleibt diese ein Schlüssel zum Kosmos und zu uns selbst. Erforschen und Erleben werden unter diesem Gesichtspunkt zwei sich ausschließende Tätigkeiten. Die Neugierde des Einzelnen an sich und der Welt schwindet mit der aufgeschlüsselten Welt. Deshalb brauchen wir unerforschte Wilderness. Sie bildet neben Luft, Wasser, Erde und Feuer eine Lebensgrundlage für uns, die Menschheit.

Ich gebe der Wildnis einen Erholungs- und Erkenntniswert. Mag das Unterwegssein dort noch so absurd erscheinen, für das einzelne Individuum kann es sinnvoll sein: Es entsteht dabei jedes Mal ein Bild der Welt, einzigartig, wahr; es gibt uns die Möglichkeit, Maß zu nehmen. Und es lässt uns träumen. Stille, Ruhe, Friede sind nur vorstellbar, wenn es sie irgendwo gibt. Auch wenn niemand je dort hingekommen sein sollte.

Die »weißen Flecken« auf der Landkarte – die Gebirge, soweit es keine Seilbahnen und keine Markierungen dort gibt; die Wüsten ohne Straße; die Urwälder; die Pole – nenne ich »White Wilderness«. Sie muss auch uns »heilig« sein, denn dort ist ein Stück Offenbarung möglich. Das intuitive Erkennen der Natur – ihre Unendlichkeit und Begrenztheit, ihre Friedlichkeit und Grausamkeit – und all ihre Gesetzmäßigkeiten sind auf die Dauer nur möglich, wenn wir diesem Stück Welt, der »White Wilderness«, als Menschen und nicht als Maschinenmenschen begegnen. Oder wir meiden sie ganz, um sie als Urlandschaft für nächste Generationen zu verteidigen.

Einen ersten Entwurf zur Wilderness-Thematik habe ich im Jahr 2000 verfasst. Im Gespräch mit anderen Abenteurern sollte eine Bewegung entstehen, die sich um den Schutz der letzten Wildnis kümmert. Bald aber ist aus meiner Idee – »White Wilderness« – »Mountain Wilderness« geworden. In Italien hat die Idee Anhänger gefunden. Ich selbst war bei einigen Aktionen – Blockade eines Liftes am Mont Blanc, Müllsäuberung an der Marmolada – dabei und überzeugt, in allen Berggebieten der Erde lokale Verteidiger der letzten Wildnis zu finden.

Im Jahr der Berge dann, 2002 – ich hatte als Abgeordneter für die EU einen Katalog zum Schutz der Bergwelt verfasst –, fiel mir einer der jungen Köpfe der Bewegung in den Rücken. Nur um seinen provinziellen Wahlkampf zum Erfolg zu führen? Mit meinem Namen! Wieder einmal. Ich hatte am Monte Rite, südlich von Cortina, eine Festungsanlage aus dem Ersten Weltkrieg zum Museum gemacht und die einzigartige Geschichte der Entstehung und Erschließung der Dolomiten dort erzählt. Das Projekt, an dem ich drei Jahre lang gearbeitet hatte, wurde als Umweltzerstörung kritisiert, mein Tun verdammt, weil es nicht kohärent mit meiner Haltung sei. Dabei war es – der Gemeinde Cibiana di Cadore, der Region Veneto und mir – gelungen, aus einer Kriegsruine ein Museum zu machen und dieses nachhaltig zu gestalten. Es war keine neue Struktur dazugekommen, störend war nur der riesige Umsetzer für TV und Netz, der schon Jahrzehnte umweltstörend dort stand.

Sollte ich auf die Vorwürfe antworten?

Ich tat es nicht öffentlich. Ich kündigte meine Mitarbeit, trat aus der Mountain-Wilderness-Bewegung aus und stritt weiter für die Wilderness.

In Magazin *Baumeister* hatte ich mich schon 1998 dazu positioniert:

»Vielleicht ist es schon zu spät, wir sollten uns dennoch die Frage stellen, was genau stattfindet, wenn die Menschennatur der Bergnatur begegnet. Der Alpinismus hat zwei Möglichkeiten: Entweder er koppelt sich weiter von der Natur ab - von der Bergnatur und der Menschennatur -, oder er verteidigt jene Werte der Gebirge, die zeitlos sind.
Die allermeisten Outdoor-Konsumenten wollten für ihre Bergferien immer schon eine präparierte Natur. Die Folgen sind überall sichtbar: präparierte Wege bis zur Spitze des Mount Everest. Als wäre Wildnis in Europa ein Auslaufmodell, wird sie zurückgedrängt, präpariert - für eine Freizeitgesellschaft, welche die ›Disziplin des Risikos‹ für überholt und die Angst als Regulator im Hochgebirge für veraltet ansieht. Nachvollziehbar; trotzdem darf ein letzter Rest Wildnis verteidigt werden.

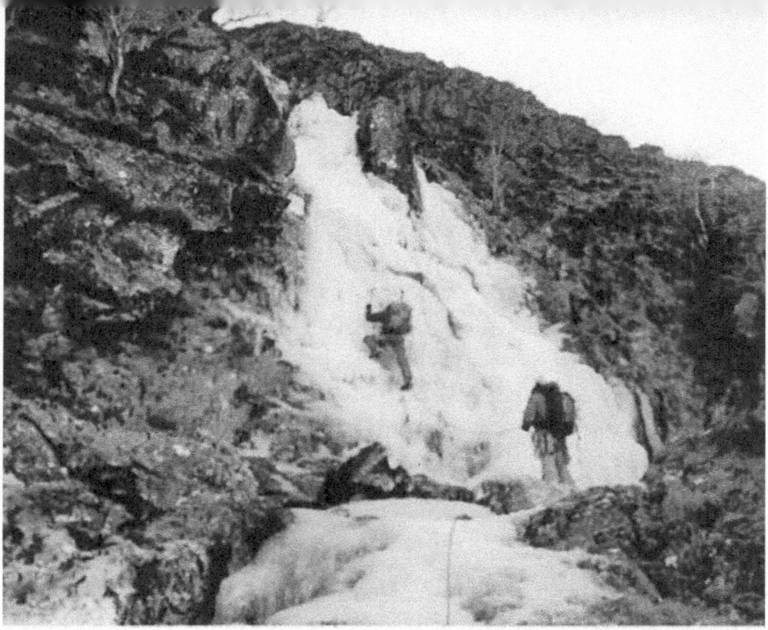

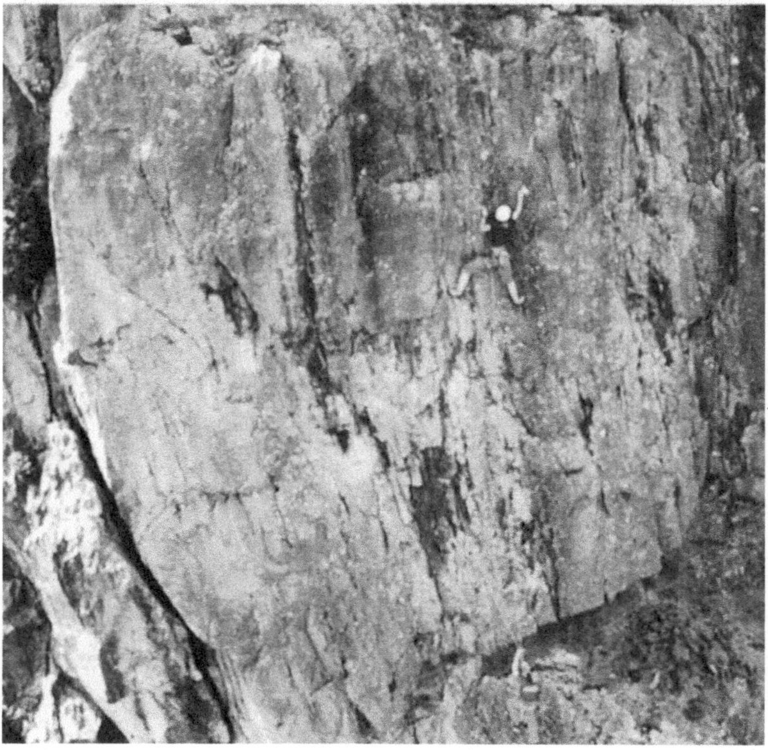

Ein Jahrtausend, das in Großkinos, Spaßbädern und Freizeitparks beginnt, kann auf die Alpen und den heileren Rest der Gebirge als Mega-Arenen verzichten. Der Erlebniskonsument, der spontan Lust haben sollte und Geld ausgeben kann, findet heute schon alle Möglichkeiten dazu inmitten der Städte. Lassen wir die wilden Gebirge, wie sie sind! Nur so bleibt gewährleistet, dass etwas Ungewöhnliches, etwas Großes geschieht, wenn wir hinaufsteigen.
Nur eine Alpinistik, die auf Dauererschließung verzichtet, ist evolutionär. Der Mensch als Mängelwesen gehört nicht ins Hochgebirge, wenigstens nicht auf Dauer, und für alle Möchtegerne, die aus Angst, etwas zu verpassen, oder aus purer Langeweile aktiv werden, bieten sich Erlebnisverdichtung und Anerkennung in Euro-Parks und im Cyberspace an.
Die Gebirge dürfen wir nicht weiter zu künstlichen Welten aufmotzen. Wenn wir das Bergsteigen retten wollen, müssen wir die Berge vor zu vielen Bergsteigern schützen. Und zwar nicht durch Verbote, sondern durch jene Werte, die den Berg erst zum Berg machen und die gleichzeitig der Filter sind, der alle Menschen nur so weit kommen lässt, wie es ihnen Ausdauer, Geschicklichkeit und Angst erlauben. Die Alpinisten, die ihre Berge und Bächlein so sehr lieben, dass sie diese neben ihre Gartenzwerge vors Häuschen im Grünen stellen möchten, müssen endlich der Wildnis jenen Nutzen zuerkennen, der mit der ›Eroberung des Nutzlosen‹ rasch ausverkauft ist. Gebirge haben nur als Gefahrenraum einen bleibenden Wert für die Menschen, und diesen gilt es zu schützen – zu retten nicht nur für die paar Millionen Bergwanderer und -steiger, zu retten auch für jene, die nie hinaufsteigen werden.
Im Gegensatz zur Nutzlandschaft, in der der Mensch die Natur dominiert, muss die Bergwildnis als Raum verstanden werden, in dem der Mensch freiwillig auf jede weitere Erschließungstätigkeit verzichtet und in der er nicht bleibt, nicht auf Dauer lebt. Alle technischen Installationen – ob Straße oder Stromleitung, Radioumsetzer oder Bohrhaken –

haben dort zu unterbleiben. Der Wert der Wildnis – auf Dauer auch ihr Wirtschaftswert – ist umgekehrt proportional zum Grad ihrer Erschließung.
Ich will die Menschen nicht aus dem Gebirge ausgesperrt sehen, dieses kann auf Dauer aber nur bei Verzicht auf Weitererschließung – ob brachial mit Bagger und Bohrmaschine oder kapillar mit Markierung und Routenbeschreibung – allen zugänglich bleiben.«

31 Krieg um Schloss Sigmundskron

»Die Heimatpfleger sind manchmal auch eine kleine Terroreinheit.«

ELSBETH WALLNÖFER

Als mir der Landeshauptmann von Südtirol, Dr. Luis Durnwalder, 2001 anbot, im Rahmen eines Comodato-Vertrags die Ruine Sigmundskron museal nutzen zu können, empfand ich das als einen großen Vertrauensvorschuss. Gleichzeitig aber begann eine Kampagne gegen diesen Entscheid, der ohne Vergleich ist. Politiker, Verantwortungsträger, Vereinsvorstände wurden aus der Redaktion der auflagenstärksten Südtiroler Tageszeitung angemahnt, sie mögen das Projekt nicht unterstützen, und in der Zeitung wurde Tag für Tag Stimmung dagegen gemacht. Der Druck wurde so groß, dass der Landeshauptmann unsere Vereinbarung annullierte. Er sollte, so die Forderung der Gegner, eine europaweite Ausschreibung zur Nutzung von Schloss Sigmundskron auf den Weg bringen.

Ich war nicht nur enttäuscht – hatte ich doch viel Zeit und Mittel in das größte Projekt meines Lebens gesteckt –, ich war wie gelähmt: So konnte ich nicht weitermachen. Ich gab die Schlüssel ab und begann Verhandlungen mit den Landeshauptmännern von Nordtirol und vom Trentino. Vielleicht hatten sie einen Platz, wo ich meine Idee und eine wachsende Kunstsammlung dazu unterbringen konnte. Wenn, wie behauptet, nach Umfragen eine große Mehrheit in Südtirol gegen ein Bergmuseum in Sigmundskron war, war ich gescheitert.

Zwar hatten sich zwei Dutzend Entscheidungsträger im Lande für meine Idee ausgesprochen, der mediale Druck dagegen aber blieb stärker, er wurde Woche für Woche erhöht. Verschwörungstheorien wurden in Umlauf gebracht, die Fakten verfälscht, Lügen verbreitet. Es war wie bei moderner Kriegsführung: Gegen so viel Desinformation konnte ich wenig ausrichten.

Hans Karl Peterlini, der Chefredakteur der Wochenzeitschrift *ff*, hat diesen Druck unter dem Titel »Meinungsterror gegen Messner« zusammengefasst:

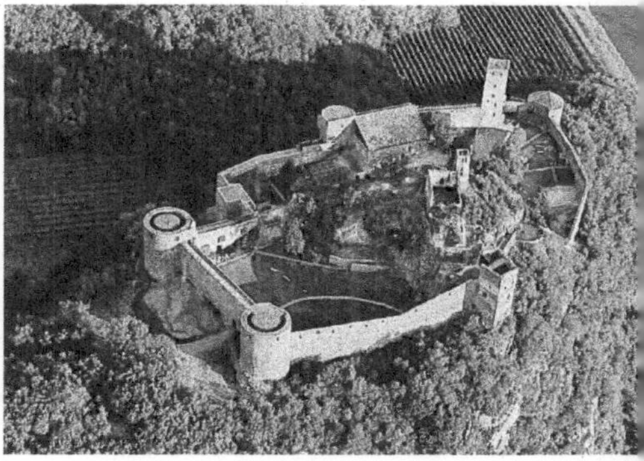

Schloss Sigmundskron bei Bozen

»An Reinhold Messner und Sigmundskron wird derzeit Hexenjagd betrieben.
Wenn es das Ziel ist, dass er irgendwann wirklich geht, dann Kompliment, meine Herren. Es wird derzeit saubere Arbeit geleistet im gemeinsamen Bestreben, Reinhold Messner nicht nur seinen Traum kaputt zu machen, sondern klar und deutlich zu bescheiden - verschwinde aus diesem Land.
Denn so weit ist es beinahe wieder, und so weit darf es nicht mehr kommen: dass Menschen in Südtirol so lange niedergemacht werden, bis sie nur mehr geknickt bleiben können oder aufrecht weichen.
Es hat wohl im guten Glauben angefangen, und sicher glauben viele an einen gerechten Kampf gegen eine ungeheuerliche Sache. Aber die Eskalation, die im Kampf gegen das Messner-Museum auf Sigmundskron erreicht ist, hat damit nichts mehr zu tun. Sie ist das gekonnt herbeigeschriebene Ergebnis einer gezielten zynischen Manipulation.
Die Parolen sind bekannt: Disney-Land, Messner-Show, die Zerstörung eines Ensembles, die Schändung einer historischen Stätte, die Entweihung des Allerheiligsten der Südtiroler Politik - Schloss Sigmundskron. Es ist nichts als Propaganda, an die ganz bestimmt jene nicht glauben, die hinter den Parolen stehen ...
... Sie alle haben die Unschuld verloren, seit sie sich - *Dolomiten*-Seite für *Dolomiten*-Seite - für einen politischen Kreuzzug missbrauchen lassen. Jedem Demokraten muss es den

Magen umdrehen, wie an Sigmundskron alle Spielregeln einer fairen Auseinandersetzung verletzt werden. Der Heimatpflegeverband weicht gezielt jeder Diskussion mit Messner aus, die *Dolomiten* haben Messner nie ernsthaft die Chance gegeben, sein Projekt zu erklären. Dafür wird jeder, der nicht dagegen ist oder rein sachlich nicht dagegen sein kann, öffentlich an den Pranger gestellt – einmal der Ressortdirektor des Kulturlandesrates, einmal die sonst verehrte Landschaftsschutzkommission, einmal der Landeshauptmann, einmal der Umweltlandesrat. Wenn der Historiker Hans Heiss sagt, Messner könnte sein Museum mit der Thematik Berg – Männlichkeit – Schützen ergänzen, dann jubeln die *Dolomiten:* Schützenmuseum statt Bergmuseum. Es darf keinen Zweifel und keine Widerrede geben an der Doktrin der *Dolomiten,* dass das Messner-Museum verhindert werden muss.

Was ist falsch daran? Schloss Sigmundskron ist jahrzehntelang politisch vernachlässigt worden, es oblag dem Geschick der Pächter, ob der Gastbetrieb besser oder schlechter lief, wie sie mit Dealern, wilden Campierern und dem Gestank vom Müllberg fertigwurden. Das Land hat das Schloss erst entdeckt, als ein italienischer (!) Südtiroler es kaufen wollte. Und dann wusste es wieder nicht, was tun damit.

Es gibt keine bessere Idee, als Messner genau an dieser Stätte ein Museum machen zu lassen, das einem Urthema der Südtiroler gewidmet ist – für jeden Schmarrn hat Südtirol Museen, die teurer waren, als Sigmundskron je kosten wird. Jedes deutsche Bundesland, Nordtirol, das Trentino, alle würden sie sofort unterschreiben, wenn Messner ihnen anbietet, auf eigene Rechnung ein Museum einzurichten – um den Preis, dass ein verlottertes Schloss restauriert wird.

Man muss Messner nicht mögen, man mag ihm seine Kunst übel nehmen, aus seinem Namen ein Programm zu machen. Aber wie sonst sollte ein Bergmuseum in Südtirol heißen, wenn nicht nach dem bekanntesten, immerhin weltbekann-

ten Bergsteiger dieses Landes? Es kann nicht sein, dass mit Messners Namen auf den Touristikmessen hausiert wird und dieser daheim wie ein Schimpfwort ausgesprochen wird.
Der Druck, das Messner-Museum mit allen Mitteln zu verhindern, ist Zeitungsdruck. Es geht nicht um den Kaiserberg, sondern darum, ob in Südtirol noch etwas möglich ist, was den Herren Ebner nicht gefällt.«

Dieser Kommentar fasst die Stimmung zusammen, die in Südtirol mir gegenüber herrschte: Messner für sich und alle gegen sein Projekt Sigmundskron.

Die zweite, kleine *(Neue Südtiroler) Tageszeitung* im Land veröffentlichte ein Interview von Christoph Franceschini mit mir, unter der Schlagzeile »Lehrstück in Mediendiktatur«:

CF: »Die Botschaft des Tagblattes ist klar: Südtirol läuft Gefahr; von einem Verrückten, der Reinhold Messner heißt, verschandelt zu werden ...«

RM: »Es ist eine Kampagne, die die ›christlichen Brüder‹ fahren. Sie haben die Medienmacht, und sie demonstrieren zurzeit genau das, was ich seit Jahren anprangere: wie eine Zeitung unser Land beherrscht. Sie demonstrieren es so stark, dass immer mehr Leute sagen: Hier geht es nicht um die Sache, sondern nur darum, eine Person niederzumachen. Ich habe noch nie so viel Mut von einfachen Leuten zugesprochen bekommen wie in den letzten Wochen.«

CF: »Fast jede Woche wird eine neue Polemik lanciert: in der aktuellen geht es um den Parkplatz ...«

RM: »Die Geschichte um den Parkplatz, die von den ›christlichen Brüdern‹ gespielt wurde, ist eine Farce. Lange bevor ich nach Sigmundskron kam, gab es einen ausgearbeiteten Plan, am Rande der Mülldeponie eine Parkmöglichkeit für die zu entstehende Naherholungszone zu schaffen. Niemand hat sich dagegen aufgeregt. Erst als man feststellte, dass diese Parkmöglichkeit eventuell mit dem Schloss kombinierbar wäre, wurden alle Kanonen in Stellung gebracht, um diese Parkidee von vornherein zu verhindern.«

CF: »Man hat dann einen Parkplatz am Fuße des Schlosshügels vorgeschlagen.«

RM: »Daraufhin hat sich die Gemeinde Bozen mit der Rückendeckung des Landes Gedanken gemacht, den Parkplatz unten zu machen. Aber noch während der Entscheidungsfindung wurde dieses Vorhaben torpediert. Obwohl es angeblich die beste Lösung wäre. Man hat das aber mit allen Mitteln der Desinformation verhindert. Die ›christlichen Brüder‹ sind ja Weltmeister in der Desinformation. Jetzt wird man wieder auf den vier Jahre alten Plan zurückgreifen und den Parkplatz oben machen. Aber auch das will man wieder verhindern.«

CF: »Die Kampagne dagegen läuft bereits ...«

RM: »Ich frage mich schon: Wer trifft in diesem Land die Entscheidungen? Treffen sie die gewählten Volksvertreter oder diejenigen Menschen, die achtzig Prozent der deutschsprachigen Medien in Südtirol kontrollieren?«

CF: »Was wollen Sie in Sigmundskron beweisen?«

RM: »Mir ist wichtig, dass dieses Museum gemacht wird, dass es gut wird. Es steht ja in harter Konkurrenz zu vielen anderen Museen. Sigmundskron ist heute im Grunde genommen ein Schandfleck. Mein Projekt aber könnte für Südtirol ein Motor für einen hoch qualifizierten Tourismus sein. Denn es geht darum, das Thema Berg zu besetzen, das bergsteigerische Erbe einzufahren und den Menschen weltweit zu sagen, was passiert, wenn Mensch und Berg sich begegnen. Das wird nicht eine Art Disney-Land, wie es sich die ›christlichen Brüder‹ gerne aus den Fingern saugen.«

CF: »Dass ein Alpinmuseum für den Tourismus ein Anziehungspunkt sein kann, ist allen klar: Warum aber traut sich bisher kein Tourismusverband offen für die Idee einzutreten?«

RM: »Hier kommen wir zum Kern der Problematik, die weit über mein Museum hinausgeht. In Südtirol herrscht eine Mediendiktatur. Wir leben in einem Land, in dem viele Bürger Angst haben – seien es Unternehmer, Angestellte oder Funktionäre –, Angst, von der ›Zeitung‹ abgestraft zu werden. Deshalb traut sich fast niemand, öffentlich für das Bergmuseum zu sein. Das Problem in diesem Land ist nicht die Tatsache, dass hier eine Partei seit fünfzig Jahren das Sagen hat, sondern das Zusammenspiel des Medienhauses mit der Partei. Vor allem die Hybris, die daraus entstanden ist, über alle hinwegzufahren. Auch über politische Entscheidungen. Unser Problem ist die Medienwillkür: Die Kampagne – nicht Auseinandersetzung – der ›christlichen Brüder‹ gegen Sigmundskron ist ein Lehrstück in Ausgrenzung und Mediendiktatur.«

CF: »Haben Sie keine Angst, dass sich am Ende die ›christlichen Brüder‹ mit ihrer Kampagne durchsetzen könnten?«

RM: »Nein. Denn ich bin zuversichtlich. Ich habe eine Erfahrung in meinem Leben gemacht: Je größer der Widerstand im Vorfeld, desto größer der Erfolg hinterher. Meine Erfolge sind alle im Gegenwind gewachsen.«

32 Die Ausschreibung

»Jemanden bei einem Streit fertigzumachen ist nicht das Gleiche wie sich ihm überlegen zu zeigen.«

Tim Kreider

Die europaweite Ausschreibung zur musealen Nutzung von Schloss Sigmundskron hätte es nicht geben müssen. Als sie da war, galt sie. Dass sich letztendlich niemand der Verantwortung stellen wollte – die Verpflichtung, Sigmundskron mit eigenen Mitteln zu füllen und die museale Anlage dreißig Jahre lang ohne Subventionen zu betreiben –, gab mir die Chance, an der Ausschreibung teilzunehmen. Gern hätte ich – wie von mir angekündigt – darauf verzichtet, wenn ein anderes Projekt eingerichtet worden wäre.

Mit der Ausschreibung war der Druck nochmals erhöht worden. Der verdiente Altlandeshauptmann Silvius Magnago wurde gegen mein Projekt zu Hilfe gerufen, der Landesverband für Heimatpflege in Südtirol hat ein spezielles Spendenkonto eröffnet, um eine eigene Eingabe für ein qualitätsvolles Projekt finanzieren zu können.

Die Polemik um mein Museumsprojekt dauerte noch Jahre an, und ich weiß bis heute nicht, warum so viel Hass und Energie verschwendet wurden, um etwas zu verhindern, was man selbst machen wollte. Ohne es allerdings zu können. Eine Anzeige mit Spendenaufruf »gegen ein Bergmuseum auf Sigmundskron« war ein letzter Versuch, mich zu blockieren:

»Sigmundskron bei Bozen ist nicht nur die älteste dokumentierte Burganlage Tirols, sondern auch die größte und in ihrer architektonischen Gestalt die ungewöhnlichste. Die Besiedlungsspuren reichen über mehrere Jahrtausende, von der Steinzeit bis zur Gegenwart. Sigmundskron ist auch die Symbolburg der Südtirol-Autonomie. Nach dem Zweiten Weltkrieg waren die Innenhöfe des Schlosses zweimal Schauplatz richtungsweisender politischer Kundgebungen. Am 5. Mai 1946 demonstrierten hier die Südtiroler für das Selbstbestimmungsrecht. Am 17. November 1957 forderten circa 30 000 Menschen das ›Los von Trient‹ und damit eine echte Autonomie.

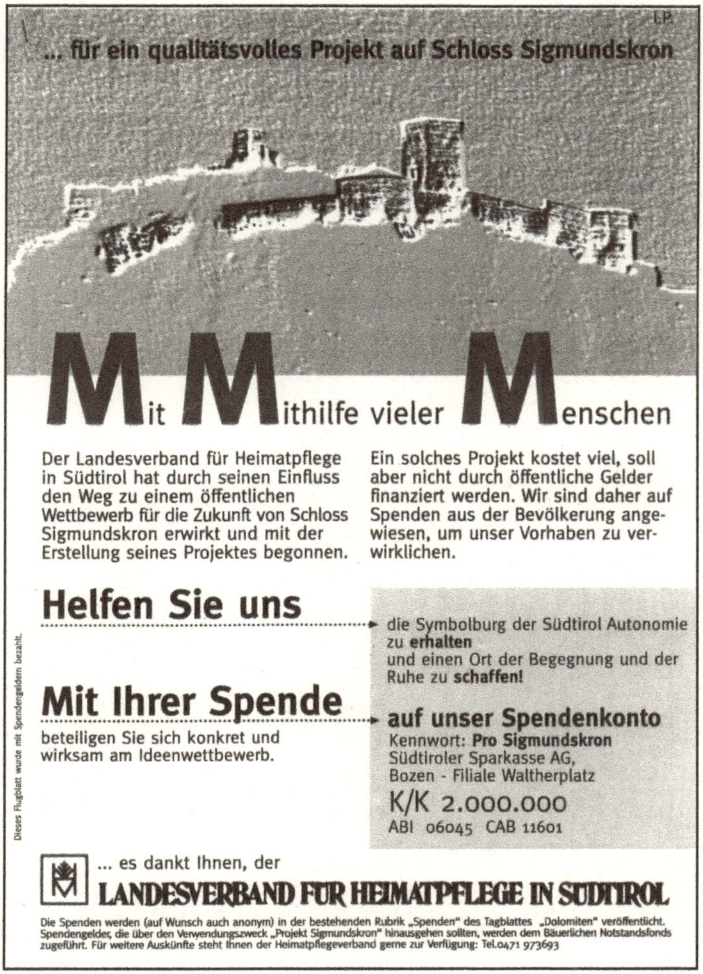

Argumente gegen ein Bergmuseum auf Sigmundskron

Sigmundskron bei Bozen ist nicht nur die älteste dokumentierte Burganlage Tirols, sondern auch die größte und in ihrer architektonischen Gestalt die ungewöhnlichste. Die Besiedlungsspuren reichen über mehrere Jahrtausende, von der Steinzeit bis zur Gegenwart.
Sigmundskron ist auch die Symbolburg der Südtirol Autonomie. Nach dem zweiten Weltkrieg waren die Innenhöfe des Schlosses zweimal Schauplatz richtungsweisender politischer Kundgebungen. Am 5. Mai 1946 demonstrierten hier die Südtiroler für das Selbstbestimmungsrecht. Am 17. November 1957 forderten ca. 30.000 Menschen das "Los von Trient" und damit eine echte Autonomie. Sigmundskron stellt mit seiner zentralen Lage sozusagen das Herz Südtirols dar.
Seit kurzem ist Sigmundskron im Besitz des Landes Südtirol. Demnächst sollen notwendige Sanierungs- und Bauinstandhaltungsmaßnahmen durchgeführt werden. Landesregierung und Gemeinde Bozen haben bereits das Vorhaben von Reinhold Messner, auf Sigmundskron ein Bergmuseum zu errichten, gutgeheißen. Erst kürzlich hat man sich auf Druck für die Ausschreibung eines Wettbewerbes der Ideen für eine künftige Nutzung entschieden.

Vieles spricht gegen die Errichtung eines Bergmuseums in Sigmundskron

Was hat ein mittelalterliches Schloss mit einem Bergmuseum zu tun?

Man kann dieses einzigartige Kulturerbe Südtirols nicht mit dem Namen Messner-Mountain-Museum besetzen. Der würdige Ort unserer Identität, der so bedeutsam durch die Geschichte von der Steinzeit bis zur Gegenwart zu uns spricht, wird durch eine nicht adäquate Nutzung als Bergmuseum zweckentfremdet. Die Stätte großer Erzählungen wird durch die Nutzung als Touristenhochburg im Kern erstickt und mit dem Zeitgeist zum Versiegen gebracht.
Alle Beteuerungen für eine sanfte Revitalisierung von Sigmundskron sind nicht glaubwürdig, da man mit einer Besucherzahl von 100.000 Menschen pro Jahr rechnet und ein Parkplatz von wenigstens 300 Autos vorgesehen ist. Ohne Events wird man nicht in der Lage sein, so viele Menschen auf das Schloss zu locken.

Brauchen wir überhaupt ein Bergmuseum?

Vieles über die Berge Südtirols ist bereits im Naturmuseum in Bozen zu erfahren. Themen der Dauerausstellung sind unter anderem die Dolomiten, das Hochgebirge des Alpenhauptkammes, die Steine, Mineralien und Fossilien. In den in den letzten Jahren errichteten Besucherzentren unserer Naturparks wird interessantes über die Bergwelt Südtirols, insbesondere auch die Begegnung Mensch – Berg, berichtet. Dazu kommen das Jagdmuseum in Mareit und das Bergbaumuseum von Ridnaun und Kasern. Alle Museen, einschließlich des Ötzimuseums mit 270.000 Besuchern pro Jahr, müssen durch die öffentliche Hand subventioniert werden.

Die Alpen und im Besonderen die Dolomiten sind in ihrer Art das schönste Freilichtmuseum der Welt

Warum setzt sich der Südtiroler Alpenverein so sehr für das Bergmuseum und nicht für die Ausweisung der Dolomiten als Weltkulturerbe durch die UNESCO ein? Sind wir Südtiroler etwa nicht ein Bergvolk, das tagtäglich mit der Begegnung Mensch-Berg konfrontiert ist?

Wir meinen ja!

Auch die Begegnung von unseren Touristen mit den Bergen unserer Heimat ist **jederzeit im Freien** möglich. Wozu brauchen wir also im Bozner Raum, der bereits mit vielen Landesmuseen ausgestattet ist, noch ein Bergmuseum? Wohl nur, um mit dem Namen **MMM** weitere Touristen ins Land zu locken. Mit der Zweckentfremdung von Sigmundskron würden wir einen wesentlichen Teil unserer Identität verkaufen. Der **LANDESVERBAND FÜR HEIMATPFLEGE IN SÜDTIROL** ist für den Schutz und die Pflege des einzigartigen Ensembles Sigmundskron.

Wir können auch mit einer sanierten Ruine gut leben, denn nicht jedes Kulturdenkmal muss kommerziell genutzt werden.

Dr. Peter Ortner
Obmann des Landesverbandes für Heimatpflege in Südtirol

Sigmundskron stellt mit seiner zentralen Lage sozusagen das Herz Südtirols dar.
Seit Kurzem ist Sigmundskron im Besitz des Landes Südtirol. Demnächst sollen notwendige Sanierungs- und Bauinstandhaltungsmaßnahmen durchgeführt werden. Landesregierung und Gemeinde Bozen haben bereits das Vorhaben von Reinhold Messner, auf Sigmundskron ein Bergmuseum zu errichten, gutgeheißen. Erst kürzlich hat man sich auf Druck für die Ausschreibung eines Wettbewerbs der Ideen für eine künftige Nutzung entschieden.

> Was hat ein mittelalterliches Schloss mit einem Bergmuseum zu tun?«

In der Summe hat mich das Museumsprojekt auf Sigmundskron zehn Jahre meines Lebens und einen Großteil meines Vermögens gekostet. Kein Wunder also, dass sich zuletzt niemand anderer am Wettbewerb beteiligt hat. Die Umsetzung der Messner Mountain Museum-Idee mit Satelliten und Messner Mountain Heritage will ich zu meinem 80. Geburtstag endgültig abschließen. Ein halbes Menschenleben war ich damit beschäftigt. Was für ein Glück! Wachsen beim Überwinden von Schwierigkeiten, Gegnerschaften, Animositäten! So viel gelingendes Leben erfahren zu dürfen.

Die *ff* berichtete sachlich und kurz über einen »Sieg«, den die Gegner mit ihrem Geiz möglich gemacht haben:

> »GIPFELSIEG. Nach über einem Jahr heftigster Polemik mit geschicktem Zuspiel zwischen *Dolomiten* und Heimatpflegeverband, nach massiver Unterdrucksetzung von Landesregierungsmitgliedern, dem Rückzieher der Landesregierung und der Ausschreibung eines Wettbewerbs ist Reinhold Messner wieder dort, wo er hinwollte: die Wettbewerbskommission hat ihm als einzigem Bewerber und nach Klärung aller offenen Fragen formell den Zuschlag für die Einrichtung eines Museums auf Schloss Sigmundskron erteilt. Eine Dolomiten-Bezwingung.«

33 Der einzige Zeuge

»Das Ansinnen, mit gezieltem Rufmord unsere Familie zu zerreißen, bleibt das Verbrechen derjenigen, die nach Rache und Zerstörung trachten.«

REINHOLD MESSNER

Es sind viele Hundert Zeitungsartikel, Tausende von Seiten, die zum Tod meines Bruders Günther erschienen sind. Auf einige habe ich reagiert, trotzdem blieben die Zweifel und Lügen, die Expeditionskameraden in die Welt gesetzt hatten, in der Öffentlichkeit bestehen. Die renommierte *Süddeutsche Zeitung* hat sich dabei mit ihrem Reporter Achim Zons, der sich auf mich eingeschossen hatte, keine Anerkennung verdient. Ich zitiere nur deshalb aus einem Interview vom 2. Juli 2003 mit Hans-Jürgen Jakobs und Achim Zons, weil ich diese Tageszeitung schätze:

»Das ist natürlich ein Stoff: Bergsteiger Reinhold Messner über die Medienpräsenz, den Tod des Bruders, Skandalberichte und ein Kinoprojekt«:

SZ: »Herr Messner, jahrzehntelang waren Sie in den Medien ein Held der Berge. Nun sind wieder Zweifel laut geworden, weil frühere Bergkameraden Ihnen vorwerfen, Sie hätten Ihren 1970 am Nanga Parbat gestorbenen Bruder Günther auf dem Gewissen – was in der Presse derzeit ausgiebig diskutiert wird.«

RM: »Ich will kein Held sein, und diesen ›Skandal‹ gibt es schon lange. Die ersten abträglichen Geschichten zu dieser Tragödie, mit den gleichen Aussagen wie heute, kamen 1970 auf. Sehr negativ. Diesmal allerdings werden die Anwürfe klar formuliert. Schon im vergangenen Jahr kochten *Spiegel* und *Profil* diese Story auf, wobei sie vorsichtig waren. Jetzt sind die Angriffe Rufmord – deshalb bin ich zum Anwalt gegangen.«

SZ: »1970 war Expeditionsleiter Karl Maria Herrligkoffer der schärfste Messner-Kritiker. Nun haben sich kurz hintereinander die Bergfreunde Hans Saler und Max von Kienlin mit Büchern gemeldet. Was dort zu lesen ist, widerspricht den Schilderungen in Ihrem neuen Buch ›Die weiße Einsamkeit‹ erheblich.«

RM: »Diese Autoren spielen mit der Gutgläubigkeit der Journalisten. Um sie sich gewogen zu machen, werden *Spiegel* und Co. gelobt. Das würde ich nie tun. Ich habe immer versucht, gradlinig meine Geschichten zu erzählen.«

SZ: »Es wirkt, als teilten Sie die Welt in gute und böse Medien ein, je nachdem, ob sie freundlich oder kritisch berichten.«

RM: »Nein, das mache ich nicht. Das genau machen die anderen, die ›Gutmenschen‹. Ich respektiere saubere journalistische Arbeit.«

SZ: »Manche haben den Eindruck, Sie würden jetzt dünnhäutig, weil Sie in den Medien an Unterstützung verlieren.«

RM: »Unsinn. Ich poche auf Fairness. Meine Bücher sind erfolgreich, weil sie gut geschrieben sind. Das hat weniger mit der Hilfe anderer zu tun. Natürlich habe ich die Medien auch genutzt.«

SZ: »Jedenfalls sind Sie nun zum Medienkritiker geworden. Was aber sollen Journalisten anderes tun, als solche strittigen Themen aufzugreifen und die Argumente der Öffentlichkeit vorzustellen?«

RM: »Ganz einfach: Sie haben in diesem Fall die Pflicht, hinter die Kulissen zu schauen. Solange die damaligen Bergkameraden etwa sagen, ich hätte am Berg bei den vorbereitenden Arbeiten nicht mitgeholfen und ich sei das Kameradenschwein, wird mich das wenig kümmern. Wenn sie aber behaupten, ich hätte meinen Bruder am Gipfel des Nanga Parbat im Stich gelassen, aus lauter Ehrgeiz, den

Weg allein über die andere Seite des Berges zu nehmen, frage ich: Wo haben die das her? Haben sie Unterlagen? Haben sie einen Plan? Diese ›Bergkameraden‹ waren doch am Gipfel nicht dabei. Das sind auch keine Engel, die mal kurz zum Gipfel fliegen, um nachzuschauen, was der Messner da macht. Von Kienlin und Saler werden jetzt wohl eine eidesstattliche Erklärung abgeben, dass ich den Bruder alleine zurückgeschickt habe – sonst sind deren Bücher weg. Ich weiß, dass ich den Bruder nicht allein gelassen habe. Leider bin ich der einzige Zeuge. Darf man deshalb anderen glauben und mir nicht? Wie kann es in diesem Fall überhaupt zu Vorverurteilungen kommen?«

SZ: »In einem entscheidenden Moment waren Sie nicht der einzige Zeuge: als zwei Kameraden in der Steilwand bis auf knapp hundert Meter herankamen. Warum haben Sie in diesem Moment gesagt, es sei alles in Ordnung? Warum haben Sie nicht um Hilfe gebeten?«

RM: »Und wie ich um Hilfe gerufen habe! Als ich erkannte, die können uns nicht helfen, habe ich abgewunken – um deren Leben nicht in Gefahr zu bringen. Ich sage nach wie vor: Man kann mir glauben oder nicht. Aber das Konstrukt der anderen ist ein Komplott, aus welchen Gründen auch immer. Irgendwann wird zum Beispiel jemand feststellen, dass Herr von Kienlin sein jetzt aufgetauchtes Tagebuch nachgeschrieben hat. Man sollte die Seite vom 4. Juli 1970 untersuchen. Das können Sie doch machen, dafür sind Journalisten doch da.«

SZ: »Sie können Journalisten nicht vorwerfen, dass sie Indizien und plausible Erklärungen aufgreifen, die Ihrer Geschichte widersprechen. So schildert Kienlin, wie Sie beim Wiedersehen nach dem Gipfeldrama, nach sechs Tagen, als Erstes fragten: ›Wo ist Günther?‹ Wer außer Ihnen hätte das wissen können?«

RM: »Ich schreibe doch selbst über viele Seiten, wie ich den Bruder gesucht und nicht gefunden habe. Und doch glaubte ich beim Abstieg, er geht hinter mir. Tagelang rief ich nach dem toten Bruder. Das war eine Ausnahmesituation. Ihr Journalisten müsst meine Sachen lesen. Von Kienlin, diese aufgeblasene Out-of-Africa-Figur, war kein Bergsteiger, sondern Gast der Expedition ...«

SZ: »... und früher Ihr guter Freund. Wenn Medien etwas rauskriegen wollen, müssen sie sich auf das Wechselspiel zwischen These und Gegenthese einlassen.«

RM: »Hier geht es um Erfahrenes und Erfundenes! Es war selbstverständlich für mich, meinen Bruder vom Berg herunterzuführen. Sie können zweifeln, aber Sie müssen Zeugen finden, wenn Sie mir das Gegenteil unterstellen wollen. Gerüchte reichen für derart schwerwiegende Vorwürfe nicht.«

SZ: »Am Anfang vieler großer Affären-Geschichten standen Gerüchte.«

RM: »Wenn aber Journalisten Gerüchte als Tatsachen verbreiten, ist das Rufmord. Hören Sie: Ich stelle mich, ich bin nicht nach Venedig oder Griechenland gereist, um meine Ruhe zu haben. Ich habe in einem Buch auf alle Vorwürfe geantwortet. Diese Geschichte vom Nanga Parbat hat trotzdem meinen Ruf beschädigt – und ich muss mir die Glaubwürdigkeit zurückholen. Ich werde sie nicht dank der Medien zurückbekommen. Deshalb will ich meinen toten Bruder unbedingt dort finden, wo ich ihn verloren habe, am Gletscher auf der Diamir-Seite. Und wenn mir das gelingt und so meine Version bestätigt wird, belange ich alle, die den Unfug behauptet haben, ich hätte mich um den Bruder nicht gekümmert.«

SZ: »Sehen Sie sich in einer Reihe mit Michel Friedman, um den es ja auch viele Gerüchte gibt?«

RM: »Nein. Friedman, den ich schätze, kämpft in einer Moralfrage, der man sich stellen kann oder nicht. Ich bin kein Moralist. Immer, wenn jemand etwas Großartiges macht, kommen die Spießbürger mit ihrer Moral – das ist nun mal so. Bei mir geht es um Fakten. Die Moral ist schwächer als die Menschennatur. Und die zwingt uns, auf eine bestimmte Weise zu handeln, das eigene und das Leben der Partner zu retten – solange ein Funken Hoffnung besteht. Ich hätte meinen Bruder gar nicht allein lassen können! Aus Instinkt!«

SZ: »Sehen Sie eine besondere journalistische Lust an der Demontage der Bergsteigerlegende Reinhold Messner?«

RM: »Ja. Das ist sogar verständlich. Weil es ein Geschäft ist und Neidgefühle befriedigt. Der *Spiegel* sagt, er arbeite mit ›Facts und Figures‹ – in Wirklichkeit arbeitet er zum Teil mit ›Fiction und Figures‹. Im vergangenen Herbst habe ich in einem *Stern*-Interview vom ›Aust-*Spiegel* und seinen Rufmördern‹ gesprochen – eine Klage kam nicht.«

SZ: »Die ständige Medienpräsenz kommt Ihnen andererseits sehr zugute: Während die Bücher von Saler und Kienlin nicht auf der Bestsellerliste stehen, ist Ihr neues Werk schon auf Platz 43.«

RM: »Wäre mein Buch ohne diese Kampagne auf Platz 20? Die anderen verkaufen ohne Fakten in den Schlüsselfragen ihre spießbürgerliche Psychologie auf meinem Rücken.«

SZ: »Jetzt also der Versuch, den entscheidenden Beweis für Ihre These zu finden. Sollen die Medien Sie bei Ihrer Suche nach Ihrem toten Bruder begleiten?«

RM: »Welche These? Warum sollte ich mich gängeln lassen?«

SZ: »Um Zeugen zu haben.«

RM: »Eine Suchexpedition wird eine komplexe Angelegenheit. Wir müssen eine irrsinnig große Gletscherfläche absuchen, rund dreißig Quadratkilometer. Das ist so gefährlich, dass ich Reporter nicht bis in die Lawinenzone mitnehmen kann. Zeugen wird es geben. Viele.«

SZ: »Und irgendwann wird die Geschichte verfilmt – Höhepunkt jeder Themenkarriere in den Medien.«

RM: »Bislang gab es keine Kinoverfilmung zu Erlebnissen von mir. Nach dieser Kampagne – Sie bringen mich auf die Idee – vielleicht doch. Wenn die Suche Erfolg hat. Ein alter

Mann findet nach 35 oder 37 Jahren die Reste seines Bruders und beweist seine Unschuld. Das ist natürlich ein Stoff. Ein Stoff, der weit über das Bergsteigen hinausgeht.«

SZ: »Erst einmal müssen Sie aber noch mit den Zweifeln leben.«

RM: »Mit der flapsigen Bemerkung, der Messner solle sich doch endlich mal einen Ruck geben und zugeben, dass es war, wie Saler es erfunden hat, dann hätte er seinen ersten Neuntausender bestiegen, hat sich auch die *SZ* vergaloppiert. Ich kann und werde keine Lügengeschichte der anderen zugeben. Auch nicht unter psychischer Folter wie in diesen Wochen.«

SZ: »Ihre einstigen Kameraden haben das alles doch nicht aus dem Nichts heraus aufgebracht.«

RM: »Nicht alles, aber vieles. Ich will über die psychologischen Hintergründe nicht reden. Saler und von Kienlin aber ist es erst mit der lustvollen Demontage des Reinhold Messner gelungen, in Verlagen hoffähig zu werden und Aufmerksamkeit zu finden. Sie sind, wirtschaftlich gesehen, Trittbrettfahrer. In meinen Büchern habe ich sehr viel von meiner Person hergegeben. ›Die weiße Einsamkeit‹ ist mein 41. oder 42. Buch.«

Ein weiterer *SZ*-Text »Etappensieg im Streitfall Messner – Gericht erlässt Einstweilige Verfügungen« folgte wenig später:

»Im Streit um den Tod seines Bruders vor 33 Jahren am Nanga Parbat hat Reinhold Messner die weitere Verbreitung von zwei Büchern vorerst gerichtlich verbieten lassen. Messners Anwalt von der Hamburger Kanzlei Prinz sagte am Mittwoch, das Hamburger Landgericht habe einstweilige Verfügungen erlassen gegen zwei Münchner Verlage und deren Autoren, die Messner eine Mitschuld an dem Unglück geben ...«

Ein Knochenfund im Jahr 2000 und der Fund der Überreste Günthers 2005 haben eindeutig gezeigt, dass mein Bruder an der Diamir-Seite des Nanga Parbat gestorben ist, und zwar unten im Gletscher, der die Leiche 3,5 Kilometer weit talwärts getragen hatte. Weiter talwärts wurde inzwischen auch der zweite Schuh meines Bruders gefunden.

Alles Beweise, dass die Aussagen der Kameraden, die postuliert hatten, ich hätte Günther über die Rupal-Wand zurückgeschickt, auf Lügen beruhten. Ihre konzertierte Aktion sollte ablenken von der Tatsache, dass keiner von ihnen im Diamir-Tal nach uns gesucht hatte.

Dabei dürfte doch klar sein: Hätten sie gewusst, wohin wir absteigen, wären die Ausgeruhten unter ihnen ins Diamir-Tal gewechselt, um nach uns zu schauen. Sie haben es offensichtlich nicht gewusst, und niemand will ihnen einen Vorwurf machen, dass sie in diesem Fall nicht nach uns gesucht haben. Das Wissen um unseren Abstiegsweg und das Nichtsuchen schließen einander aus.

Der Expeditionsleiter Herrligkoffer hat damals die Südwestflanke des Berges mit dem Fernglas absuchen lassen. In der Annahme, wir könnten dort herunterkommen. Der Abstieg dort wäre für uns aber nicht zu finden gewesen. Trotzdem, dieser Versuch verrät, dass es nach unserem Verschwinden im Basislager keine klaren Vorstellungen von einem geplanten Abstieg über die Diamir-Flanke gegeben hatte.

In einem »Gespräch über Tod, Schuld und geglättete Wahrheit« sprach ich 2003 auch mit Josef Seitz für das Magazin *Focus:*

F: »Herr Messner, sind Sie ein Lügner?«

RM: »Nein. Die Herrschaften, die nun ihre Lügen verbreiten, erzählen von etwas, das sie nicht erlebt haben. Ich habe erlebt, was ich beschreibe. Ich kann eine eidesstattliche Erklärung abgeben, dass ich über die Gegenseite des Nanga Parbat abgestiegen bin – und das mit meinem Bruder. Wenn die anderen eidesstattlich erklären wollen, dass ich meinen

Bruder oben am Gipfel weggeschickt oder zurückgelassen habe, werden sie sich wegen Meineids verantworten müssen. Der Beweis wird die Leiche meines Bruders sein. Wenn sie dort geborgen wird, wo ich es sage: an der Diamir-Seite des Nanga Parbat.«

F: »Ist also Ihr Bergkamerad Max von Kienlin, der in diesen Tagen sein Tagebuch veröffentlicht, ein Lügner?«

RM: »Sein Tagebuch fälscht die Wahrheit. Jedenfalls in diesem Punkt.«

F: »Von Kienlin behauptet, zusammen mit Ihnen die Geschichte vom Tod Ihres Bruders Günther erfunden zu haben, um der Welt und im Besonderen Ihren Eltern eine plausible Wahrheit zu geben. Von Kienlin sagt, nach Ihrer Überschreitung des Nanga Parbat hätten Sie keine Ahnung gehabt, wo Ihr Bruder ums Leben kam. Erst später hätten Sie entwickelt, der Bruder habe den Berg mit Ihnen zusammen überschritten und sei erst in relativ sicherem Gelände von einer Eislawine begraben worden. Hat Ihnen Ihr damaliger Freund bei einer Weltlüge geholfen? ... Er wirft Ihnen vor, Sie hätten die für Ihren Bruder tödliche Überschreitung geplant und nicht – wie Sie sagen – als Ausweg in Todesgefahr gefunden.«

RM: »Wer sagt, ich hätte die Überschreitung geplant, muss den Plan haben. Es gab keinen Plan. Ich habe von einer Überschreitung geschwärmt, das streite ich nicht ab. Aber ich bin ausschließlich für die Erstbesteigung der Rupal-Wand, der höchsten Wand der Erde, zum Nanga Parbat gegangen. 4500 Meter Eis und Fels! Ja, es war ein ehrgeiziges Ziel, und ich war ambitioniert.«

F: »Sind Sie krankhaft ehrgeizig?«

RM: »Ich wage zu behaupten, dass ich einen gesunden Ehrgeiz habe. Ich habe mehr als hundert Expeditionen gemacht. Und ich habe sie überlebt.«

F: »Ihr Bruder hat nicht überlebt. Fühlen Sie sich schuldig an seinem Tod?«

RM: »Ja. Ich fühle seit 33 Jahren die Schuld, am Leben geblieben zu sein. Und ein paar meiner Bergkameraden kommen mit meinem Noch-Dasein nicht zurecht und erfinden immer neue Vorwürfe, ich hätte meinen Bruder für den Ruhm geopfert. Das ist psychische Folter. Ich soll unter Druck gesetzt und vorgeführt werden. Nein, ich will mich nicht auf ihr Niveau begeben.«

F: »Trotzdem lassen Sie jedes neue Buch, das Ihnen gegenüber kritisch sein könnte, durch die Rechtsanwaltskanzlei Prinz bedrohen.«

RM: »Hier geht es nicht um Kritik. Das ist Rufmord! Meine Warnung, bei den Tatsachen zu bleiben, war umsonst. Aber erst wenn mein Bruder gefunden ist, werde ich reagieren. Dann wird diese Rufmordkampagne strafrechtliche Folgen haben. Und ich werde von den Verlagen Schadenersatz fordern müssen. Die mir zugefügten Verletzungen sind beispiellos.«

F: »Sie sind der einzige Zeuge für vieles am Berg. Damit haben Sie ein Monopol auf die Wahrheit.«

RM: »Diese Tatsache erlaubt es niemandem, aus Gerüchten, für die es keine Anhaltspunkte gibt, eine zweite ›Wahrheit‹ zu basteln. Über den Tod des Bruders kann allein ich berichten. Man kann mir glauben oder nicht. Jede andere Aussage bleibt Theorie. Nur ich weiß, was ganz oben geschehen ist.«

F: »An einem einzigen Punkt stoßen Sie auf zwei weitere Zeugen. Am 28. Juni 1970 um 10 Uhr wollen Sie drei Stunden um Hilfe gerufen haben, weil Ihr Bruder zu geschwächt war für den Abstieg. Als Felix Kuen und Peter Scholz, zwei Mitglieder der Expedition, auf dem Weg zum Gipfel in Rufweite kommen, schicken Sie die aber weiter mit den Worten, alles sei in Ordnung. Da wird Ihre Wahrheit schwer nachvollziehbar.«

RM: »Ich fange an, an der Kante um Hilfe zu rufen. Ziemlich naiv im Grunde. Hoffnung fast null, undenkbar, dass jemand hochkommt. Plötzlich sehe ich tatsächlich jemanden. Und ich denke: Die kommen unseretwegen, gerettet, sie haben mich tatsächlich gehört.«

F: »Sie rufen ohne Hoffnung, gehört zu werden? Waren Sie in Panik?«

RM: »Ich war nicht in Panik. Es gibt Dinge am Nanga Parbat, die ich nicht rational erklären kann. Im Moment, als Kuen und Scholz da sind, mache ich ihnen klar, sie müssen zu uns heraufkommen. Sie haben offensichtlich ein Seil. Das brauchen Günther und ich zum Abseilen. Als sie aber nicht zu uns klettern, wird mir mehr und mehr klar, sie können nicht bis zu uns kommen. Das Gelände zwischen uns ist zu steil, zu brüchig. Ich traue mich ja auch nicht zu ihnen hinunter. Ich darf den Vorsteiger Kuen nicht zwingen, zu viel zu riskieren, denke ich. Also habe ich angedeutet, bei uns ist schon alles in Ordnung.«

F: »Verändert sich die Moral im Verhältnis zur Meereshöhe?«

RM: »Jedenfalls darf auf 8000 Metern nicht der Maßstab des Stubenhockers gelten. Wenn ich in Dimensionen gehe, wo die alltäglichen Lebensregeln nicht mehr gelten, gilt die Menschennatur und nicht Moral. Der Mensch verhält sich in Grenzsituationen so oder so, weil er nicht anders kann. Sie werden in der Geschichte der Menschheit kaum Beispiele dafür finden, dass der Bruder den Bruder umbringt.«

F: »Romulus erschlug den Remus, als der die Mauer Roms übersprang und sich über den Mauerbau lustig machte.«

RM: »Ein Bild, keine Tatsache!«

F: »Kain erschlug Abel und sagte, er sei nicht Hüter seines Bruders.«

RM: »Am Berg werden Sie jeden, und umso mehr den Bruder, am Leben halten, solange Sie können. Der Partner ist die größte Hilfe. Es ist selbstverständlich, dass ich meinen Bruder vom Nanga Parbat heruntergeführt habe. Zwei Tage und zwei Nächte lang.«

F: »Waren Sie der Hüter Ihres Bruders?«
RM: »Ja. Ich war der Hüter meines Bruders. Und ich habe ihn zuletzt verloren. Das ist meine Schuld. Es ist eine lebenslange Last.«

34 Hans Salers Brief

»Glückliche Menschen verlangen insgeheim und scheinheilig sogar, zu ihrem eigenen Besten manipuliert zu werden. Wahrheit ist schmerzlich, sie bringt Instabilität, sie stört den Ablauf unseres alltäglichen Lebens. Wir haben die Wahl: Wollen wir glücklich manipuliert werden oder uns den Risiken authentischer Kreativität aussetzen?«

SLAVOJ ŽIŽEK (AUS DEM ENGLISCHEN VON MICHAEL ADRIAN)

Ende 1998 schrieb ich ein Vorwort zum Buch »Ein Winternachtstraum«, um das mich Hans Saler gebeten hatte. Saler, der 1970 am Nanga Parbat dabei gewesen war, lebte inzwischen in Südamerika, und ich war froh, von ihm zu hören. Selbstverständlich wollte ich für sein Buch etwas beisteuern.

Hans war in jungen Jahren ein Felskletterer und vor allem im Kaisergebirge aktiv gewesen. Am Nanga Parbat zeigte er Einsatz und Können, er war es, der, als Günther und ich für die Mannschaft verschwunden waren, im oberen Teil der Rupal-Wand ausharrte – zusammen mit Gert Mändl – in der Hoffnung, wir könnten doch noch oben auftauchen.

Als Jahre später behauptet wurde, ich hätte die Überschreitung des Nanga Parbat geplant und der Mannschaft davon erzählt, stellte sich Hans Saler an die Spitze der Ankläger und formulierte einen Satz – »den Bruder dem Ehrgeiz geopfert« –, der ein Verbrechen aufdecken sollte: ein Verbrechen gegen die Bergkameradschaft. Meine Gegenfrage damals: Warum hat niemand im Diamir-Tal nach Günther und mir gesucht, wenn sie doch angeblich wussten, dass wir dort und nur dort herunterkommen könnten? Es betraf Saler nicht, weil er damals ja hoch oben in der Rupal-Wand ausharrte. Wieso aber setzte gerade er den Wert Bergkameradschaft als Waffe gegen mich ein? Hatte er selbst ein ähnliches Trauma wie ich erfahren – den Kameraden verloren –, das er mit seinen wiederholten Anklagen auf mich projizierte? Achim Zons, der bereits erwähnte Journalist, gab mit einer jahrelangen Kampagne gegen mich seinen und Salers Seelenzustand preis.

Am 1.11.2005 – also nach dem Leichenfund – wagte es ein Leser, Antwort zu geben auf diverse Artikel von Achim Zons in der *Süddeutschen Zeitung*. Hier nur der Schluss:

»Die Artikel zeigen mir wesentlich mehr, ja geradezu wie ein Röntgenbild genau, welch eine Person der Mensch ist, der diese Artikel verfasste. Mehr darüber, in welchen Denkmustern/Verhaltensmustern dieser gefangen ist, wie er wohl sein eigenes Leben lebt, wie er über sich und andere denkt, als über den, der eigentlich besprochen werden sollte. Auf diesen wird zwar vermutlich mit gestrecktem Finger gezeigt, aber letztlich erscheint das Abbild dessen, der als verlängerten Zeigefinger die Feder hält ...«

Unter dem Titel »Nackter Rufmord« schrieb ich im Mai 2007 eine letzte Stellungnahme – in der dritten Person. Hatte ich inzwischen doch das Gefühl, 1970 am Nanga Parbat Akteur und Beobachter zugleich gewesen zu sein:

»Am 28. Juni 1970 verschwinden die beiden Messner-Brüder im Gipfelbereich des Nanga Parbat. Einen Tag später erfährt der Expeditionsleiter Herrligkoffer im Basislager davon. Während Reinhold Messner seinen höhenkranken Bruder über die flachere Diamir-Seite ins Tal zu retten versucht, warten die Kameraden auf der Rupal-Seite des Berges ab. Am 3. Juli, und überzeugt, dass die Messners nicht überlebt haben können, treten sie die Heimreise an.

Die Überschreitung des Nanga Parbat war doch ein Ereignis, dessen Möglichkeit und Wirkung Messner vorher schon bekannt gewesen sein muss, argumentiert Herrligkoffer als verantwortlicher Expeditionsleiter, als Reinhold Messner wider Erwarten wieder auftaucht. Also, rechtfertigt er sich, Messner habe seinen Plan, ohne den er nicht hätte überleben können, ausgeführt und den Bruder oben verlassen. Alle Gegenargumente, argwöhnt der Ankläger, beweisen doch nur Messners Schuld.

Mehr als dreißig Jahre später behaupten weitere ehemalige Kameraden, Messner habe seinen Bruder über die Rupal-Wand zurück und in den Tod geschickt. Aus Ehrgeiz und in Missachtung der Bergkameradschaft. Dabei sind alle Szenarien, nicht nur die Trennung der Messner-Brüder, erfunden, aus der Luft gegriffen, Kolportage. Gravierender noch als diese Lügengeschichte aber ist die Art, wie die Aussagen und Sachverhalte zurechtgebogen, Tagebücher nachgeschrieben, Dokumente manipuliert wurden. Rufmord im Namen der Kameradschaft! Die Botschaft ein Urteil: Gibt es etwas Verwerflicheres, als seinen Bruder im Stich zu lassen?

Inzwischen sind alle wesentlichen Behauptungen der Kameraden widerlegt. Messners Schilderung der Tragödie von 1970 ist mit dem Leichenfund 2005 bestätigt. Auf eine Entschuldigung der Rufmörder und ihrer Komplizen allerdings wartet er vergebens.

Denn die Unfähigkeit der Kameraden, sich einzugestehen, dass sie dem Expeditionsleiter in einer simplen Logik folgten, trieb sie zu immer neuen Ausflüchten: Messner hat überlebt, was nicht überlebbar war. Der Abstieg vom Berg über eine unbekannte Route war doch allen undenkbar erschienen. Alle waren überzeugt gewesen, dass die Überschreitung des Nanga Parbat ohne Biwak- und Kletterausrüstung unmöglich ist! Auch wenn sie geplant gewesen sein sollte.«

Also ist – auch fünfzig Jahre später noch – ein Reinhold Messner, der seinen Bruder dem eigenen Ehrgeiz opfert, tröstlicher als die Tatsache, dass eine Suche nach den Vermissten keinen Sinn ergeben hatte. Dies ist eine Feststellung, kein Vorwurf, denn niemand konnte 1970 erwarten, dass wir vom Berg herun-

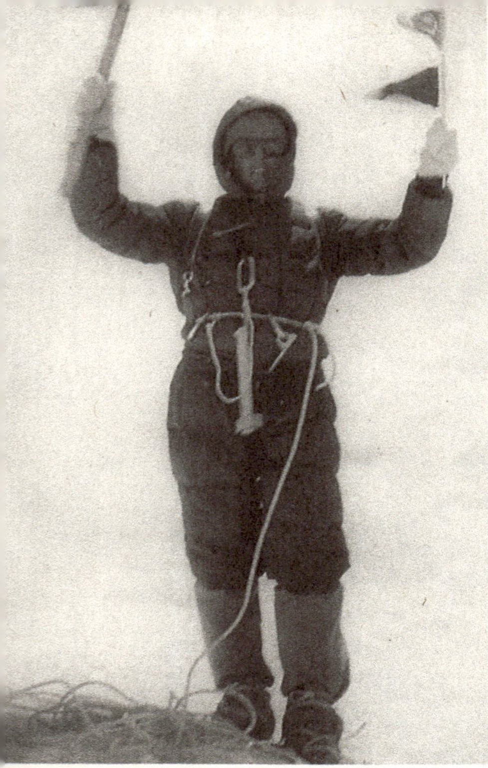

terkommen. Warum also sollte man an der Diamir-Seite nach uns suchen? Von der Geschichte vom getrennten Abstieg bleibt also nichts als die Tatsache, dass im Diamir-Tal nicht nach uns gesucht worden war. Aber auch wenn am Ende alle falschlagen, die TV-Filme zur Tragödie am Nanga Parbat sind längst ausgestrahlt, Bücher und Blätter dazu millionenfach verkauft. Conclusio: Auch wenn nur als Ausrede erfunden, mit einer Lügengeschichte Tatsachen aus der Welt schaffen zu wollen bleibt nackter Rufmord.

Eine ähnliche Geschichte – Rufmord an Walter Bonatti, der 1954 den Gipfelsieg bei der Erstbesteigung des K2 ermöglicht hatte – ist fünfzig Jahre lang kolportiert worden: Er habe der Gipfelseilschaft Flaschensauerstoff vorweggenommen, sodass diese in der Todeszone ohne geblieben sei.

Das war Rufmord, und Walter Bonatti hat fünf Jahrzehnte darunter gelitten, obwohl er vor Gericht recht bekommen hatte.

35 Schafsköpfe, allesamt

»Schweigen ist die Arznei gegen den Ärger.«
KONFUZIUS

Nachdem die Überreste meines Bruders gefunden waren, erkannte jeder Beobachter, dass Günther nur im untersten Teil der Diamir-Flanke ins Eis geraten sein konnte. Die Kameraden von damals mussten also neue Todesszenarien erfinden, um nicht der vorsätzlichen Falschaussage überführt zu werden. Besonders die Selbstverteidigung Max von Kienlins klang schräg, vielleicht weil er wenig vom Bergsteigen verstand. Die Rache des »Barons« war nicht zu stillen, er fand immer wieder Aufmerksamkeit und Journalisten, die ihm Glauben schenkten. Adel verpflichtet. So, wie ihm die Kameraden beigesprungen waren, sprang er jetzt diesen bei. In einem Gespräch mit der *Weltwoche* Ende 2005 habe ich zu erklären versucht, warum der Streit weitergehen musste: Je berühmter ich wurde, desto besser ließen sich Gegendarstellungen verkaufen. Das ist das Los des Ruhms: Er lässt sich missbrauchen.

W: »Herr Messner, diesen Sommer, nach 35 Jahren, wurde die Leiche Ihres Bruders gefunden. Was überwiegt: Trauer? Wut? Genugtuung?«

RM: »Für mich war es keine Überraschung, meinen Bruder auf der Diamir-Seite des Nanga Parbat zu finden, dort, wo wir 1970 zusammen abgestiegen waren. Das vorweg. Aber zu Ihrer Frage: Es war eine Erleichterung, mehr noch als eine Genugtuung, nach so vielen Jahren meinen Bruder wiedergefunden zu haben und all jene Lügen zu strafen, die behauptet haben, ich hätte ihn auf der anderen Seite des Berges im Stich gelassen, um meinen Ehrgeiz zu stillen. Zumindest für die Familie – für mich, meine Geschwister, meine Eltern – schließt sich ein Kreis. Günther war 24 Jahre alt, als er mit mir den Nanga Parbat in Pakistan bestieg und beim Abstieg verunglückte. Es ist schwer, zu akzeptieren, einen Sohn, einen Bruder irgendwo zwischen Schnee und Eis zu wissen, ohne die Möglichkeit, von ihm Abschied zu nehmen.«

W: »Der Kopf Ihres Bruders wurde nicht gefunden, dennoch waren Sie sich von Anfang an sicher, dass die Leichenteile jene Günthers sind. Wieso?«

RM: »Die Leichenteile waren auf etwa acht Quadratmeter verteilt. Nur noch Knochen. Der Kopf muss vorher abgerissen sein. Es sind gewaltige Kräfte, die im Gletscher wirken. Im Eis hat es viele Löcher und Bäche, vielleicht ist er weitergetragen worden. Es war ein Glück, dass ein Fuß von Günther noch im Schuh steckte, den der Gletscher jetzt freigegeben hat. Ein Stückchen Gewebe davon reichte für eine DNA-Analyse, die ich habe durchführen lassen. Aber auch ohne diesen Test wusste ich, dass es sich bei den Leichenteilen um meinen Bruder handelt. Die Schuhe, die wir 1970 trugen, waren dreischichtig, niemand sonst hatte damals diesen Schuhtyp, nur wir von der Herrligkoffer-Expedition. Dazu eine Schlaufe am Schuh – genau so, wie Günther sie jeweils angebracht hatte.«

W: »Die DNA-Analyse vom vergangenen Oktober gibt Ihnen recht. Und doch geht der Streit mit Ihren damaligen Gefährten weiter. Wieso?«

RM: »Nein, der Streit geht nicht weiter. Denn ich antworte nicht mehr auf Lügen in Form neuer Vorwürfe. Im Wesentlichen ging es ja um die Frage, auf welcher Seite mein Bruder damals verschollen geblieben ist. Ich habe immer gesagt, dass ich Günther bis ganz unten begleitet habe. Als wir den Gipfel des Nanga Parbat erreicht hatten, stiegen wir auf der anderen, auf der Diamir-Seite, gemeinsam ab. Meine Kritiker behaupten, ich hätte Günther zurückgelassen und ihn angehalten, auf der Aufstiegsroute allein hinunterzugehen, wo er dann abgestürzt sei. Wenn Günthers Leiche dereinst auf der Diamir-Seite gefunden werde, so meine Kritiker, könne man sie alle als ›Schafsköpfe‹ bezeichnen. Nun, mein Bruder wurde im Diamir-Tal, auf der Westseite also, gefunden.«

W: »Womit wir ein paar Experten ungestraft Schafsköpfe nennen dürfen.«

RM: »Genau. Schafsköpfe, allesamt! Auch die Nachplapperer, die die Lügen verbreitet haben.«

W: »Am Nanga Parbat, 8126 Meter hoch, begann Ihre Weltkarriere, zugleich ist der Berg für Ihre größte Tragödie verantwortlich. Nie bereut, bei der Expedition teilgenommen zu haben?«

RM: »Erstens stimmt es nicht, dass meine Weltkarriere dort begann, [...] internationale Anerkennung bekam ich erst ein paar Jahre später, mit der Besteigung des Mount Everest ohne Maske. Zweitens: Der Berg ist nie verantwortlich für eine Tragödie. Ob ich die Expedition bereue? Hätte ich gewusst, was passiert, wäre ich nicht mitgegangen. Aber ich mache mir nicht solche Gedanken. Man weiß nie, was passiert, wenn man zu einer Expedition dieser Dimension aufbricht. Im Nachhinein darüber hadern bringt nichts. Nein, ich bin nicht Opfer.«

W: »Das Extreme beim Extrembergsteigen, könnte man meinen, sind die Gefühle: Missgunst, Neid, Hass. Liegen wir ganz falsch?«

RM: »Die Gefühle, die zu den Achttausendern gehören, sind sicher stark, aber nicht nur im negativen Sinn. Tatsache ist, dass man in einer Extremsituation letztlich immer auf sich allein gestellt ist. Die Qualität eines erfolgreichen Bergsteigers liegt, banal gesagt, darin, zu überleben. Nur wer überlebt, ist zuletzt erfolgreich. Was andere hinterher dazuerfinden, ist meist lächerlich.«

W: »Walter Bonatti, der bei der K2-Expedition vor über fünfzig Jahren dabei war, kämpft heute noch um Ehre und Anerkennung.«

RM: »Ohne Walter Bonatti wäre die italienische K2-Expedition 1954 gescheitert. Er hat sein Leben riskiert, um seinen Kameraden zu helfen. Er wurde im Stich gelassen und musste ohne Schutz, auf 8100 Metern, eine Nacht ausharren. Dass er überlebt hat, ist ein Wunder. Die Wahrheit wird sich durchsetzen. Bei Bonatti, bei mir, bei anderen.«

Monika Lerch war (für das Magazin *CliniCum)* dabei, wie ich nach dem Knochenfund meines toten Bruders versuchte, mit jahrelangen Vorwürfen fertigzuwerden, und wie mir die Wissenschaft dabei half:

»›Im Sommer 2005 wurden am Fuße der Diamir-Wand am Nanga Parbat Knochenteile und ein Bergstiefel gefunden, den Reinhold Messner seinem verschollenen Bruder Günther zuordnete. Er übergab unserem Institut im September einen aus diesem Stiefel sichergestellten Zehenknochen zur Untersuchung.‹

So eröffnete Univ.-Prof. Dr. Richard Scheithauer, Leiter des Gerichtsmedizinischen Instituts in Innsbruck, das letzte Kapitel der Tragödie um Messners Bruder, der vor 35 Jahren während einer Bergtour tödlich verunglückte. Die Umstände seines Todes sorgten seit dieser Zeit für Spekulationen.

Über ein Drittel seines Lebens wurde Reinhold Messner verdächtigt, aus Ehrgeiz den erschöpften Bruder in Schnee und Eis im Stich gelassen zu haben. Messner dagegen beteuert, er sei nach der Erstbesteigung der Rupal-Wand gemeinsam mit Günther über die Diamir-Wand abgestiegen, bis dieser von einer Eislawine erfasst wurde. Beweise dafür hatte er keine. Seine Aussagen standen gegen die seiner Bergkameraden. Sie warfen Hunderte Fragen auf. Was am 29. Juni 1970 wirklich passiert war, konnte nie eindeutig geklärt werden. Trotzdem warf die Presse Messner jahrelang die ungeklärte Vergangenheit vor. ›Die schlimmsten Unwahrheiten schrieb der *Spiegel*‹, wird Messner in dieser Pressekonferenz sagen, seinem letzten Gefecht. ›Der *Spiegel*, das hat mich meine Geschichte gelehrt, lebt nicht von Fakten, sondern von Figures & Fiction.‹

Was immer Messner bei Befürwortern und Gegnern hatte auslösen können, mittelmäßig waren die Reaktionen auf den Alpinisten nie. Messner polarisiert, weil er nicht extrem ist, sondern extremst. Ein Mann, der stolz ist auf seine schroffen Kanten, aber auch weiß, dass die Medien seine Schwächen überzeichnen wie mit einer Lupe. Die Lust auf Diskussionen und Interviews ist ihm in all den Jahren vergangen. Er sah die einzige Chance für seine Rehabilitierung darin, die Leiche Günthers zu finden. Ihr Fundort soll seine Version der Geschichte bestätigen. Mehr als 100 000 Euro wendet er dafür auf.

Am 17. Juli 2005 fanden seine Bemühungen ein Ende: Auf 4300 Meter Seehöhe gab der Gletscher unter der Diamir-Wand eine Leiche frei. Sie trägt den Bergschuh Günther Messners. Sofort macht sich der Bruder zum Fundort im Himalaja auf. Mit im Team ein Mediziner, Dr. Rudolf Hipp, der fachgerecht fünf Knochen-Samples aus der Leiche entfernt und steril verpackt. Verteilt auf vier Rucksäcke, macht sich das Expeditionsteam auf den Weg zurück nach Europa. Die sterblichen Überreste des Toten ließ Messner in Pakistan feuerbestatten. Dafür hatte er den Auftrag seiner Familie.

Wer aber war der tote Mann wirklich? Das Institut für Gerichtliche Medizin in Innsbruck räumt nun jeden Zweifel aus und bestätigt die Identität des verunglückten Bruders.

›Die Wahrscheinlichkeit, dass der Knochen von einem Bruder Reinhold und Hubert Messners stammt, ist 17,8 Millionen Mal höher, als dass er von einer fremden Person stammt‹, erklärt Univ.-Prof. Dr. Walter Parson, Fachbereichsleiter des Gerichtsmedizinischen Instituts. Beschreibt, wie typisch das mitochondriale DNA-Profil für Westeurasien ist, geht auf äußerst seltene individuelle familiäre Eigenschaften der Familie Messner in den Positionen 16 233 und 16 355 ein und versucht den Journalisten näher zu bringen, dass auch die Eigenschaften der Y-chromosomalen DNA mit den lebenden Brüdern übereinstimmen. Parson beruft sich auf die weltweite Datenbank YHRD, auf wissenschaftliche Weiterentwicklungen und Erfahrungen des Instituts mit der Analyse der Tsunami-Opfer aus Sri Lanka und der daraus entstandenen Verbesserung der Biostatistik.

Messner kann bis zum Ende von Parsons Ausführungen kaum warten. Nervös rutscht er an die Sesselkante vor. Mit leicht zittriger Stimme legt er seine Version von der Geschichte noch einmal dar: Er wollte die damals noch unbezwungene Rupal-Wand alleine besteigen, sein Bruder Günther und der Kameramann Gerhard Baur sollten seinen Anstieg sichern. So war es mit dem Expeditionsleiter Karl Herrligkoffer besprochen. Messners Stirn faltet sich zum Waschbrett, als er erzählt, wie der Bruder ihm auf eigene Faust und ohne Absprache plötzlich nachkam. Er fragte ihn nicht, warum er ihm gefolgt war. Er schickte ihn nicht alleine zurück. Fünfzehn Jahre lang waren sie an einem Seil in die Berge gestiegen. Es war klar, dass sie zusammen weitergehen würden.

Auf den gemeinsamen Gipfelsieg geht Messner gar nicht ein, auch nicht auf das Gefühl, das sie damals befallen haben musste. Er spricht von Günthers gesundheitlichen Problemen, davon, dass ein schneller Abstieg immer notwendiger wurde. Daher wählten die beiden Brüder den Weg über die Diamir-Flanke, ein Unterfangen, das vor ihnen noch niemand wagte.

Als hätte er auf seinen Einsatz gewartet, konfrontiert ein *Spiegel*-Reporter Messner mit den ersten unangenehmen Fragen, geht sofort ins Detail und will bergsteigertechnische Fragen klären. Warum Messner vorausgegangen sei, wenn doch sein Bruder in schlechter körperlicher Verfassung war. Es sei unter Bergsteigern üblich, dass derjenige mit der besseren Kondition vorausgeht und den Weg durch die Gletscherspalten erkundet, erklärt Messner. Zwei Reihen hinter dem *Spiegel*-Reporter nicken zwei Bergsteigerkollegen, stim-

men Messner zu. Wolfgang Nairz und Univ.-Prof. Dr. Gerd Judmaier haben Reinhold Messner in zahlreichen Touren als fairen Kollegen erlebt. Niemals hätte er für einen Rekord seine Seilschaft im Stich gelassen. Auch nicht in einer Extremsituation. Judmaier weiß, wovon er spricht, er verunglückte kurz vor der Tragödie am Nanga Parbat selbst, konnte nur durch den Einsatz seiner Familie und mithilfe der Österreichischen Bergrettung geborgen werden. Damals teilte er nach Messners Rückkehr dessen Krankenzimmer: ›Ich bin von seiner Version der Geschichte hundertprozentig überzeugt‹, erklärt er heute. Das würden auch der Fundort der Leiche und die glaziologischen Daten belegen, setzt Wolfgang Nairz nach. Der *Spiegel*-Reporter stellt alles infrage.
Die Pressekonferenz entwickelt sich zu einem Streitgespräch. Messner wird plötzlich emotional. Es scheint so, als müsste er Widersprüche, die aus dem Spannungsfeld der Polarisierung entstehen, niederbrüllen. Und deckt seinerseits Widersprüche auf. Diplomatisch geht er dabei nicht vor. Er entschuldigt sich nicht für seine Emotionalität, sondern bittet dafür um Verständnis. Nachdem die Ergebnisse der DNA-Analyse nicht anfechtbar sind, muss sich Messner den Vorwurf der Leichenfledderei, des Diebstahls und des Schmuggels gefallen lassen, weil er die Knochen-Samples seines Bruders ohne Ausfuhrgenehmigung außer Landes gebracht hat. Tatsächlich gibt es kein vorgeschriebenes Prozedere für diesen Fall. Messner hätte ein Ansuchen an die pakistanische Regierung stellen müssen, sagen seine Kritiker, er selbst sah seine Pflicht damit getan, dass er im Einvernehmen zweier regionaler Bürgermeister gehandelt habe. Beide Gerichtsmediziner können Messners Vorgehen nachvollziehen: Es sei für eine saubere Datenanalyse wichtig, die Proben unverzüglich und fachmännisch zu sichern. Der *Spiegel*-Reporter steckt achselzuckend sein Notizbuch ein und geht.
›Nach der Identifizierung seines am Nanga Parbat gestorbenen Bruders hält sich Reinhold Messner für rehabilitiert – doch

seine Kritiker hegen weiter Zweifel‹, wird das Blatt wenig später schreiben. ›Meine Gegner‹, fordert Messner, ›sollen endlich still sein.‹ Die Knochen-Samples seines Bruders wurden im Familiengrab beigesetzt.«

36 Ausgrenzung

»Wenn Kritiker nur von dem sprächen, was sie verstehen, wäre bald viel Schweigen auf der Erde.«

REINHOLD MESSNER

Mit dem Deutschen Alpenverein, dem weltweit mitgliederstärksten Alpin-Verein, hatte ich über Jahrzehnte hinweg eine anregende Beziehung.

Bis 2003. Als damals im AV-Haus auf der Praterinsel eine Rufmordkampagne gegen mich geduldet wurde – ohne Hemmung und Gegenrede –, reagierte ich in einem Brief vom 24. November 2005 an die Hauptleitung. Nachdem mit dem Fund der Leichenteile meines Bruders meine Erzählung zur Nanga-Parbat-Tragödie bestätigt war, erwartete ich eine Entschuldigung:

»Einer Pressemitteilung des DAV entnehme ich, dass sich der DAV nicht instrumentalisieren lässt. Leider kommt die Entscheidung etwas spät. Denn der Streit ist gerade durch die Rückendeckung des DAV (Praterinsel 2003) explodiert. Da ich damals in Kenntnis der Tatsachen und in Erwartung einer breit angelegten Rufmordkampagne sowohl Frau Kaiser vom Museum im AV-Haus als auch Herrn Klenner als 1. Vorsitzenden des DAV persönlich und im Vorfeld informiert habe, ist das Versteckspiel heute so peinlich wie nach früheren Ausgrenzungskampagnen. Und nur um solche geht es.

Haben doch einige der AV-Blätter die Lügengeschichte einiger ›Kameraden‹ von 1970 ungeprüft übernommen und nie korrigiert. Sie gehört also zum Panorama des DAV.

Mag sein, dass inzwischen ein neuer 1. Vorsitzender ohne jenes Wissen um die Sache die Verantwortung trägt, mag sein, dass dem DAV die Kompetenz fehlt, in einer so fernen

Angelegenheit Nebelkerzen beiseitezuräumen, Verantwortung bleibt. Auch beim DAV.
Es ist richtig, der Streit schadet zuletzt allen. Deshalb aber stillschweigend eine ›Ungeheuerlichkeit‹ (Prof. Dr. Hörmann in Bad Boll 1970) zu decken, die nichts anderes will, als einen selbstbestimmten Bergsteiger zu diskreditieren?
Der DAV mit bald 700 000 Mitgliedern [heute mehr als das Doppelte, Anm. d. Verlags] kann sicher auch dies noch verdauen, ich lasse mir meine Zivilcourage trotzdem nicht nehmen.
Ungeklärt bleibt für mich, wie naiv sich der DAV, im Gegensatz zu OEVA und AVS, in der Sache instrumentalisieren ließ. Alles nur, weil eine Handvoll Leute ihre ›Politik‹ im DAV machen? Die Zeit wird auch diese Frage beantworten. Eins ist gewiss, auch wenn diese Leute dann nicht mehr in ihren Schreibstuben sitzen, die Verantwortung bleibt. Beim DAV.«

(Zitiert aus meinem Brief an die DAV-Hauptleitung vom 24.11.2005)

Trotz wiederkehrender Aussprachen, eine Klärung erfolgte nicht. Am 8. Mai 2009 dann die endgültige Ausgrenzung:

»Reinhold Messner hat den Deutschen Alpenverein und seine ehrenamtlichen sowie hauptberuflichen Vertreter in den letzten Jahren wiederholt massiv attackiert. Seine Äußerungen gipfelten zum Teil in sehr persönlichen Angriffen gegenüber einzelnen DAV-Repräsentanten. Völlig inakzeptabel waren dabei seine Vergleiche des Handelns des aktuellen DAV-Präsidiums und der Geschäftsleitung mit dem Vorgehen der Nationalsozialisten in den Dreißiger- und Vierzigerjahren des vergangenen Jahrhunderts.
Um die vorhandenen Dissonanzen auszuräumen und zu einem kameradschaftlichen Miteinander zurückzukommen, haben in den letzten Jahren sowohl das DAV-Präsidium als auch der Präsident persönlich mehrfach das Gespräch mit

Herrn Messner gesucht. Trotz zum Teil durchaus positiver Aussprachen mussten wir leider immer wieder feststellen, dass unsere Bemühungen in der grundsätzlichen Einstellung von Herrn Messner gegenüber dem gesamten DAV nichts bewirkt haben.
Aufgrund jüngst erfolgter weiterer Angriffe in Printmedien hat sich das Präsidium des DAV im Rahmen seiner letzten Sitzung zum wiederholten Male mit dem Verhältnis zwischen Reinhold Messner und dem Deutschen Alpenverein beschäftigt. Anlass der erneuten Beschäftigung war der beiliegende Artikel von Reinhold Messner in der Zeitschrift *Bergsteiger* (03/2009). Das Präsidium kam nach ausführlicher Diskussion zu folgendem Beschluss:
›Das Präsidium beschließt, dass Messner zukünftig keinerlei Plattform im DAV-Hauptverein und im DAV Summit Club erhält. Des Weiteren werden alle Sektionen mit der Empfehlung angeschrieben, diesen Schritt auf Sektionsebene ebenfalls nachzuvollziehen.‹«

In der *Süddeutschen Zeitung* vom 13./14. Juni 2009 erschien ein Streitgespräch zwischen Heinz Röhle, dem damaligen neuen Präsidenten des Deutschen Alpenvereins, und mir.

SZ: »›Man muss die Leithammel in die richtige Richtung lenken, dann läuft die Herde hinterher.‹ Der Satz steht im Alpenvereins-Jahrbuch 2009, in einem Aufsatz über Umweltbildung im DAV und die Vorbildwirkung von Spitzenalpinisten. Reinhold Messner hat daraufhin dem Alpenverein in der Zeitschrift *Bergsteiger* vorgehalten, er oute sich ›als das, was er immer schon sein wollte: die Avantgarde Vorgestriger‹. Sind Sie, Herr Röhle, besonders glücklich über die Leithammel-Formulierung?«

HR: »Die Autoren hätten ihre Worte sicher diplomatischer wählen können. Aber was im Artikel eigentlich zum Ausdruck kommt, ist die Tatsache, dass wir seit Jahren sehr gut mit einigen Spitzenalpinisten zusammenarbeiten. Leute wie Hans

Juden

und Mitglieder des Vereines

„Donauland"

sind hier nicht erwünscht.

Messner

erhält zukünftig keinerlei Plattform im

DAV-Hauptverein

und im DAV Summit Club

Präsidium DAV
Deutscher Alpenverein

Kammerlander haben Vorbildwirkung. Der Begriff Leithammel ist in diesem Kontext nicht abwertend gemeint.«

SZ: »Herr Messner, in Ihrem Artikel ist auch von ›jungen Erben eines totalitären Vereinsverständnisses‹ die Rede. Wollen Sie damit sagen, dass es im DAV immer noch braunes Gedankengut gibt?«

RM: »Nein, das wollte ich nicht. Aber der Satz von den ›Leithammeln‹ ist eine Beleidigung für Hans Kammerlander und für 800 000 Vereinsmitglieder, die als Schafe bezeichnet werden. Das ist die Sprache aus den Dreißigerjahren. Ich habe nur gefragt: Was bedeutet dieser Satz? Im Grunde habe ich Leute wie Hans Kammerlander verteidigen wollen; das sind keine Leithammel, sondern selbstbestimmte Menschen. Ich hoffe, dass der Alpenverein Mitglieder hat, die selber denken können und nicht als Herde hinter anderen herlaufen.«

SZ: »Nun sind Sie, was die Wortwahl betrifft, auch nicht gerade zimperlich. In Ihrer Reaktion auf den Jahrbuch-Artikel ist die Rede von der ›Avantgarde Vorgestriger‹, von ›selbst ernannten Schafsköpfen‹ und ›Herdenmenschen‹.«

RM: »Nur die ›Avantgarde Vorgestriger‹ benutzt eine solche Sprache. Nein, nicht die ›Vereinsleichen‹ haben den Leithammel-Satz geschrieben, sondern junge Leute, und die heutige Vereinsführung hat ihn gedeckt! Wenn man mir einen solchen

Satz hinlegt, dann darf ich hoffentlich – wenn ich den Alpenverein ernst nehme – darüber nachdenken. Nächster Punkt!«

SZ: »Die ›selbst ernannten Schafsköpfe‹.«

RM: »All jene, die 2003 dabei waren, als im Alpenvereinshaus die Demontage des Messner versucht wurde, sind selbst ernannte Schafsköpfe. Denn dort wurde der Satz geprägt: ›Wir alle sind Schafsköpfe‹ – vor 200 Leuten, fast alles Alpenvereinler –, ›wenn der Messner die Leiche seines Bruders an der Westseite des Nanga Parbat findet.‹ Damals wurde behauptet, die Leiche liege an der Südseite. [Knochen eines Bergsteigers, bei dem es sich laut DNS-Analyse um Günther Messner handeln muss, wurden später auf der Westseite gefunden; d. Red.] Nachdem die Beweise nun vorliegen, darf ich sagen: selbst ernannte Schafsköpfe. Ich habe mich im Vorfeld nie in dieser Weise geäußert. Aber seit 2003 ist klar, dass dieser Verein in einer Tradition der Ausgrenzung steht.«

SZ: »Herr Röhle, geben Sie Herrn Messner nicht indirekt recht, wenn Sie den Sektionen nun empfehlen, ihn künftig nicht mehr zu Vorträgen einzuladen?«

HR: »Herr Messner, der Alpenverein will Sie nicht demontieren! Diese Behauptung wird durch permanente Wiederholung nicht richtig. Hans Saler und Max von Kienlin haben ihr Buch auf der Praterinsel vorstellen dürfen, weil das Alpine Museum in München ein Podium ist, auf dem über bergsteigerrelevante Themen diskutiert wird.«

RM: »Da darf also jeder hingehen und Rufmord betreiben?«

HR: »Nein. Wir haben ganz klar gesagt: Wir schließen uns keiner Position an. Wir haben Ihnen sogar die Möglichkeit eingeräumt, 2005 im Jahrbuch noch einmal Ihre Sicht der Dinge darzustellen. Und Sie wissen auch, Herr Messner, dass im darauffolgenden Jahrbuch Kienlin wieder einen Beitrag schreiben wollte, als Reaktion auf Ihren Artikel. Ich habe dafür gesorgt, dass er nicht erscheint, weil der Streit meiner Meinung nach endlich beigelegt werden muss.«

RM: »Ich habe 2003, als diese Kampagne losging, den Alpenverein – nicht Sie, sondern Ihren Vorgänger – gewarnt und vorausgesagt: Es wird eine Rufmordkampagne, der DAV wird zum Komplizen, wenn er das macht, ohne dass ich dabei bin. Ich war in Franz-Joseph-Land im Nordpolarmeer. Die ganze Geschichte wurde ja so gemacht, dass ich nicht dabei sein konnte! Warum soll ich das schlucken? Es ist juristisch nachprüfbar, dass diese Rufmordkampagne allein private Ursachen hat. Der Hintergrund ist also nicht der Nanga Parbat. War der Alpenverein nicht glücklich, diese Ausgrenzungsgeschichte mitzutragen?«
HR: »Das ist eine Unterstellung!«
RM: »Wenn Sie kein schlechtes Gewissen haben – nicht für sich, sondern für den Verein –, haben Sie nichts verstanden.«
HR: »Wenn dem so wäre, hätte ich Sie 2006 gar nicht in Juval besucht [Messners Schloss in Südtirol; d. Red.]. Ich habe Ihnen eine Flasche Wein mitgebracht, Sie haben mir eine Flasche des Ihrigen überreicht, wir hatten eine konstruktive dreistündige Unterhaltung. Wir hatten vereinbart, gemeinsam einen kleinen Text zu schreiben ...«
RM: »Richtig.«
HR: »... in dem beide Standpunkte dargestellt werden. Das Ganze war auf einer relativ guten Schiene. Dann kam der Alpintag Köln. Und dort haben Sie unseren Vizepräsidenten Ludwig Wucherpfennig vor versammelter Mannschaft angegangen und auch dem Alpenverein wieder Gesinnungsnähe zu braunem Gedankengut vorgeworfen. Kein Wunder, dass ich danach im Präsidium für eine Goodwill-Aktion zwischen Ihnen und uns keine Mehrheit mehr finde.«
SZ: »Herr Messner, was muss denn noch passieren?«
RM: »Ich habe Herrn Röhle in Juval gesagt: Es reicht ein Satz. War es nicht möglich, diesen einen Satz zu formulieren? Wir distanzieren uns von der 2003 auf der Praterinsel aufgestellten Behauptung, Messner hätte seinen Bruder im Stich gelassen.«

SZ: »Herr Röhle, war es eine kluge Entscheidung, Ihren Sektionen zu empfehlen: Ladet den Messner nicht mehr ein?«
HR: »Wir können unseren 354 Sektionen nichts vorschreiben, weil die rechtlich selbstständig sind. Aber Sie können sich vorstellen, dass wir nach dem Artikel im *Bergsteiger* gespürt haben, dass es in den Sektionen und bei uns im Verein gärt. Wir fanden, es ist unsinnig, Ihnen, Herr Messner, im Rahmen des Alpenvereins weiterhin ein Podium zu geben. Sie können auch künftig zu unseren Pressekonferenzen kommen, Sie können unsere Ausstellungen besuchen, Sie können auf unsere Hütten gehen ...«
RM: »Ich brauche Ihre Hütten nicht, ich werde künftig immer ein Zelt dabeihaben.« (lacht)
HR: »... aber wir laden Sie nicht mehr als Vortragsredner ein. Das ist eine ganz normale Reaktion. Ich lade mir auch keinen Gast nach Hause ein, von dem ich weiß, dass er mich beschimpft.«

In seiner Rede zum Edelweißfest 2009 der Sektion Eichstätt kam Gerhard Seibold, 1. Vorsitzender der Sektion, ein aktiver Bergsteiger und Kulturträger, auf die Ausgrenzungskampagne im DAV zu sprechen:

»Ich möchte den Versuch wagen, kurz ein sehr schwieriges und heikles Thema aufzugreifen, nämlich ›Messner kontra DAV‹. Im Mai dieses Jahres bekamen alle 354 Sektionen des DAV vom Präsidium ein Schreiben, künftig Herrn Reinhold Messner innerhalb der Sektionen keine Gelegenheit zu wie auch immer gearteter Darstellung zu geben, d.h. keine Plattform für Vorträge zu bieten.
Was waren die Gründe für diese Reaktion des Hauptvereins? Der Ausschlag dazu war letztlich ein Bericht von Reinhold Messner im *Bergsteiger,* Ausgabe vom März 2009, wo Reinhold Messner unter anderem schrieb: ›Nicht Reinhold Messner, sondern der weltgrößte Bergsteigerverband mit seinen 815000 Mitgliedern hat den Streit zu verantworten.‹

Das kommentiert sich doch von selbst, wenn ein Verein einen bestimmten Bergsteiger ausgrenzt. Der Alpenverein stehe in einer schlimmen Tradition der Ausgrenzung und habe in den Zwanziger- und Dreißigerjahren Juden sowie Naturfreunde ausgeschlossen. Hier fühlte sich der Hauptverein in die Nähe der nationalsozialistischen Gesinnung gerückt.
Tatsache ist, dass der Alpenverein in dieser Zeit große Fehler gemacht und schwere Schuld auf sich geladen hat. Auch unsere Sektion ist dadurch betroffen, und so steht vor der Glorer Hütte ein Gedenkstein gegen Hass und Intoleranz ...«

Manfred Sturm, der das Vermächtnis von Karl Herrligkoffer übernommen hatte, bemühte sich lange um eine Aussöhnung, vergeblich.

Mein Brief an ihn vom 25.10.2023 erklärt, warum es nicht gelingen konnte:

»Dr. Herrligkoffer ist tot und kann seine Falschaussagen nicht korrigieren. Seinen Sohn trifft keine Schuld, und die Stiftung ist Teil des DAV geworden, der sehr wohl eine Verantwortung zur Berichterstattung (nicht zum Geschehen!) am Nanga Parbat 1970 trägt ... Bis 2005 – dem Fund von Günthers Leiche – hatte ich Nachsicht. Seit alles bewiesen ist – für jene, die das Gesetz der Schwerkraft kennen –, hat der DAV, ohne den die Kampagne nicht möglich gewesen wäre (es waren vor allem DAV-Funktionäre und -Mitglieder bei der ›Hexenjagd‹ im DAV-Haus), die Verantwortung für die Ausgrenzung, die später konkret ausgesprochen wurde, mitzutragen.
Warum hat sich der DAV nie von den Lügen von damals distanziert? Warum sollte ich mir die ungeheuerlichen Vorwürfe, die Herrligkoffer 1970 (13.12.1970) in Bad Boll aufrechterhielt und die 2003 ins Verbrecherische hochgejubelt wurden, gefallen lassen!! Nur weil ich mich wehrte, ist mir ›jede Plattform entzogen‹ worden! Auch vom Summit Club, für den ich einige der ›kühnsten Reisen‹ geführt hatte.

Ich bin heute überzeugt, dass der DAV so wenig ahnte, was er mit dieser Ausgrenzung zu verantworten hat, wie 1924, als die Sektion Donauland ausgeschlossen wurde.
Nicht ich habe den Streit angefangen! 1970 nicht; 2003 nicht. Ich habe nur den Lügen Herrligkoffers und den Verschwörungstheorien, die im DAV-Haus wie eine Lawine losgetreten worden sind, widersprochen.
Ohne Erfolg. Der DAV erst hat, mit seinem Schweigen zuerst und dank seiner Mitgliederzahl (1000000 +!) zuletzt, mit der öffentlichen Distanzierung - nicht von den Lügen einiger ihrer Mitglieder, sondern von der Person R. M. - den Nanga-Skandal zu einer unendlichen Geschichte gemacht. Und damit Verantwortung - nicht Schuld - für die Rufmordkampagne übernommen. Zu dieser Verantwortung hat er zu stehen. Die Glaubwürdigkeit, die mir mit den Erfindungen vom getrennten Abstieg vom Nanga-Gipfel genommen worden ist, habe ich mir zurückgeholt, der DAV aber versteckt sich nach wie vor hinter den vielen ›guten Kameraden‹.«

37 Nanga Parbat, der Film

»Selbst ein Weg von tausend Meilen beginnt mit einem Schritt.«

LAOTSE

Der Film von Joseph Vilsmaier zur Tragödie von 1970 am Nanga Parbat ist viel kritisiert worden. Zum Teil zu Recht. Vielleicht ist der Versuch, die Geschichte ganz nahe an den Fakten zu erzählen, der falsche Ansatz gewesen. Die Bilder suggerieren einen Dokumentarfilm, ein mutiger Spielfilm hätte mehr Emotionen, Charaktere, Drama erlaubt.

Ich war bei den Dreharbeiten oft dabei – in Villnöß, München und in Pakistan. Im Bemühen, ganz nah bei den Fakten zu bleiben, haben Vilsmaier und ich vielleicht die Stimmung verpasst, die zwischen Leben und Tod aufkommt. Es sind die Nahtoderfahrungen, die ein Dokumentarfilm nicht zeigen kann, die wir verschenkt haben.

Die Nanga-Kameraden von 1970 haben ihr Missfallen am Film ausgedrückt und dabei bemängelt, dass »Nanga Parbat« als Dokumentation zu viel »Spielfilm« sei, weil ohne ihre Beteiligung gedreht wurde.

Anders Thomas Huber senior, Vater der berühmten »Huberbuam«, selbst ein Extrembergsteiger, der den Film authentisch fand:

»Die Kritik zum Film ›Nanga Parbat‹ im *Anzeiger* und in vielen überregionalen Medien muss ich zurückweisen. Tatsache ist doch, dass hier eine dramatische Geschichte des Bergsteigens authentisch, filmerisch gekonnt wiedergegeben wurde. Es kann wirklich ein Vergleich zum unvergessenen Film ›Sterne am Mittag‹ [›Sterne über dem Mont Blanc‹; d. Verlag] von Marcel Ichac gezogen werden. Würde in ›Nanga Parbat‹ nicht gerade die Geschichte von Messner erzählt, so würde er einhelliges Lob ernten. So aber wird verteufelt, wo es nur geht. Wie war es denn beim Film ›Nordwand‹? Bisher das schlechteste Produkt, das sich ein sogenannter Bergfilm erlaubt hat. Schlecht bis ins kleinste Detail. Doch dieser Film hat sogar in Tegernsee beim Bergfilmfest den ersten Preis bekommen. Es geht darin halt nicht um Reinhold Messner.

Ich lernte Reinhold und Günther schon in ihrer Jugendzeit beim Klettern kennen, kannte Herrligkoffer aus privaten Begegnungen und auch Felix Kuen aus Bergbegegnungen gut. Die Person Herrligkoffer ist im Film derart treffend dargestellt, sogar in seinen Gesten ist alles richtig, dass es müßig erscheint, hierzu überhaupt ein Wort der Kritik zu verlieren. Er war ein begnadeter Organisator, aber gleichzeitig ein großer Diktator, wenn es um seinen Nanga Parbat ging. Es wäre schade, wenn dem Wunsch für einen ›klärenden‹ Vorspann im Film stattgegeben würde.

Sicher: Reinhold Messner ist heute vielen durch seine verbalen Rundumschläge ein Dorn im Auge. Aber hat er nicht in vielen Dingen recht? Gäbe es mehr Messners, so hätte vielleicht auch verhindert werden können, dass zum Beispiel der Wilde Kaiser durch die Anhäufung von Bohrhaken zum Alpinklettergarten degradiert wurde. Wo liegt denn eigentlich die Wahrheit der Geschichte des damaligen Dramas am Nanga Parbat? Ist das nicht gutes Recht eines jeden Bergsteigers, von einer neuen und anderen Route zu träumen und diesen Traum den Kameraden offenzulegen, wie es Messner vielleicht getan hat? Dass dieser Traum so unvermittelt zur katastrophalen Wirklichkeit werden musste, hat Reinhold nicht geahnt. Gleiche oder ähnliche Situationen gab es schon mehrmals in der Alpingeschichte. Doch wo blieben die Kritiker, als Riccardo Cassin im Wettersturz in der Badile-Nordostwand zwei seiner Kameraden verlor? Auch er wird immer darunter gelitten haben. Es gab aber keine Kritiker, es gab nur Anteilnahme von allen Seiten.

Ohne auf die Geschichte der Dramatik am Nanga Parbat näher einzugehen, stehen doch immer noch viele Fragen im Raume. Warum erzählen denn Gerhard Baur und Jürgen Winkler, die ich übrigens sehr schätze, nicht, wie es eigentlich war, nachdem Felix Kuen und Peter Scholz vom Gipfel zurückkamen? Hätte nicht da sofort der Gedanke aufflammen müssen, unverzüglich eine Rettungsaktion zur Diamir-Seite zu organisieren, da ja Reinhold seinen Traum von der Überschreitung mitgeteilt hatte? Haben Kuen und Scholz von sich aus erzählt, dass die Messner-Brüder vor ihnen am Gipfel waren? Ich bin mir sicher, dass ein Teil der Mannschaft sofort etwas unternehmen wollte, aber gegen Herrligkoffer nicht agieren konnte. Warum wird die Frage eines völlig traumatisierten und ums Überleben kämpfenden Menschen (›Wo ist Günther?‹) nach seiner Rettung derart hochgespielt? Fragen über Fragen zur Geschichte. Auf alle Fälle ist der Film eine echte Bereicherung der Bergfilmszene, und es wäre schade, wenn Kritiker, in nicht objektiver Weise, diesen Streifen weiterhin zerreden, nur weil es sich um die Geschichte Messners handelt.«

Ernst gemeinte Kritik habe ich immer als Lernhilfe verstanden, habe tausend und mehr Briefe beantwortet und für kritische Einwände gedankt. Wie viel Wissen ist mir damit zugeflossen! Im Zeitalter der digitalen Kommunikation allerdings ist es schwieriger geworden, miteinander im Gespräch zu bleiben. Anonym sind Beleidigungen, Drohungen und Spott schnell ausgedrückt und im Netz gespeichert. Für immer.

38 Selbstmächtigkeit als Freiraum

»Sobald man in einer Sache Meister geworden ist, soll man in einer neuen Schüler werden.«

GERHART HAUPTMANN

Die Widerstände, denen ich in der Natur begegnet bin, waren zahlreich und verschiedenster Art: die Nordwand der Furchetta in den Geislerspitzen; die 4500 Meter hohe Rupal-Wand am Nanga Parbat; das nördliche Polarmeer … Ich nahm sie an und überlebte. Öfter bin ich gescheitert – lieber scheitern als dabei sterben.

Anders die vielen Widerstände zurück in der Zivilisation. Sie waren nicht tödlicher Natur, und ich hätte sie nicht annehmen müssen. Mit der Gabe, es zu wagen – wie in der Wildnis –, war ihnen oft auch nicht beizukommen. Also habe ich gewütet und gekämpft – ohne am Ende etwas zu erreichen. Die Wildnis ist absichtslos, des Menschen Absichten hingegen sind vielfältig und nicht immer von Empathie getragen: Ich habe das große Glück gehabt, nichts geerbt zu haben, alle Vorgaben infrage zu stellen. Ich hatte nicht einmal ein abgeschlossenes Studium, als ich mich entschied, nichts zu werden. Nicht dass ich nichts tun wollte; ich blieb offen für alles, auch für das Undenkbare.

Mein Leben wurde so ein einziger Lernprozess. Zu meiner Freude. Ich lerne immer noch. Niemand hat mich je festgenietet. Mit einer Religion, einer Moral oder anderen Fesseln. Nein, leicht ist es mir nicht gemacht worden. Ich führte anfangs ein Doppelleben: das spießbürgerliche daheim und das anarchische beim Klettern in senkrechter Wand. Das selbstbestimmte Leben habe ich später entdeckt. Habe es nicht geplant, es ist mir zugewachsen.

Die Widerstände haben mich gefordert, sie haben mich wachsen lassen. Ich folge dabei nach wie vor dem Weg meines

Herzens, spiele mit Möglichkeiten. An den Rändern der Erde aber schrammt auch der Alleingänger an seiner Einsamkeit entlang. Allein gelassen wird alles absurd, und im Grenzbereich Todeszone sind der Zwänge viele. An der Schwelle zwischen Leben und Tod entscheidet unser Instinkt, nicht unser Wille. Meine Freiheit war also immer eine relative. Der Selbsterhaltungstrieb bestimmt unser Tun und nicht die Freiheitsliebe.

Fünfmal in meinem Leben habe ich etwas Neues angefangen. Jedes Mal bin ich bis an meine Grenzen gegangen, immer habe ich all meine Zeit, meine Mittel und meine Begeisterung eingesetzt, um zum Ziel zu kommen. Trotzdem, ich hätte jedes Mal auch scheitern können. Oft bin ich auch gescheitert. Aber ich habe es wieder und wieder versucht, zuletzt ist es mir gelungen, meine Visionen umzusetzen. Zuerst als Felskletterer, dann als Höhenbergsteiger, als Grenzgänger in Wüsten und Packeis, als Mythen-Forscher, jetzt als Museumsgestalter, Filmemacher …

Als ich mit zwanzig die ersten Neutouren in den Dolomiten kletterte, wollte ich ohne Bohrhaken auskommen, wagte immer steilere Routen. Nicht die Berge wollte ich verändern, sondern mein Können steigern. Das erreichte ich durch Training, Einsatz und Konzentration auf dieses eine Tun. Die Berge, die es zu versetzen galt, waren nur in meinem Bewusstsein. Es war also die mentale Kraft, die mich über alle Barrieren trug, bis zum Gipfel der Aussichtslosigkeit.

War es zuerst um das Hinaufkommen gegangen, ging es nun um das Zurückkommen; erst wieder unten, am Gletscherrand, zwischen den ersten flechtenbewachsenen Felsen, den ersten Insekten in der Luft, dem sprudelnden Schmelzwasser am Gletscher, brachen Emotionen aus mir heraus. Wie Lava aus einem Vulkan. Dieses Überlebthaben war es, was mich stark machte, anregte, beflügelte, immer wieder alles einzusetzen, auch mein Leben. Um es zu gewinnen.

Es gibt nichts Stärkeres als wiedergewonnenes Leben. Auch deshalb setzte ich es immer wieder ein.

Mich hat nie die Pflicht ausgefüllt, sondern die Verpflichtung, und seit ich dem Alter nach erwachsen bin, war ich es, der Menschen, Sachen, Aufgaben für sich wichtig gemacht hat: ganz bestimmte Menschen, diese und keine andere Sache, Aufgaben, die oft nur für mich einen Sinn ergaben. Freiheit beginnt mit Gewichten und mit Sinnstiften.

Wer sein Leben je aus der Perspektive des Todes gesehen hat, weiß, dass es nicht ums Haben oder Gehabthaben geht, sondern ausschließlich darum, was wir machen. Was ich getan habe, ist zuletzt Biografie, dafür trage ich die Verantwortung. Das alles steckt in meinem Rucksack, und ich habe ihn zu tragen – aber es trägt mich nicht. Was mich trägt, ist gleichzeitig das, was mich stark macht, was mich kreativ und jung hält, was mich lebensfroh, positiv denkend, manchmal auch übermütig werden lässt. Mehr noch, was mich zu Visionen befähigt, ist das, was ich als Idee in die Zukunft projiziere. Wenn ich mich einbringen, ausdrücken, mitgestalten darf, bin ich.

Es ist gut, sesshaft zu werden mit einer Ahnung von dem, was jenseits der Grenzen des Machbaren liegt. Es wird nun weniger darauf ankommen, ein letztes Tabu vom Dach der Welt zu holen, als vielmehr jenes Tabu zu respektieren, das uns erst zu Menschen macht: unser Begrenztsein.

(Der Text basiert zum Teil auf einem Beitrag von mir von 2006 in *CI – Das Magazin der creativen Inneneinrichter.)*

39 Zwischenrufe

> *»Wenn alle den Kopf schütteln wegen deiner Idee, go for it!«*
>
> Remo Neuhaus

In einem Gespräch mit der Wochenzeitschrift *ff* sollte ich 2007 u.a. meine Haltung zum Altern und zu Südtirol als Heimat preisgeben:

ff: »Sie sind jetzt 63 Jahre alt. Macht Ihnen das Altern Probleme?«

RM: »Nein, das Altern ist eine große Herausforderung. Ich gestalte weiterhin und tue, solange ich gesund bleib, was ich noch kann.«

ff: »Sie sagten einmal, Sie seien nur zwischen Selbstverschwendung und Selbstzerstörung lebensfähig.«

RM: »Ja, darin liegt der Schlüssel zum Grenzgang. Bei meinen extremen Unternehmungen ist die Möglichkeit umzukommen konkret. Ich suche das Sterben zwar nicht, aber ich nehme es in Kauf. Diese mögliche Selbstzerstörung aber gilt es aufzuhalten. Trotzdem setzte ich alle Mittel, Zeit, Energie und Begeisterung ein, um meine Ziele zu verwirklichen. Deshalb sage ich: Ich lebe zwischen der Selbstverschwendung und der möglichen Selbstzerstörung.«

ff: »Was bedeuten Ihnen Ihre Kinder?«

RM: »Sie sind Angelpunkt meines Lebens, trotzdem lebe ich mein Leben. Wir haben nicht die Verpflichtung, uns in unsere Pantoffeln zu verkriechen und daheim hinterm Ofen zu sitzen, nur weil wir Kinder haben.«

ff: »Gesetzt den Fall, dass Ihr Sigmundskroner Museum ein Flop sein würde und der Landeshauptmann würde dem Südtirol-Zugpferd Messner eine Unterstützung zukommen lassen – würden Sie eine solche annehmen?«

RM: »Erstens kommt der Landeshauptmann nicht zu mir, um mir zu helfen. Auch weil er Verträge einhält, die besagen, dass ich dreißig Jahre lang ohne jegliche Unterstützung auskommen muss. Und zweitens würde ich eine mögliche Pleite durch andere Tätigkeiten auffangen. Der jüngste Versuch der Herrschaften im Weinbergweg ...«

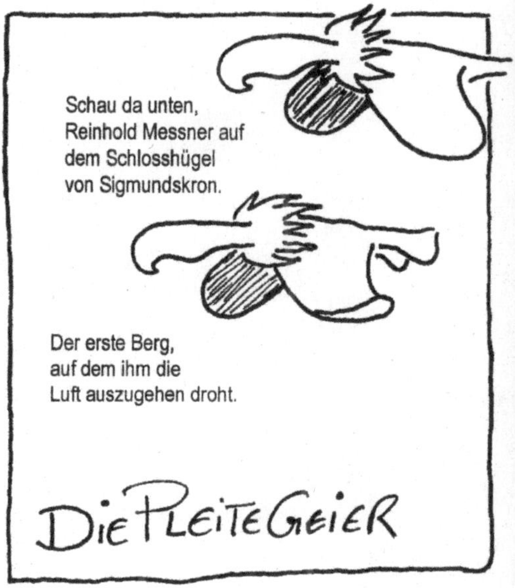

ff: »Das Verlagshaus Athesia ...«

RM: »... schneidet Sigmundskron in seinem Tagblatt nach wie vor. Sie haben sich sogar bemüht, die Parkmöglichkeiten für das Museum zu hintertreiben. Sie versuchen offensichtlich, mein Projekt in den wirtschaftlichen Ruin zu treiben. Es wird ihnen nicht gelingen, weil wir mit internationalen Gästen arbeiten und weniger mit Südtirolern.«

ff: »Tut Ihnen Ihr Engagement leid?«

RM: »Ich will mich nicht beklagen. Ich habe mir das Museum selbst eingebrockt, habe es auf die Beine stellen dürfen, und darüber bin ich glücklich. Ich habe das Ganze gleich gemacht wie mit 25 Jahren die Civetta-Nordwand, mit 35 den Everest und mit 45 die Antarktis.«

ff: »Was braucht Südtirol, um sich kulturell zu positionieren?«

RM: »Wir haben auf Dauer nur eine Chance, wenn wir Nischen füllen. Südtirol hat die Potenz, die Marktnische Berg zu besetzen, auch kulturell. Die Leute kommen hierher, um Bergurlaub zu machen. Das, was wir verkaufen, sind Äpfel und Wein aus den Bergen, Holz aus den Bergen, Know-how aus den Bergen, eine einzigartige Berglandschaft. Wir wären

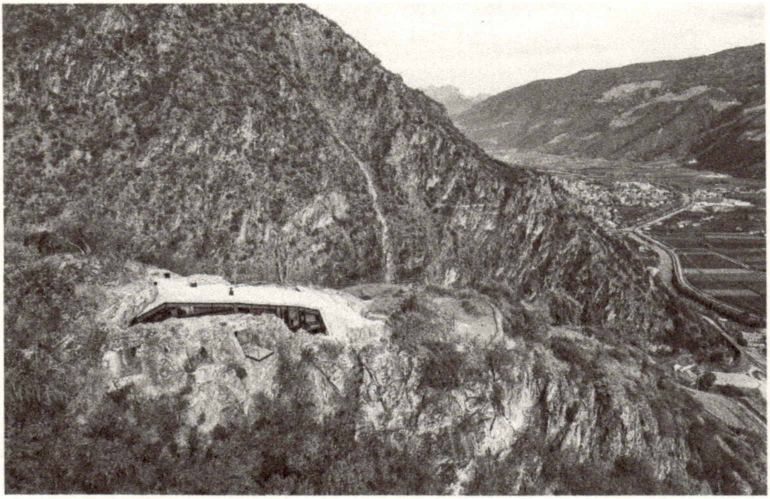

Das Haus im Fels

gut beraten, die Leadership zum Thema Berg anzustreben. Weltweit!
Ich bringe seit 2006 meinen Teil zur kulturellen Unterfütterung des Bergtourismus ein. Ich frage mich aber, ob es schlau ist, einen Werbeträger, der im Ausland für Südtirol auftritt, im eigenen Lande zu diskreditieren. Wie Heimatschützer, Naturliebhaber und selbst ernannte Burgenpfleger im Fall Sigmundskron es tun. Den Verfall der Heimat zu betreiben und ihn gleichzeitig zu kritisieren, ist schizophren.«

Mir geht es nicht nur ums Pflegen, Erhalten und Sanieren unserer Kulturlandschaft, auch das Neugestalten gehört dazu. Deshalb das Experiment mit dem »Felsenhaus« – eine Wohnung, in den Fels geschnitten –, um die Berglandschaft nicht zu verstellen. Der Architekt Werner Tscholl hat eine Antwort auf die Frage gefunden, wie wir in Zukunft an günstigen Positionen bauen können, ohne die Welt äußerlich zu verändern.

40 Das kulturelle Erbe

»Jeder Kulturbereich - und auch der traditionelle Alpinismus ist ein solcher - hat seine kollektive Haltung hervorgebracht. Manche Kulturträger nun bringen mehr ein - Ideen, Antworten, Konzepte - als andere und werden nicht selten dafür ausgegrenzt, sie unterscheiden sich in ihrer Haltung zu sehr vom gemeinsamen Geist ihrer Sekte.«

REINHOLD MESSNER

Mein Vortrag anlässlich der Sechzig-Jahr-Feier des Südtiroler Alpenvereins auf Schloss Sigmundskron am 10.6.2006 war eine Standortbestimmung. Der folgende Text, von mir gekürzt und aktualisiert, fußt auf Teilen davon:

»Das hier ist nicht mein Museum. Es ist ein Begegnungsraum für alle, die sich um die Berge, die Kultur hinter den Bergen, das Erbe des Alpinismus bemühen, die es weitertragen. Dabei hat Bergsteigen mehr mit Emotion als mit Verstand zu tun.

Ich bemühe mich seit Jahren, diese Emotionen einzubringen. Unsere Vergangenheit, die alpine Geschichte, die alpine Literatur sind großartig. Mehr als 10 000 Titel, die lesbar sind, Musik zum Thema Berg - all das nicht nur in Europa, nein, weltweit. Es gibt Theaterstücke zum Thema Berg und vor allem Bilder. Viele große Philosophen haben Metaphern zum Berg hinterlassen; die meisten Religionen kommen von oben, bildlich, vom Berg herunter. Ich erinnere nur an Moses, der mit den Zehn Geboten vom Berg Sinai kommt. Die Berge wurden als Brücke verstanden, von der Erde zum Himmel. Als solche sollten wir sie weiterhin respektieren. Wir müssen uns dem Berg mit Andacht, ja Respekt nähern. Als ein Tor zum Jenseitigen, zu jener Dimension, die uns nicht zugänglich ist.

Bergsteigen ist kein Sport. Was ist es dann? Ich weiß, darüber wurde über ein Jahrhundert hinweg gestritten. Es ist nicht besser und nicht schlechter als Sport, es ist etwas anderes. Mit dem Sport verbinden wir das Messbare. Bergsteigen aber ist nicht messbar. Es geht über das Messbare, Vergleichbare hinaus. Bergsteigen ist auch nicht ›fit for fun‹ oder Kick. Ich weiß, so wird es von vielen jungen Leuten verstanden. Aber ich erinnere: Könner fangen immer dort an, wo der Spaß aufhört. Traditionelles Bergsteigen ist nicht nur Spaß.

Gottfried Benn hat das Bergsteigen definiert als den ›Widerstand gegen den herausgeforderten Tod‹. Das heißt, der Tod spielt bei unserem Tun eine wesentliche Rolle. Wenn es nicht gefährlich ist, was wir tun, machen wir keine starken Erfahrungen. Es gilt dabei immerzu, der Lebensgefahr auszuweichen, auf der Hut zu sein. Das ist die Kunst des Bergsteigens: obwohl es lebensgefährlich ist, nicht umzukommen dabei. Dieser Widerspruch ist Laien schwer zu vermitteln, wir wissen, dass Bergsteigen gefährlich ist – Lawinen, Steinschlag, Blitz und Donner –, vor allem weil wir Menschen Mängelwesen sind. Wir machen Fehler, und am Berg sind Fehler oft tödlich. Wir setzen alles ein – Erfahrungen, Können, Mittel, Zeit –, um unsere Ziele zu erreichen. Es sind immer selbst gesteckte Ziele. Wir wissen, wir könnten dabei umkommen. In diesem schwierigen Spagat zwischen Selbstverschwendung und möglicher Selbstzerstörung findet das Abenteuer Bergsteigen als einzigartige Erfahrung statt. Wer die einschlägigen Bücher gelesen hat, von Emil Zsigmondy bis zu Walter Bonatti, findet diese Aussagen in ähnlichen Sätzen wieder. Wir Menschen haben die Möglichkeit, selbstbestimmt Ziele anzugehen, Abenteuer zu wagen, die angesichts des Todes absurd erscheinen. Nur wir selbst geben diesem Tun, das nutzlos ist, Sinn.

Das Bergsteigen ist immer Selbstzweck. Wir steigen ja nicht für eine Nation oder einen Verein oder eine Gruppe auf

irgendeinen Berg, wir tun es, um Erfahrungen zu sammeln, subjektive Erfahrungen.
Wir Alpinisten, am Berg Anarchisten, machen uns unsere Regeln selbst. Wir sind Ideatoren, Akteure und am Ende Schiedsrichter unseres Tuns in einer Person. Traditionelles Bergsteigen hat mit Eigenverantwortung zu tun. In jene Räume zu steigen, die nicht für uns Menschen geschaffen sind, wo mit Zahlen nichts ausdrückbar ist, ist ein Privileg. Solange wir uns aber bei der Beschreibung unserer Erlebnisse, unserer Erfahrungen auf Zahlen beschränken, sind wir im ›Als-ob-Gefahrenraum‹. Die Gefahr ist Teil der Natur. Wenn wir den Bergen die Gefahr wegnehmen, schaffen wir Attrappen, machen die Berge zu etwas Banalem.
Ich klettere nicht gegen Vorurteile an. Darin läge wenig Reiz. Ich habe die höchsten Berge der Erde auch nicht bestiegen, um auf Umweltprobleme hinzuweisen. Mit meinem Marsch zum Südpol wollte ich nicht in erster Linie für einen ›Weltpark Antarktis‹ demonstrieren. Mir ging und geht es bei der ›Eroberung des Nutzlosen‹ um das Spiel, das ich als ›Grenzgang‹ in den Sprachgebrauch einführen möchte: mich selbst an den Rand meiner Möglichkeiten und Existenz führen und dabei immer wieder einen Schritt weitergehen, ohne dabei umzukommen.
Unentdeckt ist dabei weniger die Wildnis als der Mensch. Die Selbsterfahrung zwischen Durchkommen und Umkommen lässt alle Masken fallen, wir erfahren dabei viel über uns selbst. Auch allzu Menschliches, das wahre Gesicht, den Abgrund in uns. Trotzdem, das leidenschaftliche Bekenntnis des Grenzgängers zum Leben, beginnend bei der sprichwörtlichen Diesseitigkeit des homerischen Menschen, ist Ausdruck der Lust, die – durch die Angst gesteigert – ohne Rückfrage als sinnvoll empfunden wird.«

41 Mein Los in Südtirol

»Wer stark ist, aber nicht an sich arbeitet, der wird schwach werden.«

LAOTSE

Wie es möglich war, mich politisch wiederholt in die linke Ecke zu stellen – mich der Lotta Continua, einer kommunistischen Bewegung in Italien, zuzuordnen –, weiß ich bis heute nicht. »Kommunist« war noch vor fünfzig Jahren eines der schlimmsten Schimpfwörter in Südtirol, und es wurde als Waffe eingesetzt gegen meinen Freund Alexander Langer und mich.

Alexander Langer hat sich große Verdienste erworben mit seinem Einsatz für Minderheiten in Südtirol, für die Befriedung der Sprachgruppen, mit seiner Aufklärungsarbeit zu den Hintergründen der jüngeren Südtirol-Geschichte. Er saß im Landtag in Bozen, im Europa-Parlament und war wesentlich daran beteiligt, die Grüne Bewegung in Italien aufzubauen. Ich bin, auf seinen Ratschlag hin, nach seinem Tod als Kandidat auf die Liste der Grünen zur Europa-Wahl 1999 gereiht worden. Ohne als liberal grüner Denker der Partei beizutreten.

Ich blieb es in den fünf Jahren als Volksvertreter in Brüssel und darüber hinaus, wie ein Interview in der *ff* von 2012 – hier auszugsweise wiedergegeben – zeigt. Es ging dabei um Medienmonopole; die Familie Ebner hatte damals schon zu viel Medienmacht in Südtirol. Wie Berlusconi in Italien.

ff: »Sie selbst machen regelmäßig Meinung über die Medien. Worin unterscheiden Sie sich von Ebner und Berlusconi?«

RM: »Ich habe kein Medium, kein Mandat mehr, nur meine Meinung. Journalisten stellen mir Fragen, ich antworte. Ich bin den Journalisten ausgeliefert. Ebner und Berlusconi haben direkten Einfluss auf ihre Medien und missbrauchen diese

Macht nicht selten. – Aber ich sage den Leuten auch genau, was ich denke.«

ff: »Das kann nicht jeder – Sie sind in der glücklichen Lage, das tun zu können?«

RM: »Ich habe mir mit meiner direkten Art nicht viele Freunde gemacht. Ich lege großen Wert darauf, selbstbestimmt zu sein. Eines kann ich Ihnen versprechen: Ich werde mich nie mit Journalisten oder Politikern gemein machen. Es heißt zwar, der Landeshauptmann und ich hätten Sympathie füreinander. Es herrscht ein Vertrauensverhältnis zwischen uns.«

ff: »Warum vertrauen Sie dem Landeshauptmann und der Landeshauptmann Ihnen?«

RM: »Weil er entscheidet. Mitunter berät er mich. Ich habe auch insofern großes Vertrauen in ihn, weil er Wort hält. Wenn er sagt, das wird so gemacht, dann macht er das auch so.«

Zwei Jahre zuvor war in der *Südtiroler Wirtschaftszeitung* ein verschriftlichtes Gespräch erschienen, das einmal mehr meine Haltung zu den Südtirolern als »Volk der Verhinderer« zusammenfassen sollte:

SWZ: »Herr Messner, Sie haben vergangene Woche festgestellt, dass der Bau des umstrittenen Forstweges in das zum Dolomiten-Weltnaturerbe gehörende Antersasc-Tal sinnvoll wäre. Diese Aussage darf aus dem Mund jenes Mannes, der jahrzehntelang für den Schutz der Bergwelt vor Übererschließung und Massentourismus kämpfte, doch überraschen, oder?«

RM: »Nein. Ich unterscheide seit jeher streng zwischen Kulturlandschaft und Naturlandschaft. Wir müssen unsere Kulturlandschaft für die nächste Generation erhalten und die Naturlandschaft so wenig wie möglich antasten – das ist mein Credo. Die Antersasc-Alm ist Kulturlandschaft. Sie wird sicher seit über tausend Jahren bewirtschaftet – noch heute gibt es den Heuweg und den Kalkofen dort. Die Hütte steht an der einzigen nicht lawinen- oder steinschlaggefährdeten Stelle. Diese Alm ist meines Erachtens ein schützenswertes Ensemble. Aber um die Alm – 140 Hektar Weidefläche, wohlgemerkt – heute betreiben zu können, wird ein minimaler Weg gebraucht. Wir dürfen nicht vergessen, dass Südtirols Höfe und Almen heute deshalb noch weitergehend bearbeitet werden, weil sie erschlossen wurden. Anderswo sind die Almen verlassen, ein Kulturverlust.«

SWZ: »Sie stellen der Landespolitik also ein gutes Zeugnis aus, was den Umgang mit unserer Berglandschaft angeht?«

RM: »Was den Erhalt der Kulturlandschaft angeht, allemal. Da sind wir führend im Alpenraum. Südtirols Stärke liegt gerade in der Verzahnung von Kultur- und Naturlandschaft. Wenn unsere Höfe und Almen nicht mehr bearbeitet werden, ist dies auch touristisch ein Schaden. Die Bauern sollen direkter am touristischen Nutzen partizipieren, indem ihnen das Veredeln und Verkaufen eigener Produkte bürokratisch erleichtert wird. Es sind ja die bäuerlichen Produkte, die uns im touristischen Wettbewerb von anderen unterscheiden – nicht Coca-Cola und Hamburger.«

SWZ: »Stellt sich natürlich die Frage, wo die Grenze zwischen Natur- und Kulturlandschaft ist.«

RM: »Das wussten die Menschen vor Tausenden Jahren recht gut. Sie haben in die Naturlandschaft nicht eingegriffen, weil dort nichts zu holen war. Weder Holz noch Weide. Deshalb habe ich den Kronplatz als Skiberg verteidigt – früher wurde dort Holz geschlagen, jetzt ist eine andere Wirtschaftsform erfolgreich.«

SWZ: »Sind die Südtiroler ein Volk von Verhinderern?«

RM: »Auch, ja. Es gibt Vereine und Politiker, die vom Verhindern leben.«

SWZ: »Wie steht Reinhold Messner zur sogenannten direkten Demokratie? Soll das Volk mitreden dürfen, oder ist es besser, wenn die gewählten Volksvertreter die großen Entscheidungen treffen?«

RM: »In den Dörfern funktioniert Basisdemokratie. Im Land aber kann sie zur Blockade führen. Gewählte Politiker sollten entscheiden, wir sollten unseren Volksvertretern vertrauen. Wir haben ihnen unsere Stimme gegeben. Wir wählen – wenn nicht, ist es unsere Schuld.«

SWZ: »Nehmen wir den Virgl: Jahrelang wurde er von niemandem beachtet, und als der Unternehmer Peter Thun mit einer – sicher auch eigennützigen – Idee kam, war der Virgl plötzlich das Juwel, das um jeden Preis vor der Verbauung geschützt werden muss.«

RM: »Ich kenne das Thun-Projekt nicht, bin aber der Meinung, dass dort durchaus eine Art Landmarke entstehen kann. Wieso soll der Virgl nicht genutzt werden?«

SWZ: »Finden Sie es schade, dass Peter Thun aufgegeben hat?«

RM: »Ja, eine unternehmerische Initiative – den vernachlässigten Hügel bei Bozen zu neuem Leben zu erwecken – wurde abgewürgt.«

SWZ: »Wie viel Tourismus verträgt Südtirol? Sind wir an der Schmerzgrenze angelangt, oder geht noch mehr?«

RM: »Südtirol muss daran arbeiten, die bestehenden Tourismusbetriebe besser auszulasten, in der Nebensaison Gäste nach Südtirol zu locken. Kulturtourismus wäre ein neuer Weg. In der Hochsaison ist Südtirol an seiner Grenze angelangt, der Verkehr ist das Problem.«

SWZ: »Was sagen Sie also zur Ausweisung von neuen Tourismuszonen in touristisch stark entwickelten Südtiroler Gemeinden? Dieser politische Weg ist selbst in Tourismuskreisen umstritten.«

RM: »Ich denke, es muss von Gemeinde zu Gemeinde unterschieden werden. Nehmen wir das Beispiel Villnöß: In Villnöß gibt es zu wenige Betten – touristisch ein Problem, obwohl es im hinteren Teil die schönste Landschaft des Eisack-Tals besitzt. Die Menschen kommen zu Tausenden mit dem Auto nach Zans und gehen von dort aus auf die Almen. Im Grunde handelt es sich um Picknicktourismus. Diese Gäste bleiben, konsumieren, schlafen nicht in Villnöß – wirtschaftlich unvernünftig. Villnöß braucht Betten und für die eigenen Gäste Vorteile im Naturpark.«

SWZ: »Fehlt der Landespolitik die Vision für Südtirol?«

RM: »Ja, unbedingt. Südtirol hat – nicht zuletzt dank Silvius Magnago und Luis Durnwalder – eine beeindruckende Entwicklung hingelegt. Aber in den letzten Jahren fehlt tatsächlich die Vision: Wo soll es hingehen?«

SWZ: »Verantwortung an die Unternehmer?«

RM: »Ja, Unternehmer sollten in unseren Schlüsseltechnologien – Holz, Seilbahnen, Alpintechnik, Energie – zusammenarbeiten. Wir sollten Tourismus, Industrie und auch Subventionen gleichmäßiger über das Land verteilen.«

42 Seilschaften

»Wer die Menschen kennt, ist ein Weiser; wer sich selbst kennt, ist ein Erleuchteter.«

LAOTSE

Seilschaften in der Politik werden negativ wahrgenommen, Seilschaften in der Wirtschaft ambivalent, Seilschaften am Berg, wo der Wert herkommt, positiv. Und wie steht es heute mit der »Seilschaft fürs Leben«, der Ehe?

Ich persönlich bin von Seilschaften, zu denen ich gehört hatte, ausgegrenzt, verleumdet und öfter auch geschädigt worden. Am schlimmsten war es für mich, als ich mit 75 des Familienhauses verwiesen wurde. Von meiner Frau. Ohne Vorwarnung und Angabe irgendwelcher Gründe. Ich bin ein Familienmensch, auch wenn ich oft von Frau und Kindern getrennt war. Wegen meiner vielen Expeditionen. Wir reisten aber auch gemeinsam, ich war zwischendurch oft monatelang zu Hause.

Meine Lebensplanung – für Sicherheit von Frau und Kindern war gesorgt – schloss mein Altern in der Familie mit ein.

Als ich aber gebeten wurde – der Großteil des Erbes war in der Familie verteilt –, die Familienwohnung zu verlassen, stand ich allein da: entwurzelt, heimatlos. Wie sollte ich damit zurechtkommen?

Reinhold wird auch damit fertig, dachten wohl diejenigen, die mich zu kennen glaubten. Ja, meine »Seilschaft fürs Leben«, die Familie, war damit obsolet, verloren, nicht mehr rettbar. Also versuchte ich es allein, wie immer, wenn ich enttäuscht worden war. Oder hatte ich in einer Täuschung gelebt, der ich damit entkommen bin? Von anderen Seilschaften erzählte ich vor dem Aufbruch wenig. Im Notfall hatte ich es ja immer geschafft. Wie aber diesmal allein zurechtkommen?

In einem Interview mit Gebi Bendler und Dominik Prantl für *bergundsteigen* im Herbst 2021, Titel »Messners Seilschaften«, erzählte der »Buchautor, Museumskurator und emeritierte Alpinist Reinhold Messner über Ehefrauen, Väter und Freunde als Bergpartner, den Missbrauch des Worts Kameradschaft – und den Neid als Begleiter«:

bust: »Herr Messner, wer ist gerade Ihr Lieblingsseilpartner am Berg?«

RM: »Meine Frau Diane.«

bust: »Können Lebenspartner denn gleichzeitig gute Seilpartner sein?«

RM: »Warum nicht! Es gibt Beispiele dafür, gerade in der frühen Alpinistik ... Später Rudi und Helga Lindner. Paul Preuss, dem ich mich verbunden fühle, schreibt in einem lustigen Artikel: ›Ich war mit siebzehn – vielleicht waren es auch 27 – Damen verbunden – nur über das Seil.‹«

bust: »Die Erfahrung lehrt uns jedoch leider, dass es oftmals schwierig ist, Seilschaft und Liebesleben zu verbinden.«

RM: »Ich hatte keine Lebenspartnerin für schwierige Touren. Es ergab sich nicht. Meine Frau und ich sind auch kein Kletterpaar. Wir besteigen Berge, wie knapp vor der Pandemie den höchsten Berg Äthiopiens – im Rahmen meiner Bergvölkerstudien. Wir machen Klettersteige und leichte Klettertouren, nichts, wo es zu Stress oder Spannungen kommen könnte. Über die Zeit für extreme Touren bin ich hinaus.«

bust: »Was zeichnet denn einen guten Seilpartner am Berg aus?«

RM: »Er oder sie muss die Schwierigkeiten, die es voraussichtlich zu bewältigen gibt, sicher meistern können.«

bust: »Sogar Sie haben einmal klein angefangen. Wer hat Sie denn mitgenommen?«

RM: »Mir sind die Partner zugewachsen. Zuerst mein Vater. Schon als naive Kletterer, noch Kinder, sind wir vor der Haustür an den Geislerspitzen geklettert. Als Buben mit dreizehn, vierzehn Jahren haben Günther und ich relativ große Touren

gemacht. Später hatte ich das Glück, ältere Partner zu finden, die erfahrener waren, korrigiert haben: saubere Standplätze bauen, Zwischensicherungen legen. Solche Erfahrungen in jungen Jahren, den damit aufgebauten Instinkt und dazu die Schule eines Sepp Mayerl, meines großen Lehrmeisters, haben mich geprägt.
Es gab später das Problem, dass wir – Peter Habeler war auch sein Schüler gewesen – über ihn hinaus bekannt wurden. Psychologisch interessant: Lehrmeister ertragen es oft nicht, überflügelt zu werden.«
bust: »Von wem wurden Sie denn überflügelt?«
RM: »Ich hatte das Problem nie.«
bust: »Welches? Überflügelt zu werden oder neidisch zu sein?«
RM: »Ich konnte nach 1970 wegen meiner amputierten Zehen nicht mehr so gut klettern wie zuvor. Notgedrungen. Dem Verzicht auf meine Kletterleidenschaft folgte das Höhenbergsteigen – aber ohne Rivalität der jungen Klettergeneration gegenüber zu empfinden.«
bust: »Sie befinden sich jetzt in Ihrer dritten Ehe. Mit wie vielen Menschen hatten Sie eine längerfristige, gewissermaßen eheähnliche Seilbeziehung?«
RM: »Während meiner Alpentouren hatte ich ein halbes Dutzend Seilpartner, mit denen ich häufig klettern ging. Mit einigen habe ich zehn Erstbegehungen gemacht. Mit Günther, meinem Bruder, Dutzende. Bei den Achttausendern habe ich die Expeditionen irgendwann auf wenige Leute geschrumpft, da waren wir im Grunde immer die gleichen: Oswald ›Bulle‹ Oelz, Wolfi Nairz, Friedl Mutschlechner, Hans Kammerlander. Und Peter Habeler natürlich.«
bust: »Täuscht es, oder ist in Ihren Büchern – mal abgesehen von Ihrem Bruder – eher weniger von Ihren Seilpartnern die Rede.«
RM: »Wenn in Büchern Seilpartner ausführlich gewürdigt sind, dann in meinen. Sie waren mir wichtig, beim Unterwegssein

und in der Erzählung darüber. Diese Kapitel wünsche ich nachzulesen. Warum sind meine Bergkameraden Kammerlander und Habeler heute noch die erfolgreichsten im deutschen Sprachraum?«

bust: »Weil sie gut sind?«

RM: »Weil sie großartig waren und ich es erzählt habe! In meinen Büchern und Vorträgen. Nichts aber ist so gut verkäuflich wie der ›böse Kamerad‹, der den Kameraden vergisst. Ich kenne die Journalisten, die diese Karte spielen, ›der Messner nimmt sich alles‹, aber die Story dazu nicht nachlesen.«

bust: »Okay, dann gehen wir Ihre Seilpartner doch einmal durch. Ihr erster war unseres Wissens Ihr Vater. Er soll Sie und Ihre Brüder, so sagten Sie sinngemäß einmal, wie Vieh aufgezogen haben. War Ihr Vater als Seilpartner am Berg anders als im Alltag?«

RM: »Ja, aber das hat mit etwas ganz anderem zu tun. Wir lebten in einem engen Tal. Die Regeln haben der Pfarrer und der Bürgermeister gemacht, Kinderarbeit war normal. Mein Vater war streng, er war Lehrer im Tal. Im Sommer durften wir ab meinem fünften Lebensjahr auf die Gschnagenhardt-Alm, die schönste Alm der Dolomiten. Von dort sind wir bergsteigen gegangen.

Dort oben war die Welt eine andere. Es war wie im Clan. Als ob es keinen Pfarrer, keinen Bürgermeister und keinen Lehrer gäbe. Dort war das Klischee ›Am Berg ist Freiheit‹ wahr. Bergsteigen heißt ja, selbst verantwortlich sein; also alle Freiheit gegen Verantwortung tauschen.«

bust: »Wie haben Sie die Touren mit Ihrem Vater in Erinnerung?«

RM: »Gut. Sehr gut. Er hat mich gefördert. Im Alter von zehn, zwölf Jahren hat er mich mitgenommen, auf die Große Fermeda, zu Dreier-, Vierertouren, zum Villnößer Turm. Mit einem Hanfseil und Bergschuhen, wie man sie damals trug. Später kamen Hammer und ein paar Haken dazu. Mit vierzehn hat er mich führen lassen. Das hat mich stark gemacht. Mein Kletterinstinkt ist damit gewachsen. Bei meiner Solobegehung – ich war dreizehn, vierzehn Jahre alt – in der Kleinen Fermeda-Südwand – immerhin ein Vierer – hat er zugesehen.«

bust: »Sie haben Frieden mit Ihrem Vater geschlossen.«

RM: »Eindeutig. Ich habe mit allen Leuten Frieden geschlossen, bin nicht nachtragend. Ich erwarte mir die gleiche Solidarität von meinen Partnern.«

bust: »Ihren am Nanga Parbat verunglückten Bruder Günther bezeichneten Sie als besten Seilpartner, den man sich vorstellen kann. Was machte ihn so besonders im Vergleich mit anderen?«

RM: »Peter Habeler war eindeutig ein besserer Kletterer, besser als wir beide. Peter war zwei Jahre älter als ich und vier Jahre älter als Günther; in jungen Jahren ein großer Vorsprung. Günther hat sein Studium beendet, hatte weniger Zeit zum Klettern als ich. Ich habe immer geführt, wenn wir zu zweit waren. Aber er war ausdauernd, ein hundertprozentiger Partner. Auch weil wir Brüder miteinander vertraut waren.«

bust: »Was zeichnete Peter Habeler, mit dem Sie unter anderem den Gasherbrum und den Mount Everest ohne Flaschensauerstoff bestiegen, aus?«

RM: »Peter Habeler hat eine geniale Ader, was das Klettern und Bergsteigen angeht. Weil er früh damit angefangen hat – oft im Alleingang –, besitzt er den Instinkt, den nur Leute gewinnen, die im Gebirge groß geworden sind.«

bust: »Reden wir über Positives: Was war so besonders an Hans Kammerlander als Seilpartner?«

RM: »Er hat ähnlich wie Peter in jungen Jahren diesen Instinkt entwickelt, überleben gelernt. Und er hatte eine Traumkondition.«

bust: »Würden Sie einen langjährigen Seilpartner wie Kammerlander als Freund bezeichnen?«

RM: »Ich bezeichne keinen Seilpartner als Freund. Wir waren Zweckgemeinschaften. Da waren zeitweise freundschaftliche

Verhältnisse, was sich mit der Zeit wieder verloren hat. Ich habe Hans angeboten, nachdem wir eine ganze Serie von Achttausendern bestiegen hatten, um Südtirol herumgewandert waren, mit mir in die Antarktis zu gehen. Er müsste dazu nur das Navigieren lernen. Er sagte: ›Nein. Interessiert mich nicht.‹ Damit ist unser Tun in Respekt auseinandergegangen. Nicht im Streit.«

bust: »Hans Kammerlander sieht das etwas anders. Er sagt, das eigene Leben könne man nur einem Freund anvertrauen.«

RM: »Wenn Sie was Hintergründiges über Kameradschaft und Seilschaft lesen wollen, lesen Sie mein Buch ›Der Eispapst. Die Akte Welzenbach‹. Wie in der Zwischenkriegszeit Kameradschaft gelebt wurde, ist ein Skandal.«

bust: »Historisch wird der Begriff Seilschaft gerne mit Kameradschaft bis zum Tod assoziiert. Offenbar stört Sie das.«

RM: »Ja, genau, das stört mich. Weil es Lug und Trug ist. Welzenbach war der wichtigste Bergsteiger der 1920er- und 30er-Jahre. Weltweit. Kameraden haben versucht, ihn zu brechen. Paul Bauer, der mit ihm große Touren unternommen hatte, ging bis zum Minister mit der Botschaft, Welzenbach sei zur ›Kameradschaft nicht fähig‹. Oder die Geschichte von Erwin Schneider und dem Nanga Parbat oder Heinrich Harrer bei den Feierlichkeiten ›50 Jahre Eiger-Nordwand‹ in Grindelwald: Lehrstücke zum Klischee Kameradschaft.«

bust: »Sind Seilpartner für Sie tatsächlich immer nur Zweckbeziehungen gewesen?«

RM: »Nein, ich bin mit einigen Bergsteigern befreundet geblieben, wie beispielsweise mit Oswald ›Bulle‹ Oelz seit über fünfzig Jahren.«

bust: »Auch die Nepali sind inzwischen sehr erfolgreich in Seilschaften an den Bergen unterwegs. Ist beispielsweise die Winter-Erstbegehung des K2 von Nirmal Purja nach Ihrem Verständnis noch Alpinismus?«

RM: »Das ist Alpinismus. Zuerst einmal hat er alle Achttausender in sieben Monaten bestiegen ...«

bust: »... aber mit Sauerstoff. Und es gibt Stimmen von Bergsteigern, die ihm nicht glauben, dass er den K2 im Winter ohne Sauerstoff gemacht hat.«

RM: »Die Sauerstoffhilfe ist eine Bagatelle im Vergleich zur Aufbereitung des Weges. Die Piste erleichtert den Aufstieg mehr als die Verwendung von Sauerstoff. Es ist heute nebensächlich. Der Sauerstoff gehört seit 1922 dazu. Der Eroberungsalpinismus an den großen Achttausendern hat unter anderem funktioniert, weil man gelernt hat, mit den Sauerstoffgeräten umzugehen. Wenn das jemand ohne macht – okay. Aber wenn man die Piste hinaufsteigt und sagt: ich, ohne Sauerstoff! Da kann ich nur lächeln. Die Piste ist das Erleichternde, psychisch, physisch und wegen des Gänsemarscheffekts.«

bust: »Nirmal Purja hat erst vor vier Jahren mit dem Bergsteigen angefangen.«

RM: »Er ist auch kein traditioneller Bergsteiger. Er hat an den Achttausendern ein Ziel verwirklicht, das kein Europäer angegangen ist. Dann ist er im Winter am K2 erfolgreich gewesen, was zwanzig Expeditionen mit zum Teil riesigem Aufwand vor ihm nicht geschafft hatten.«

bust: »Sie gelten nicht gerade als medienscheu. Sind die Medien nicht auch eine Art Seilpartner für Sie? Einer, der Ihnen zu Ihrer Berühmtheit und letztlich auch zu den vierzehn Achttausendern verholfen hat?«

RM: »Sehr wohl. Anfangs haben Magazine sogar für unsere Geschichten bezahlt. Das ist inzwischen vorbei.«

bust: »Würden Sie sich selbst rückblickend als guten Seilpartner bezeichnen?«

RM: »Nachdem ich von Sepp Mayerl gelernt hatte, wie man richtig sichert und Standplätze baut, ist mir nie ein Partner abhandengekommen, weil ich nicht sauber gesichert hätte. Manchmal hatte ich einfach Glück.«

43 Ambivalentes Testimonial

»Die Kunst muss geben, was die Natur nicht hat.«

Joseph Anton Koch

Die sogenannte Corona-Krise hat vieles verhindert oder durcheinandergewirbelt. Ich saß mit meiner Frau Diane, die Luxemburgerin ist, in München fest, durfte als Südtiroler, also italienischer Staatsbürger, nicht zurück in meine Heimat, konnte Freunde nicht mehr besuchen. Die Museen, inzwischen geführt von meiner Tochter Magdalena, mussten lange – zu lange? – geschlossen bleiben. Von vernünftigen Regeln in Europa will ich in diesem Zusammenhang nicht sprechen. Während Geschäfte, Einkaufszentren, Restaurants, Bars, Fitnesscenter, kurz, alles, was Kommerz ist, aufsperren durften, mussten Museen, Galerien, Kinos, Theater und Konzerthäuser, kurz, alles, was Kunst und Kultur ist, hingegen zusperren.

Der Egoismus nahm zu, die Empathie ab. Mein Versuch, eine Lösung zu finden im Zwist mit dem DAV, blieb auf halbem Weg stecken; meine Bereitschaft, in dieser Krisenzeit unentgeltlich als Werbebotschafter für den Südtiroler Wein aufzutreten, wurde torpediert. Ausgerechnet von der IDM (Innovation, Development und Marketing), die den Auftrag hatte, die Marke Südtirol zu promoten.

Das Konsortium »Südtirol Wein«, 2007 als Plattform für die Vermarktung und Imagepflege des Südtiroler Weinbaus gegründet, ist ein Zusammenschluss der Kellereigenossenschaften, Weingüter Südtirols und freien Weinbauern im Land.

In der Corona-Krise nun ist der Weinabsatz eingebrochen, durch den Lockdown und die Krise der Gastronomie. Unsere IDM aber hat eine Werbeagentur beauftragt, zu prüfen, ob ich der richtige Botschafter für den Südtiroler Wein sei.

Das Fazit, nachzulesen in *salto* im Oktober 2020:

> »Reinhold Messner ist ein ambivalentes Testimonial. Einige seiner auf den ersten Blick attraktiven Eigenschaften bergen gleichzeitig Risiken. Die alles überstrahlende Besetzung seiner Persona mit dem Thema Extrembergsportler trägt die Gefahr in sich, alles andere zu überlagern.«

Und weiter:

> »Reinhold Messner ist ein Household-Name auf dem deutschen Markt mit einer extrem hohen Bekanntheit in einer für Südtirol Wein relevanten Zielgruppe.
> Seine auf den ersten Blick positive hohe Bekanntheit und Medienpräsenz trägt das Risiko in sich, dass er bereits zu leicht für deutsche Medien verfügbar ist. Die Kunst bei Werbegesichtern ist es, genau das richtige Maß an Bekanntheit und Sich-rar-Machen zu treffen. Je begehrter eine Persönlichkeit ist und je seltener diese für Medien verfügbar ist, desto höher ist die Chance, dass Medien über die Person im Zusammenhang mit einer Werbebotschaft berichten. Je öfter die Person aber auch ohne die Kopplung an die Werbebotschaft verfügbar ist, desto weniger werden Medien bereit sein, über die Marke zu berichten.«

Abgesehen davon, dass solche Studien meist dem Wunsch der Auftraggeber entsprechen und ambivalent ausgelegt werden können, frage ich mich, welche Seilschaft im Südtiroler Hintergrund die Fäden gezogen hat. Wieder einmal. Inzwischen aber war ich alt genug, mit meinem Image zurechtzukommen, wichtiger war mir der traditionelle Alpinismus. Ich habe die Werbekampagne trotz aller Widerstände mitgemacht und freute mich über ein paar Kisten Wein als Gegenleistung, die ich mit Diane genießen konnte.

Gedanken machte ich mir in der Zeit auch über den Trad-Alpinism, den wir mit unserem Start-up Messner Mountain Heritage in die Zukunft tragen möchten:

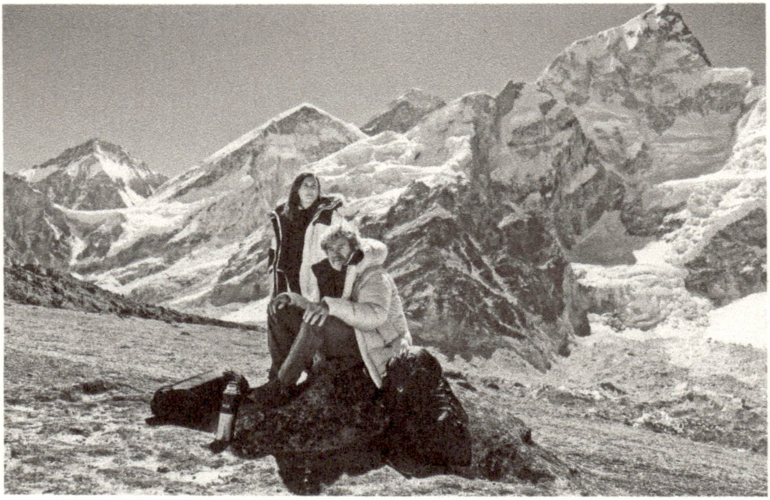

Die UNESCO listet den Alpinismus – seit 2019 – als immaterielles Weltkulturerbe. Alpenvereine aus Frankreich, der Schweiz und Italien hatten die Bewerbung dazu eingereicht. Welchen Alpinismus?, frage ich mich.

Am internationalen Tag der Berge, dem 11. Dezember 2019, jedenfalls erklärte die UNESCO alpines Bergsteigen als schützenswerte Tradition. Dabei definiert sie den Alpinismus als die »Kunst, über Wände auf Gipfel hoher Berge zu klettern – zu allen Jahreszeiten, auf felsigem oder eisigem Gelände«. Neben notwendigen technischen und geistigen Fähigkeiten hebt sie ethische und ästhetische Aspekte dieser in den Alpen entstandenen Bergsteigertradition hervor. Dazu zählt das »Prinzip der Seilschaft – Symbol für Teamgeist sowie die gegenseitige Hilfestellung und Eigenverantwortung«. Aber auch die ökologische Haltung – am Berg keine Spuren zu hinterlassen – gehört dazu. Der traditionelle Alpinismus ist damit erklärt: Er schöpft aus dem Narrativ von 250 Jahren Bergsteigen und der Möglichkeit, in die Wildnis zu gehen.

Bei den Olympischen Spielen 2021 in Tokio wurde erstmals der Wettbewerb »Sportklettern« ausgetragen: im Aomi Urban

Sports Park auf einer künstlichen Insel im Stadtteil Aomi, Stadtbezirk Kōtō, in der Bucht von Tokio.

Der Einzelwettbewerb für Männer und Frauen fand zwischen dem 4. und 7. August als olympische Kombination – Speedklettern, Bouldern und Lead- bzw. Schwierigkeitsklettern – statt. Nach der Qualifikation erreichen sechs Sportler die Finalrunde. Teilnehmen durften zwanzig Athleten pro Geschlecht, wobei jeweils maximal zwei aus einer Nation kommen durften. Adam Ondra, damals wohl der beste Sportkletterer weltweit, war bei den Männern Favorit, obwohl er beim Sportklettern – affenartiges Hochrennen an einer künstlichen Struktur – wegen seines Alters im Nachteil war.

Diese Art Klettern – im klimatisierten Raum, an künstlichen Strukturen – ist ein großartiger Sport, aber nicht traditionelles Bergsteigen. Ebenso wenig wie das Besteigen des Mount Everest auf einer Piste.

»Alles ist möglich, wenn man nur daran glaubt«, sagen manche Influencer. Das steht so auch im Couching-Handbuch, gilt aber nicht fürs Höhenbergsteigen. Denn Alpinismus ist nicht »der Triumph menschlichen Willens über die Naturgewalten«, sondern die Kunst, dort zu überleben, wo der Mensch nicht hingehört.

Nimal Purja, Gurka aus Nepal, Elitesoldat der britischen Armee, entschloss sich nach seiner Everest-Expedition 2018, alle vierzehn Achttausender innert eines Jahres zu besteigen. Für dieses sein »Project possible« verlässt er die Armee, verzichtet damit auf all seine Pensionsansprüche und wagt viel. Er muss sich seiner Sache also ziemlich sicher gewesen sein: Wie er dann vorging: Mount Everest und Lhotse an ein und demselben Tag; zwei Tage später Makalu, die vier Karakorum-Achttausender und den Nanga Parbat innert drei Wochen. Er setzte manchmal Flaschensauerstoff ein, folgte so weit vorhanden den Pisten kommerzieller Expeditionen und hatte stets die Unterstützung einer Handvoll Sherpa-Crews, die ihn begleiteten. Alles genau so wie angekündigt. Auch die Hubschrauberflüge, die er zwischen den Basislagern als Transportmittel nutzte, verschweigt er nicht. Seine Follower verfolgten eine Tat, die Nirmal mit Entschlossenheit, Ausdauer und zuletzt sogar mit diplomatischem Geschick durchgezogen hat. Öfter schon war diese Idee »Vierzehn x 8000 Meter innert eines Jahres« von Westlern angekündigt worden. Niemand hat sie je angepackt. Bis es der Gurka aus Nepal in sieben Monaten schaffte.

Ja, da Bergsteigen ist wieder einmal im Umbruch: Das Klettern als olympische Disziplin wie das Klettern in der Halle an künstlichen Haltepunkten ist Sport, ein boomender Sport, großartig, messbar in Schwierigkeitsgraden, Sekunden und Höhenmetern.

Trad-Alpinismus ist, was Alex Honnold – der Solo-Kletterer an den Wänden des El Capitan im Yosemite Valley – macht. Es ist gefährlicher als die Anfahrt mit dem Auto, es ist eine Kunst, die zurzeit nur er so virtuos beherrscht – eine Disziplin des Alpinismus, die an Faszination gewinnt, an Nachahmern aber verliert. Zum Glück.

Die vielen Touristen, die heute auf präparierten Pisten auf die bekanntesten Berggipfel der Erde steigen – Mount Everest, Aconcagua, Kilimandscharo, Mont Blanc – sind immerhin bereit, den Aufstieg zu wagen, während ein Jost Kobusch nicht nur auf zusätzlichen Sauerstoff, Seilpartner und Sherpahilfe verzichtet, sondern am Ende auch auf den Gipfelgang.

Seine »archaische Form des Bergsteigens – auf faire Weise, mit Flow-Erlebnis, Nahtoderfahrung und Wiedergeburt zuletzt« – ist gekonnte PR. Als solche völlig in Ordnung. Also taugt er als Influencer mehr denn als Alpinist. Das traditionelle Bergsteigen aber baut auf Haltung und Tat, nur beim Ankündigungs-Alpinismus wird in Klicks abgerechnet.

44 Meine letzte Expedition

»Meine Haltung ist es, das Leben zu lieben, Widerstände anzunehmen und den Tod nicht zu fürchten.«

REINHOLD MESSNER

Mit 75 Jahren stand ich wieder einmal vor dem Nichts: Aus der Familie vertrieben, die allermeisten Träume realisiert, nur noch das Altern vor mir. Der Blick zurück auf ein gelungenes Leben trägt nicht. Im Gegenteil, es ist der Tagtraum, der uns ausfüllt, im Hier und Jetzt, der gelingendes Leben schenkt.

Ich nahm meinen Zustand an – es war nicht Schicksal – und lebte fast ein Jahr lang als Single, als Pilger, als Einsiedler im Dachgeschoss von Schloss Juval.

Ich hatte immer noch Elton Johns Album »A Single Man« im Ohr und meiner ersten Biografie »The Pilgrim« von Kris Kristofferson vorangestellt. Auch Milarepa mit seiner Weisheit – »meine Religion ist es, ohne Bedauern zu leben und zu sterben« – gehörte dazu.

In Summe war es diese Lebenshaltung, die mich überleben ließ. Nicht Trotz, nicht Wut, Gelassenheit war meine Antwort, und Rettung kam zuletzt in Person einer jungen Frau. Wir trafen uns, zögerten zuerst, fanden eine gemeinsame Sprache, verliebten uns und wurden ein Paar.

Mit Diane an meiner Seite – sie kann alles, was ich nicht beherrsche – ging ich wieder ins Gebirge. Unsere gemeinsamen Träume führten uns nach Nepal, Bhutan, Äthiopien. Kurz vor der Pandemie bestiegen wir den höchsten Berg in der Region, gründeten ein Start-up, die MMH (Messner Mountain Heritage), und begannen, uns in Sulden am Ortler ein Nest einzurichten. Unmittelbar unter der Nordwand, die ich sechzig Jahre zuvor durchstiegen hatte.

Diane ging schnell, leichtfüßig und bald sicher, ihr Gang ihre Schönheit betonend. Ich hatte die einzig richtige Partnerin gefunden. Und sie würde bei mir bleiben. Was für ein Glück!

Im Alter alleine zu bleiben fördert die Vergreisung. Wie dankbar ich bin, meine Ideen teilen zu können, der Neugierde von Diane folgen zu dürfen.

Bald hatten wir beide mehr zu tun, als wir uns gewünscht hatten – Vortragsanfragen, Filmproduktionen, Buchverträge –, und erkannten, dass weniger mehr ist.

Mit ihrer jugendlichen Begeisterung nahm mich Diane mit – auf Reisen, in internationale Auseinandersetzungen, zu Projekten, die über meinen Lebenshorizont hinausweisen. Endlich werde ich getragen, nach all den Jahrzenten, in denen ich Ideator und Motivator für andere gewesen war.

Meine Stärke war nie Nahbarkeit gewesen. Diane konnte an die Menschen herankommen, sie einbinden, mitnehmen in unsere Welt.

Auch in Südtirol kam damit mehr Nähe auf, als ich sie über Jahrzehnte geduldet hatte. Wir beide wurden Teil davon, und ich konnte endlich den Gegenwind von gestern vergessen. Und Vorschläge machen für ein Morgen ohne Widerstand. Meine Heimat war Verantwortung, nicht Gegnerschaft.

Im Folgenden Auszüge aus einem Gespräch mit *ff* 2020 dazu:

ff: »Sie sind also mehr denn je ein Botschafter Südtirols, wie das so schön in der Sprache des Landesvermarkters IDM heißt?«

RM: »Botschafter und ein Verteidiger der Autonomie Südtirols. Ich mache das gerne, der Lohn dafür – so scheint es – ist allerdings, dass unsere Arbeit lokal ignoriert, in den Monopolmedien totgeschwiegen wird.«

ff: »Welche Vision ließe sich für Südtirol in Sachen Tourismus formulieren?«

RM: »Ich würde mir wünschen, dass in den Tälern, die stark von den Touristen frequentiert werden, Parkplätze in den Berg hineingebaut werden. Lokal fährt man dann mit dem Shuttlebus oder der Bahn weiter. Im Winter funktioniert das ja recht gut. Der Bike-Tourismus hat Potenzial, wir sollten – logistisch – mehr dafür tun. Das Thema der Stunde scheint die Nachhaltigkeit zu sein. Apropos Nachhaltigkeit – da könnte ich noch andere Dinge erzählen ...«

ff: »Nur zu.«

RM: »Ich bin mit meinem Museum auf dem Monte Rite im Bellunesischen nicht glücklich, weil es außerhalb der Landesgrenzen liegt.«

ff: »Seit wann sind Grenzen für den Kosmopoliten Messner ein Problem?«

RM: »Das hat nichts mit Kirchturm-Nationalismus zu tun, sondern mit Praxis. Es ist PR-technisch schwierig zu kommunizieren, dass fünf Museen in Südtirol liegen und ein einziges außerhalb. Wo außerhalb?, fragen die Leute. Ich bemühe mich schon länger, einen neuen Standort zu finden. Jetzt gibt es eine Möglichkeit in Sexten, wo die Helm-Bahn abgebaut wird, weil Stützen ins Rutschen kommen. Tourismus-Unternehmer Franz Senfter und ich glauben, dass man die Bergstation stehen lassen könnte, sie upcyceln, also aus etwas Nutzlosem etwas Brauchbares machen könnte. Es braucht wenig, das Gebäude zu einem Museum zu adaptieren. Wenn man es entsorgt, gehen Ressourcen verloren. Es könnte aber ein Museum mit großartigem Ausblick sein, dem man ansehen darf, dass es eine Seilbahnstation war. Die Anfrage, das Areal in eine kulturelle Zone umzuwidmen, wurde von den zuständigen Landesstellen vorerst abgelehnt: Nicht nachhaltig! Wir sehen hingegen einen nachhaltigen, langfristigen und kulturellen Mehrwert am Helm.«

ff: »Ernsthaft?«

RM: »Wenn dieses Projekt nicht nachhaltig ist, verstehe ich den Wert Nachhaltigkeit falsch.«

ff: »Ihre Museumspläne scheinen traditionell immer Gegenwind zu haben.«

RM: »Ja, es hat mit Schloss Juval, dem Glasdach dort, begonnen. Zehn Jahre habe ich dafür gebraucht, bis man eingesehen hat, dass ein Glasschutz nachhaltiger ist, als immer wieder die Mauerbrüstung zu sanieren. Für das Museum auf Schloss Sigmundskron habe ich fünf Jahre gekämpft – bis ich es mit Unterstützung des damaligen Landeshauptmannes Luis Durnwalder realisieren durfte. Sonst wäre zuletzt ein Schutthaufen übrig geblieben.«

ff: »Sie arbeiten sich ein Leben lang ab an diesem Land ...«

RM: »Vielleicht versteht man jetzt, warum ich Solidarität fordere.«

ff: »Schauen wir über die Museumsmauern hinaus. Corona hat zumindest in einem Punkt etwas Positives bewirkt: Es hat geholfen, den Blick zu weiten. Wie sollte dieses Land fortan beworben werden?«

RM: »Wir müssen lernen, unser Land zu erzählen. Mindestens so wichtig wie ein schönes Hotelzimmer ist das Storytelling. Vielen Südtirolern fehlt das Narrativ, sie erzählen nicht die Geschichte ihres Landes, nicht die des Ortes und seiner Umgebung, nicht die ihres Hauses. Ich liefere – zumindest was den Berg angeht – die Unterfütterung. Oft stülpt man den Bergen eine Aussichtsplattform über und glaubt, es sei damit getan. Wie im Schnalstal.«

ff: »Was soll man sich unter Ihrer ›Final Expedition‹ vorstellen?«

RM: »Das Konzept sieht eine Reise um die Welt vor. Es geht darum, in jeweils ausgesuchten Metropolen ein mehrtägiges Festival zu veranstalten: Pressekonferenz, Diskussion mit Publikum in ähnlicher Art, wie ich es hier auf Firmian mit meinen ›Gesprächen am Feuer‹ praktiziere, es werden Filme gezeigt und ein Vortrag, in dem ich mein alpinistisches Erbe weitergebe.«

ff: »Meinen Sie Ihr ganz persönliches alpinistisches Erbe?«

RM: »Das traditionelle alpinistische Erbe an sich, das verloren zu gehen droht. Denn das reine Sportklettern, vor allem

jenes in der Halle, ist mächtig in den Vordergrund gerückt. Klettern ist olympisch geworden - das ist gut, Sportklettern ist großartig, hat aber mit Alpinismus null zu tun. Was am Everest oder am Matterhorn passiert, ist Tourismus, nicht Bergsteigen im klassischen Sinn. Um diese Festivals durchzuführen, habe ich ein eigenes Unternehmen gegründet: Messner Mountain Heritage. Es liegen bereits Anfragen aus Petersburg, Moskau und Japan vor, Amerika wird folgen. Es wird meine letzte ›Expedition‹ sein.«
ff: »Worin besteht dieses alpinistische Erbe genau?«
RM: »Dem Alpinismus, vor 250 Jahren in den Alpen entstanden, sind Tradition und Haltung zugewachsen, die Historie dazu - Philosophie, Narrativ, Vision - ist mein Thema.«

Die Berge sind mehr als Steinhaufen – Fels, Eis, Sturmwind –, sie sind Symbole der Erhabenheit, und sie verdienen unseren Respekt.

45 Gipfel verfehlt?

Schweizer Bund: »*Reinhold Messner, der als Erster alle 14 Achttausender ohne Sauerstoff bestiegen hat, soll der Weltrekord aberkannt werden, weil er fünf Meter unter dem Gipfel der Annapurna gestoppt und gedacht hat, am Ziel zu sein.*«
»*Was soll ich dazu sagen? Ich halte das für völlig falsch. Er hat es gemacht! Als Erster! Ohne ihn wären wir heute nicht da, wo wir sind. Als er die 14 Gipfel vor vierzig, fünfzig Jahren geschafft hat, hätte das niemand so gekonnt oder nicht gewagt, vielleicht noch hundert Jahre nicht. Wir fliegen heute mit Helikoptern schon sehr weit hoch, und dann geht es erst los. Er hatte damals nicht einmal einen guten Wetterbericht.*«

MINGMA DAVID SHERPA, 2.12.2023

Seit Jahren behauptet ein Chronist aus Lörrach, dass zahlreiche Achttausender-Besteigungen unter dem Gipfel geendet haben. Auch ich – so Eberhard Jurgalski – sei fünf (!) Höhenmeter unter dem Gipfel der Annapurna stehen geblieben. Auf einem flachen Wechtengrat! Sollte seine Hoffnung gewesen sein, dass seine Behauptungen ein Erdbeben unter berühmten Bergsteigern auslösen würden, bewahrheitete sie sich nicht. Also verkaufte er fortan seine Story nur mit meinem Namen und fand endlich Aufmerksamkeit. Als Jurgalskis Beweisführung im Wochenmagazin *Der Spiegel* veröffentlicht wurde, war mir sofort klar, wie der »seriöse« Chronist seine »Recherchen« bei den Medien lancierte: Ein Wechtengrat verändert sich, meine Position am Gipfel war eine andere als auf Fotos eingezeichnet. Ich hatte diesen in Skizzen an die Chronisten beschrieben. Wie

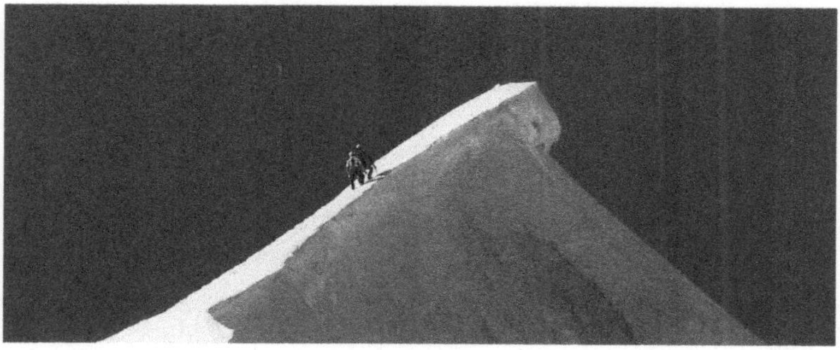

Am Wechtengrat

dumm auch, dass der Hauptgipfel in den *Spiegel*-Bildern mit dem Ostgipfel vertauscht war. Er ist nicht ein paar Dutzend Meter, sondern einen Kilometer vom West- oder Hauptgipfel entfernt.

Wie sollte ich Chronisten künftig vertrauen, wenn ihnen eklatante Fehler unterlaufen? Vielleicht waren die Fehler dem Magazin passiert? Als nach zwei Monaten aber immer noch keine Richtigstellung kam – weder von den »renommierten Alpinistenhistorikern« noch vom *Spiegel* –, sah ich klar: Gegen Böswilligkeit gibt es kein Kraut, man schweigt besser dazu.

In einem Gespräch mit dem Schweizer *Tages-Anzeiger* stellte ich mich im Sommer 2022 den Vorwürfen:

T-A: »Herr Messner, das Chronisten-Team sagt, Sie hätten an der Annapurna einige Meter vor dem Gipfel gestoppt. Ergo hätten Sie nicht als Erster alle Achttausender-Gipfel bestiegen. Was war an der Annapurna?«

RM: »Ich und Hans Kammerlander stiegen aus der Westwand aus und gelangten zum Gipfelgrat - bei Sturm und Nebel. Ich kann deshalb wirklich nicht sagen, ob ich das allerhöchste Pünktchen erreicht hatte. Darum gab ich im Gespräch mit diesen Rechercheuren zu: Es kann sein, dass ich einige Meter westlich vom höchsten Punkt war. Es ist irrelevant.«

T-A: »Wieso?«

RM: »Kammerlander und ich haben als Erste die schwierigste Wand an der Annapurna durchstiegen. Wir gerieten am letzten Tag in einen schlimmen Sturm, haben mit einigem Risiko durchgezogen. Auf dem Gipfelgrat windete es so stark, dass wir uns darauf konzentrieren mussten, nicht runterzustürzen. Ich lasse mir darum von niemandem sagen, dass eine Besteigung 1985 über eine fast 4000 Meter hohe Wand mit einer im Verhältnis zu heute relativ simplen Ausrüstung nicht gilt. Zumal der höchste Punkt ja nicht markiert war. Ich für meinen Teil war oben – und das nimmt mir niemand. Diese Leute begreifen nicht, dass sich das Bergsteigen enorm verändert hat.«

T-A: »Das müssen Sie erklären.«

RM: »Die erste Phase nennt sich Eroberungsalpinismus. Es ging darum, als Erster den höchsten Punkt eines Berges zu erreichen. In den Alpen liegt diese Phase mehr als hundert Jahre zurück, im Himalaja lief sie in den 1970er-Jahren aus.«

T-A: »Also vor Ihren Besteigungen der Achttausender-Berge.«

RM: »Der Eroberungsalpinismus ist nicht meiner. Mir ging es bei der Annapurna keineswegs um den Gipfel. Er ist bloß die Spitze obendrauf. Mir ging es ums Besteigen schwieriger Wände und um einen bestimmten Stil.«

T-A: »Den alpinen, also mit minimaler Ausrüstung ohne Sauerstoffmaske, ohne Fixseile. Er ermöglicht mehr Tempo und kürzere Exposition in der Todeszone.«

RM: »Darum bin ich mit meiner Besteigung der Annapurna glücklich, ja sehr zufrieden.«

T-A: »Aber Sie wollten doch als Erster auf allen Gipfeln jenseits der 8000 Meter stehen. Daher ging es Ihnen nicht nur um die Route, sondern auch um das Erreichen des höchsten Punktes.«

RM: »Diesen Rekordgedanken hatte ich nie. Warum sollte ich, wenn ich als Erster alle diese Achttausender-Gipfel schaffen will, eine schwierige Route wählen, an der ich scheitern könnte?«

T-A: »Es soll kein Rennen um diese Gipfel gegeben haben – allen voran mit dem Polen Jerzy Kukuczka, der Druck machte und Ihnen immer näher kam?«

RM: »Es gab diesen Wettstreit in den Medien. Zwei Jahre vor der Annapurna bestieg ich zwei Achttausender ein zweites Mal – Gasherbrum I und II. Es ging mir um meine letzte kreative Möglichkeit: eine Achttausender-Doppel-Überschreitung! Warum sollte ich, wenn ein Wettlauf im Gange ist, diese Zugabe einer Überschreitung einbauen?«

T-A: »Sie behaupten, nicht willentlich Teil dieses inoffiziellen Wettkampfs gewesen zu sein?«

RM: »Ich habe ihn mitgetragen, ich hätte ja auch etwas anderes machen können. Insofern war ich beteiligt. Aber ich habe diesen Wettkampf um die Achttausender nicht initiiert. Es ging mir primär um Kreativität und einen bestimmten Stil. Der sogenannte Wettkampf rückte erst in der finalen Phase in den Fokus.«

T-A: »Woher kommt die Idee, alles über den höchsten Punkt zu definieren und damit eine Nummer 1 des Höhenbergsteigens kreieren zu wollen?«

RM: »Sportklettern ist ein messbarer Sport, olympisch. Für mich war Klettern hingegen Abenteuer. Man muss die Bergsteigergeschichte kennen, um meine Haltung, unser Tun einordnen zu können.«

T-A: »Machen Sie es für uns.«

RM: »55 Jahre lang versuchten die besten Bergsteiger, Achttausender zu besteigen. Sie scheiterten. Alle! Dann wurden innert fünfzehn Jahren alle Achttausender-Gipfel bestiegen. Damit war die Luft raus, weil von diesen nur vierzehn existieren. Sie sind zählbar im Sinne von endlich. Alle Siebentausender-Gipfel kann wohl niemand besteigen. Es gibt zu viele davon. Alles blieb an den Achttausendern hängen. Doch in der zweiten Phase, in der ich aktiv war, ging es nicht mehr primär um die Gipfel, sondern den Weg dorthin. Der Gipfel gehörte dazu. In den Alpen war man damals schon so weit, dass man schwierigste Wände kletterte, die Gipfel waren egal. Man seilte vom Ende der Route ab.«

T-A: »Der Stil rückte in den Vordergrund?«

RM: »Genau. Der Gipfel wurde sekundär.«

T-A: »Warum also Ihr Ärger?«

RM: »Ärger ist das falsche Wort. Diese Kontroverse steht in keinem Verhältnis zu den Leistungen von damals. Die Chronisten sprechen mir meine Kreativität ab und banalisieren das Abenteuer Berg. Abenteuer ist nie messbar!«

T-A: »Diese Chronisten sprechen Ihnen das doch nicht ab. Sie sagen bloß, Messner habe den höchsten Punkt um einige Meter verfehlt, ergo stand er nie auf dem höchsten Punkt der Annapurna.«

RM: »Die Botschaft ist also: Messner stand vielleicht einige Meter neben dem Gipfel und fünf Höhenmeter darunter, als er glaubte, auf dem höchsten Punkt zu stehen – nach der Durchsteigung einer sehr hohen Wand! Fünf Höhenmeter zu 4000! Die Dimensionen sind klar. Da greifen wir uns doch alle an den Kopf und lachen über die Botschaft.«

T-A: »Nun: Sie wurden bekannt dafür, als Erster alle Achttausender bestiegen zu haben. Bekannt sind Sie hingegen in der Öffentlichkeit nicht dafür geworden, dass Sie an den Achttausendern außergewöhnliche Routen bewältigten, den für Sie zentralen Aspekt. Ärgert Sie diese Wahrnehmung?«

RM: »Nein, weil die Szene anerkannte, was ich tat. Die breitere Masse hat bis heute nicht verstanden, dass es im Alpinismus eine neue Richtung gab, weg von der Eroberung, hin zum Abenteuer.«

T-A: »Sie haben doch Dutzende Bücher geschrieben und diese Themen in die Öffentlichkeit getragen. Ihre Botschaften verpufften?«

RM: »Weil viele Leute nur bis vierzehn zählen. Die Kritiker standen nie auf einem hohen Berg. Es gilt den Kern meiner Bücher zu verstehen, die Emotionen nachzuempfinden, selbst in den Bergen unterwegs zu sein oder sich intensiv mit dem Bergsteigen zu beschäftigen.«

T-A: »Sie hätten also kein Problem damit, wenn man die Liste der Bergsteiger löschen würde, die alle Achttausender bestiegen haben?«

RM: »Ich will mich an diesem Spiel nicht beteiligen. Nur eins noch: Andere Chronisten hätten gern Beweise von mir, dass ich vor fünfzig Jahren am Gipfel des Nanga Parbat meinen Bruder nicht im Stich gelassen habe! Es ist so lange her, ich kann mich an einiges nicht mal mehr erinnern, bin mir aber sicher, dass ich – wie die Kollegen jener Zeit, die auch alle Achttausendergipfel erreicht haben – nie willentlich vor dem höchsten Punkt stoppte.«

T-A: »Ein Vergleich: Wer zu einem Rennen über hundert Meter startet und nach 99,9 gestoppt wird, weist keine Hundert-Meter-Zeit auf. Wer nicht auf dem höchsten Gipfel stand, war nun einmal nicht ganz oben.«

RM: »Wir Abenteurer sind in der wilden Natur unterwegs – sie ist jeden Tag anders, neu, unberechenbar. Es gibt in dieser meiner Welt keine Messbarkeit. Es wäre darum auch historisch gesehen unvorsichtig, alle Achttausender-Erstbesteigungen der 1950er-Jahre anzuzweifeln. Die Gipfel sind nicht mehr die gleichen. Eine Frage dazu: Wo ist am Cerro Torre der Gipfel?«

T-A: »Sagen Sie es mir?«

RM: »Ist er dort, wo der Felsen aufhört? Oder wo darüber der Schnee endet? Am K2 liegt der höchste Festpunkt tief unter dem Eis. Am einfachsten ist es am Mount Everest, da ist der höchste Punkt mittlerweile markiert. Als erfolgreichster Bergsteiger unserer Generation gilt, wer die meisten schwierigen Aufstiege überlebt hat. Ich kann über das Gipfelthema also nur lachen.«

46 Ehrenzeichen

»Die kritischen Heimatschriftsteller hat man wegen dieser ihrer Haltung zur Heimat als Nestbeschmutzer denunziert, man hat ihnen Zorn und Wut auf die Heimat unterstellt. Dabei ist es eine ganz besondere Form von Heimatliebe.«

ELSBETH WALLNÖFER

Jede Art Ehrung ist oft auch eine Hommage an das Altern. Was in jungen Jahren und bei schwierigen Projekten gutgetan hätte, kommt in den späten Jahren nachgereicht; oft auch als eine Art Entschuldigung – für früheres Fehlverhalten der ehrenden Partei oder aus Scham?

Ich hatte inzwischen meinen Frieden mit meiner Heimat Südtirol gefunden und freute mich über ein Ehrenzeichen, das vor allem von der Nordtiroler Seite angeregt worden war.

Darüber führte ich im Februar 2022 ein Gespräch mit der *Neuen Südtiroler Tageszeitung Online:*

TO: »Herr Messner, Sie bekommen das Ehrenzeichen des Landes Tirol. Was empfinden Sie?«

RM: »In dieser Konstellation ist es akzeptabel, denn mit mir haben drei liberale, relativ freie, sozialdemokratisch denkende Menschen dieses Angebot erhalten.«

TO: »Sie sprechen von Angebot?«

RM: »Ja, weil man ja vorher gefragt wird, ob man die Auszeichnung annimmt. Ich habe früher öfter Nein gesagt. Aber in der derzeitigen Konstellation, die wir in Südtirol haben, ist die Auszeichnung ein Statement ...«

TO: »Mit Konstellation meinen Sie?«

RM: »Ich fühle mich derzeit in Südtirol nicht glücklich. Ich sehe, dass wir zerbröseln. Uns als Minderheit erwischt es dabei härter als andere Demokratien. Ich bin ein älterer Herr, lebe - aufgrund der Pandemie - zurückgezogen, beobachte die Welt.«

TO: »Sie haben keinen Augenblick daran gedacht, die Auszeichnung nicht anzunehmen?«

RM: »Nein, weil die Auszeichnung auch ein Statement zugunsten des Landeshauptmanns ist ...«

TO: »Arno Kompatscher steht derzeit mächtig unter Druck ...«

RM: »Weil ihm die *Dolomiten* die Hölle heißmachen? Nein, ich finde nicht, dass er unter Druck steht. Das sieht man an den hervorragenden Umfragewerten, die Kompatscher hat. Früher war jemand, der von den Athesia-Medien abgestraft wurde, erledigt.«

TO: »Finden Sie?«

RM: »So schlimm wie Kompatscher und dessen Getreue wurde von den *Dolomiten* schon lange niemand mehr behandelt. Die Menschen haben verstanden, dass der Landeshauptmann integer ist. Ich habe nichts gegen Athesia ...«

TO: »Sondern?«

RM: »Ich habe etwas gegen das Fast-Medienmonopol und gegen die Art und Weise, wie es seit fünfzig Jahren genützt wird.«

TO: »Sind die Ehrenzeichen für Lilli Gruber, Joseph Zoderer und Sie eine Würdigung des anderen Südtirol?«

RM: »Wir drei waren in den 1980er-Jahren mit Alexander Langer unter jenen Köpfen, die anders über unser Land nachgedacht haben. Ohne den geringsten Wunsch, bei der Vergabe der Ehrenzeichen alte Rechnungen zu begleichen, reiste ich nach Innsbruck. Und dies, obwohl der Vizeobmann des Südtiroler Heimatbundes und ein Athesia-Buchautor alte Vorurteile, die die *Tageszeitung* geschürt hatte, wieder einmal gegen mich ins Feld führten.«

Eine Stellungnahme von Meinrad Berger und Günther Rauch gab es im Februar 2022 in den Leserbriefen der *Dolomiten:*

»Die Ehrenzeichenvergebung darf nicht für grobe Grabenkämpfe instrumentalisiert werden. Laut den vom öffentlich-rechtlichen Rundfunk Rai Südtirol am 18. Februar 2022 stündlich wiedergegebenen politischen Brandaussagen des früheren Sympathisanten der linksradikalen ›Lotta Continua‹, Reinhold Messner, gegen die ›Monopolpresse in Südtirol‹ scheint es klar, dass der Festakt in Innsbruck für Grabenkämpfe in Südtirol missbraucht werden soll. Anders lässt sich nicht erklären, dass Landeshauptmann Arno Kompatscher eigenmächtig (laut *Dolomiten* von gestern ›... persönlich und nicht wie sonst üblich auf Vorschlag des Tiroler Landesinstitutes‹) beschlossen hat, drei nicht unumstrittenen Persönlichkeiten der äußeren Linken das Tiroler Ehrenzeichen zu vergeben. Mit dem eigentlichen Sinn der Tiroler Ehrenzeichenvergebung hat das nichts zu tun. Hier stehen die Geschichtsklitterung und die Provokation im Vordergrund. Wir können uns darum nicht des Eindrucks erwehren, dass hier Ihnen allzu bekannte linksnostalgisch angehauchte Kreise den Festakt missbrauchen wollen, um in einer nie da gewesenen perfiden Art und Weise dem Verlagshaus Athesia eins auszuwischen. Das ist nicht der Zweck der Tiroler Ehrenzeichenvergebung. Das ist ein grober Unfug.«

47 »Weinerliche Weicheier«

»Fasst die Flügel des Vogels in Gold, und er wird sich nie wieder in die Lüfte schwingen.«

TAGORE

Ich gehöre zu den sogenannten »Boomern«: Am Kriegsende geboren, in bescheidensten Verhältnissen aufgewachsen, habe ich selbst miterlebt, wie unser Wohlstand in Europa bis heute gewachsen ist. Als wir Boomer zum Feindbild der Jugend wurden – »verantwortungslos, verschwenderisch, selbstzufrieden« –, habe ich versucht zu relativieren.

Wir Boomer haben einen erheblichen Teil des Wohlstands geschaffen, den die Generation Z jetzt nutzt, um uns eine Kollektivschuld an der globalen Erwärmung und dem Klimawandel vorzuwerfen. Werte wie Kreativität, friedliches Miteinander und Leistungsbewusstsein werden als Risikominimierung belächelt.

Wir waren bereit, Verantwortung zu übernehmen, uns in die Gesellschaft einzubringen, haben getüftelt und erfunden, viele Steuern bezahlt und die Sozialkassen gefüllt. Generationsgerechtigkeit oder Weitsicht? Alles, um uns im Alter mit Robotern zu unterhalten?

Auf die Frage, ob sich die Natur für das, was wir ihr angetan hätten, jetzt räche, sagte ich im Oktober 2022 der *Neuen Südtiroler Tageszeitung:*

»Nein, die Natur rächt sich nicht. Die Natur ist nur da, sie ist absichtslos. Wir Menschen haben Absichten, Fehler können also nur wir machen. Natürlich, die globale Erwärmung ist ein Problem, das darauf zurückzuführen ist, dass der Mensch mit der Aufklärung und der Industrialisierung die Spielräume erhielt, ganz anders zu produzieren und zu gestalten als früher. Er hat die Möglichkeit erhalten, billige fossile Brennstoffe zu nutzen. So kam es innerhalb der letzten 200 Jahre zu einem breiten Wohlstand, auch bei uns in Südtirol.

Natürlich hätten wir früher anfangen sollen, zu korrigieren. Der Club of Rome hat schon früh vorausgesagt: Es wird eng, also schwierig! Aber es gab immer noch billige Energie: Die Bänder liefen, die industrielle Revolution funktionierte. So ist der heutige Reichtum entstanden.

Und jetzt kommen junge Leute, die in diesem Wohlstand groß geworden sind, die sagen, die Generation vor ihnen war eine verbrecherische! Aber diese Generation hat mit ermöglicht, dass die jungen Damen und Herren, die jetzt freitags die Schule schwänzen, protestieren können!«

Mit harscher Kritik reagierten der Geschäftsführer des Heimatpflegeverbandes, Florian Trojer, und drei weitere Autoren in einem offenen Brief an mich. Ich hätte, so der Tenor, die Aktivistinnen und Aktivisten von Fridays for Future als »weinerliche Weicheier« gescholten; meine Einschätzung dürfe nicht unwidersprochen bleiben. Hier im Wortlaut der offene Brief:

»Alte weiße Männer wie Reinhold Messner und wir (noch nicht ganz so alt) tendieren dazu, sich die Realität so zurechtzurücken, dass sie perfekt in ihr Weltbild passt. Und wenn sie von jemandem darauf aufmerksam gemacht werden, dann neigen sie dazu, einen Trotzanfall, im Englischen gibt es den noch viel treffenderen Begriff ›Tantrum‹, zu bekommen. ›Throw a tantrum‹ nennt sich zum Beispiel, wenn ein kleines Kind schreiend am Boden liegt, weil es keine Süßigkeiten bekommt, oder aber auch, wenn alte weiße Männer verbal um sich schlagen, um sich ihrer Verantwortung zu entziehen. So geschehen am 26. September in einem Interview mit Reinhold Messner und seiner Frau in den *Dolomiten.* Messner bezeichnet darin pauschal alle jungen Leute inklusive die von Fridays for Future als weinerliche Weicheier, die aus einer privilegierten Position heraus die ältere Generation, zu

der auch Reinhold Messner und wir gehören, am Klimawandel beschuldigen würden, ohne selbst Verantwortung zu zeigen.
Diese Sicht auf die Dinge hat aber einen kleinen Schönheitsfehler: Nicht die heute Jungen profitieren vor allem vom wirtschaftlichen Aufschwung der letzten Jahrzehnte und dem Einsatz der vergangenen Generationen, sondern wir, die weißen alten Männer in den westlichen Ländern. Wir sind die Privilegierten, die in ihrem ganzen Leben bisher nur wirtschaftlichen Aufwärtstrend erlebt haben. Und wir hatten noch einen weiteren Vorteil, den wir auch bis heute voll ausnutzen: Wir konnten unseren Müll auf die kommenden Generationen abladen, ohne Rücksicht auf Verluste und ohne Verantwortung zu übernehmen. So konnten wir mehr Flächen verbrauchen als die gesamte Menschheit vor uns, mehr Biodiversität zerstören als jemals zuvor und eben auch den Klimawandel hervorrufen, indem wir zum Beispiel in der Welt herumfliegen, um Berge zu besteigen.
Deshalb sollten wir uns an den jungen Aktivisten von Fridays for Future ein Beispiel nehmen und das machen, was sie tun: Verantwortung übernehmen durch Aktivismus, Sensibilisierung und Handeln, statt trotzig zu sagen ›Ich lass mich nicht bevormunden‹.«
Unterzeichnet von
Georg Kaser, Klimaforscher
Thomas Egger, Klimaclub Südtirol
Josef Oberhofer, Dachverband für Natur und Umweltschutz
Florian Trojer, Geschäftsführer des Heimatpflegeverbandes Südtirol

Hier meine Reaktion darauf in einem Interview, erneut mit der *Neuen Südtiroler Tageszeitung,* das ich im Folgenden, überarbeitet und aktualisiert, wiedergebe:

»Es gibt sie auch in Südtirol, die Möchtegerne, die aus einem Interview das Gegenteil von dem machen, was ich gesagt habe. Das geht seit dreißig Jahren so, wird aber jetzt wieder virulent. Es geht auch um Neid unter Intellektuellen ...

Ich sei ein ›eifersüchtiger Gott‹, lese ich da, mein Museum nichts als eine Touristenattraktion.

Mir geht es um Inhalte. Beim Heimatpflegeverband frage ich mich: Was haben die Leute erreicht? Was haben sie für Südtirol getan? Und diese Sprache, die sie benutzen ... Den Begriff ›weinerliche Weicheier‹ würde ich niemals in den Mund nehmen.

Als Schloss Juval ein Glasdach bekommen sollte, haben mir die Heimatpfleger vorgeworfen, ich würde Juval zerstören. Juval aber war schon vorher dem Verfall preisgegeben. Ich habe vom Denkmalamt die Genehmigung bekommen, das Glasdach anzubringen. Darauf folgte eine Kampagne dagegen. Wer aber hat zuletzt Juval gerettet? Nicht das Land, nicht die Heimatpfleger, sondern ich.

Auch zu Sigmundskron ist Peter Ortner, damals Obmann der Heimatpfleger, Dutzende Male in die Öffentlichkeit gegangen, um meine Idee zu torpedieren. Ich wollte aus Sigmundskron etwas Wertvolles machen: Das hat Luis Durnwalder als Landeshauptmann aufgegriffen. Auf eine europaweite Ausschreibung hin hatte sonst niemand den Mut, ein Projekt einzureichen.

Es galt, Sigmundskron mit Inhalt zu füllen, mit eigenen Mitteln und ohne öffentliche Subvention zu betreiben. Die Heimatpfleger haben kein Projekt eingereicht. Hatten sie nicht den Mut, die Ruine, die seit 500 Jahren dem Verfall preisgegeben war, wiederzubeleben?

Der Fridays-for-Future-Bewegung habe ich nichts vorzuwerfen. Ich möchte mich mit ihren Vertretern unterhalten: Sie haben sich in die Öffentlichkeit gewagt und die Diskussion gesucht. Ich teile viele ihrer Ansichten, sie haben in vielen Punkten recht. Aber ich bin der Meinung, dass es nicht reicht, freitags die Schule zu schwänzen. Nur zu protestieren nützt wenig. Lieber sollten die jungen Menschen an die Unis gehen, forschen, lernen, Technologien zur Gegensteuerung entwickeln. Wenn jemand die Welt retten kann, sind es die Forscher, die besten Köpfe. Dazu kommt der freiwillige Verzicht, um einzudämmern, was überhandgenommen hat: der Konsum.«

Zusammen mit meiner Frau Diane habe ich Vorschläge dazu entwickelt, in einem Buch, »Sinnbilder«, aufgezeigt, wie Verzicht die Welt verbessert.

48 Auf und davon

»Jede Kulturinitiative ist zu begrüßen, auch wenn sie nur der Tourismuswerbung dient. So wie das Hadid-Messner-Museum am Kronplatz.«

KLAUS GASPERI

Nirgends sonst greifen völlig verschiedene Landschaftsbilder so verzahnt ineinander wie auf der Gschnagenhardt-Alm im hinteren Villnöß-Tal, wo meine kleine Almhütte steht. Wiesen, Wege, Wälder – menschengestaltet – und die bleichen Türme der Dolomiten darüber: seit Jahrmillionen den Naturkräften, der Verwitterung, ausgeliefert. Ich weiß heute, dass nur diese Gegensätze – Naturlandschaft und Kulturlandschaft in Summe – mich und mein Weltbild prägen, seit frühester Kindheit. Wiesen, Weiden und Waldränder gäbe es vor meiner Hütte nicht, wenn sie nicht seit Jahrhunderten gemäht oder beweidet würden, wenn der Mensch die Landschaftspflege vernachlässigt oder den Respekt vor der Urlandschaft verloren hätte.

Meine Träume sind gelebt und Erinnerung geworden, die Bilder dazu vielfach überlagert und mit einer jungen Liebe geteilt. Mehr wünschte ich mir nicht. Also kann ich nicht mehr enttäuscht werden, dachte ich.

Sicher, ich hatte ein paarmal Glück, im Sinne von Fortune, aber gewachsen bin ich an Widerständen: an Felswänden oder daran, mich nicht verstanden zu fühlen. Auch weil ich es aus eigener Kraft wagte, besser und besser zu werden.

Das, was ich tat, war selten von Bedeutung, es aber heute mit anderen zu teilen stiftet Sinn und schenkt Glück. Vor allem, wenn Liebe dazukommt. Sie zu verlieren ist wie ein Absturz.

Spät erst hat mich mein Leben als Halbnomade überholt und mir die Frage gestellt: Was nun? Mit 75 Jahren die Familie zu verlieren ist bitter. Dabei bleibt die Ursache für unsere Trennung fiktional, das Leid aber, das sie verursacht hat, ist real.

Wir alle erzählen unser Leben immer wieder neu, erfinden eine Vergangenheit, formen und deuten sie um, meist ohne es zu merken. Soweit ich hier mein Leben erzähle, ist diese Geschichte wahr und fiktiv zugleich. In Teilen folgt sie einem Wunschdenken, das von Idealen getragen wird. Als müsste unser Leben wenigstens im Rückblick einen Sinn ergeben. Dabei ist es zu spät, im Alter auf ein gelungenes Leben zurückblicken zu wollen. Aber wir wollen immerzu Gründe finden für unser jeweiliges Verhalten, sehen eine Dramaturgie im Ablauf der achtzig und mehr Jahre, die uns heute durchschnittlich zwischen Geburt und Tod gegeben sind.

Nicht die Frage, wie ich geworden bin, was ich bin, sondern das gelingende Leben im Hier und Jetzt ist es, was mich jung und aktiv hält. Mein Selbstbild hat wenig mit Schicksal zu tun, Widersprüchlichkeiten und Zufälle gehören dazu und die Gabe, es zu wagen.

Auf Fragen der *Berliner Zeitung* dazu antwortete ich im Juni 2022:

BZ: »Hätten Sie lieber in einer anderen Zeit leben wollen?«

RM: »Nein. Meine Generation fand noch echte Abenteuer! Diese verschwinden langsam, leider. Weil alles abgesichert werden kann. Es gibt kaum noch Wildnis. Jeder Punkt dieser Erde wird von Satelliten aufgenommen, sichtbar gemacht und ist damit erreichbar.«

BZ: »Dafür kann man jetzt mit High-Risk-Sportarten Abenteuer erleben.«

RM: »Das hat doch weniger mit Abenteuer als mit dem Kick zu tun. Der Abenteurer, wie ich ihn kenne, geht in die Wildnis. Dabei kommt es nicht auf Rekordhöhe, Schnelligkeit an, es geht nur ums Überleben.«

BZ: »Sie hatten auf Ihrer ersten Achttausender-Tour fünf Kilogramm schwere Funktelefone dabei. Hätten Sie sich die moderne Technik von heute gewünscht, zum Beispiel, als es um das Überleben Ihres Bruders Günther ging?«

RM: »Wir hätten moderne Technik genutzt, keine Frage. Aber ich habe Folgendes für mich postuliert: Ich verzichte beim Tun auf Sauerstoffgeräte, auf Bohrhaken, auf Drogen und auf moderne Kommunikation. Das ist Verzichts-Alpinismus.«

BZ: »Wie standen Sie zu Drogen wie Pervitin oder Ronicol im Alpinismus?«

RM: »Zu meiner Zeit waren diese Mittel verpönt, auch weil sie am Berg gefährlich sind. Wer nicht rechtzeitig runterkommt, ist des Todes. Wenn mein Bruder und ich am Nanga Parbat Drogen genommen hätten, wären wir beide gestorben.«

BZ: »Sie plädieren auch für einen Alpinismus ohne Sauerstoff.«

RM: »Die präparierte Piste ist heute die größere Hilfe. Man kann so auch nachts klettern. Man hält sich an den Seilen fest – Stirnlampe dazu –, es reicht, auch wenn diese nur zehn Meter Gelände vor dir ausleuchtet.«

BZ: »Wie haben sich Ihr Mut und Ihre Angst im Laufe der Jahrzehnte verändert?«

RM: »Heute gehe ich keine schwierigen Wege mehr. Ich brauchte aber immer eine Mutmenge, die ich gegen die Angstmenge stelle. Ich weiß, dass ich am Berg umkommen könnte. Mit Selbstmächtigkeit, Erfahrung, Kontrolle, Mut kann ich trotz minimaler Ausrüstung viel an Angst reduzieren. Es bleibt aber immer eine Restangst. Allein das Wetter oder Steinschlag durch ein Erdbeben sind nicht vorhersehbar. Heute geht kaum noch jemand auf einen Berg ohne die Option, im Krisenfall einen Helikopter rufen zu können.«

BZ: »Verantwortung tragen Sie nicht nur als Alpinist, sondern auch als Familienvater. Wie hat sich Ihre Einstellung diesbezüglich verändert?«

RM: »Meinen Eltern gegenüber ist das, was ich getan habe, unverantwortlich. Auch meiner Familie gegenüber war es nicht zu rechtfertigen. Aber es war mein Leben, ich stehe dazu. Wir alle haben neben Verantwortung auch das Recht, unser eigenes Leben zu leben.«

BZ: »Und wie sieht das Ihrige jetzt aus?«

RM: »Mit Diane, meiner dritten Frau, habe ich ein Start-up auf die Beine gestellt, um das traditionelle Bergsteigen gemeinsam zu erzählen, weltweit zu erklären. Um etwas zu hinterlassen – über mein Erlebtes und Erfahrenes hinaus. Ich möchte eine Haltung weitergeben zum Verhältnis Mensch – Berg.«

BZ: »Waren Sie jemals in einer Kletterhalle?«

RM: »Die Kletterhalle hat aus dem Klettern eine erfolgreiche Sportart gemacht, kein neues Bergsteigen. Denn dieses beinhaltet die Auseinandersetzung mit der Natur, nicht mit einer Plastikwand. Nur wenn wir die Natur haptisch kennenlernen, schützen wir sie auch. Also raus in die Natur!«

BZ: »Haben Sie schon über Ihren Ruhestand nachgedacht? Dass Sie nichts mehr in der Öffentlichkeit machen, erscheint unvorstellbar.«

RM: »Seit 52 Jahren habe ich eine winzige Holzhütte auf einer Alm in den Dolomiten, an einem der schönsten Orte der Welt! Ich bin gerade dabei, die Energieversorgung autark zu gestalten. Irgendwann werde ich dort oben mit meiner Frau sitzen und ins All schauen. Diane und ich haben einen großen Altersunterschied und damit Verantwortung im doppelten Sinn füreinander.«

Oft saß ich auf der Holzbank am Balkon meiner kleinen Blockhütte auf der Gschnagenhardt-Alm und lauschte der Wildnis, tief gespeichert in meinem Inneren. Die Geislerspitzen standen im schrägen Licht der Nachmittagssonne. Ich wusste, die Welt meiner Kindheit würde es nie mehr geben: Die Zirbelkiefern, das helle Kar darüber, die Silhouetten der Dolomitentürme waren anders als damals. Nicht mehr dieselben. Unzählige Male war ich da oben gestanden, hatte Schwierigkeiten und Gefahren überwunden wie später im Himalaja auch. Die Sehnsucht nach einem Morgen aber ist dem Wunsch gewichen, Abschied zu nehmen.

Es war genug! Genug des Widerstands auf Widerstände, des Gegenwinds, genug auch der ungezählten Versuche, mir meine Träume nicht nehmen zu lassen. Den Rest meines Lebens will ich mich nie mehr Kritikern entgegenstemmen müssen. Mich verteidigen? Nein!

Mit dem Sonnenuntergang färbten sich Himmel und Felsen. Ich fühlte mich beschützt. Nicht die Bindung zu diesem Land war mir Heimat, auch nicht die Menschen hier, es war die Natur.

Die Jahre der Ausgrenzung hatten mich in die Isolation gezwungen. So war ich der andere geworden, anders als der, als der ich aufgebrochen war. Ich hatte in der »Arena der Einsamkeit« gelernt, die Natur zu lesen, und sie hat mich beschützt. Bis zuletzt. Wie die junge Frau, die heute bei mir ist, nachdem meine Frau mich entsorgt hatte.

Wir »Pitzacker-Räuber«, so nannte man uns Kinder im Tal, die wir im Straßendorf Pitzack wohnten, hatten beim Spielen unsere eigenen Regeln. Ich hörte, wie Bauern uns »Gesindel« nannten, obgleich sie unter demselben Himmel, im gleichen Wald, auf derselben Wiese lebten und arbeiteten wie wir. An Lob aber nicht gewöhnt, tat es nicht weh. Später kamen Anschuldigungen schlimmster Art dazu und immer wieder Versuche, meine Vorhaben zu stoppen, mich zu diskreditieren. Ja, ich war früh allein gelassen worden mit meinen Projekten und späteren Träumen.

Wir lebten in Großfamilien zusammen, und wir Kinder waren größtenteils uns selbst überlassen. Die Größeren passten auf die Kleineren auf. Von der Dorfstraße zum Bach war es nur einen Steinwurf weit, und dahinter schon stand der Wald, wo man sich verstecken konnte. Je höher wir stiegen, desto weiter wurde das Tal, der Horizont wich zurück.

Völlig allein zu sein war ein Gefühl, als würde jeder Schritt auf dem Waldboden widerhallen und nach Gerechtigkeit schreien.

Heute weiß ich, dass die vielen Widerstände, denen ich ausgesetzt gewesen war, mich abheben ließen, wegkommen von Neid, Missgunst und Hass. Nur im Gegenwind und in meinen Träumen konnte ich abheben.

49 Schritte gegen den Wind

»Alle Museen, vor allem die weltberühmten in den Metropolen, dienen auch der Tourismuswerbung. Unsere MMM und MMH nutzen die Natur draußen und die Kunst drinnen, um das Verhältnis zwischen Menschennatur und Bergnatur zu erzählen.«

Reinhold Messner

Zur Romy-Verleihung 2019 für die Filmdokumentation »Mount Everest – Der letzte Schritt« widmete mir mein Freund und Seilkamerad Christoph Ransmayr in seiner Laudatio ein Bild, das mein Leben als »Schritte gegen den Wind« beschreibt:

»Erste und letzte Schritte, ob sie uns an ein ersehntes Ziel führen oder in den Tod, bezeichnen aus der Perspektive eines Wanderers vor allem den Anfang und das Ende eines Weges. Nachdem auch eine *Luftlinie* eben nur eine Linie und kein Weg ist und wir somit alle – physiognomisch betrachtet – selbst auf Flugrouten Fußgänger und Läufer sind, trifft das Bild des Weges auf die meisten unserer Anstrengungen zu und erscheint uns dann als Weg ins Glück oder auch bloß als Kreuzweg.

Aber wie oft können wir schon sagen, ob wir das Ende eines Weges tatsächlich erreicht haben, ob wir tatsächlich alles unternommen und alle notwendigen Mühen ausgestanden haben, um an eines unserer Ziele zu gelangen? Hätte es vielleicht nicht doch noch weiterer Versuche und Willenskräfte bedurft, um dort anzukommen, wo ein Augenblick der Befriedigung, vielleicht sogar der Seligkeit auf uns warten soll?

Einer der seltenen Wege, die keine solchen Zweifel zulassen, ist der Weg in die Höhe, der Weg ins Gebirge – führt er uns doch nicht bloß durch die Zeit, aus besiedelten oder verwüs-

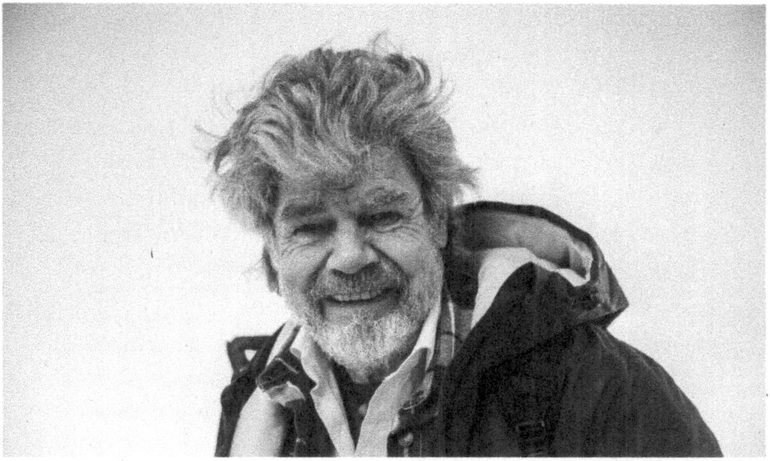

Im Sturm

teten Ebenen der Gegenwart in nackte, leere Fels- und Eislandschaften, die jetzt nicht anders vor uns liegen als vor einem Wanderer der Steinzeit, während das Tal und mit ihm Zivilisation und Fortschritt am Wandfuß und unter Schluchträndern verschwinden, so, als hätte das Verschwundene nie existiert und die Welt seit je allein aus Atemnot, Erschöpfung, Fels und Eis bestanden.

Aber nur Routen wie diese erlauben uns selbst im Zustand der Todesmüdigkeit zu sagen: Wir sind angekommen, dann nämlich, wenn der nächste Schritt einer ins Leere wäre: am Gipfel. Nur von dort führen alle Gedanken, alle Sehnsüchte und Fluchtlinien wieder zurück, zu unseren Liebsten, in ein behütetes Leben oder zu den Ängsten und Bedrohungen, die in der Tiefe auf uns warten.

Ich kenne niemanden, der mehr von Wegen, von Abgründen, vom Lesen der Landschaft weiß – und: auch von der Umkehr und von Rückwegen, als mein Freund Reinhold Messner, denn wer *alle* seine Kräfte in die Weite oder auf einen Gipfel trägt oder unfähig ist, das Unerreichbare zu erkennen, wird sein Leben an bloße Koordinaten verprassen, am Ende

zu erschöpft sein für die Heimkehr und so für immer in der Region seiner Sehnsucht verbleiben.
Reinhold Messner ist mir auf vielen unserer gemeinsamen Reisen und Wanderungen in den Wüsten und Gebirgen Indiens, Nepals und Tibets vorangegangen, durch das Packeis der Hocharktis, auf der arabischen Halbinsel, in Südamerika, Zentralafrika, Indochina und selbst auf den Vulkankegeln der Südsee, aber eine der am tiefsten eingeschriebenen Erinnerungen ist mit einer Route zum Gipfel des Ortler in Südtirol verbunden, auf der ich mich, damals noch unerfahren im Umgang mit Pickel und Steigeisen, an seinem Seil mehr wie ein Buntspecht als ein Kletterer eine Eisbarriere hochhackte.
Nach der Überwindung dieses Gletscherabbruchs bot Reinhold mir an, nun selber voranzugehen, aber ich hatte den unberührten Firn keine dreißig Schritte weit durchstapft, als ich einen plötzlichen Zug am Seil spürte. Vor uns lag nur eine gleißende Schneefläche unter einem Himmel vom Blau der Tiefsee. Den nächsten Schritt, sagte Reinhold und zog mich sachte am Seil zurück, würde ich nicht tun.
Er trat an meine Seite und schlug mit dem Pickel auf den glitzernden Boden. Und plötzlich sah ich aus dem blendenden Weiß einen schwarzen Blitz auf mich zuschießen: Der Firn, der eine Gletscherplatte getarnt hatte, begann zehn, zwölf Meter vor uns einzubrechen und enthüllte in einer auf uns zufliegenden Bruchlinie eine bodenlose Tiefe, die uns am Ende bis auf einen Schritt nahe kam.
Wer selbst unter makellosem Schnee das Ende aller Wege zu ahnen imstande ist, wer so viel von Schritten, vom Innehalten und von Gesetzen der Rückkehr weiß und davon auch erzählen kann – in Büchern, Vorträgen und Filmen –, der hat genug zur Erfahrung unserer Wirklichkeit beigetragen, um nicht nur die goldene Statuette einer Filmgöttin zu verdienen, sondern mehr noch unsere Achtung, unsere Bewunderung und – von den Gefühlsbegabten unter uns – auch Zuneigung.